Irma Hildebrandt

Hab meine Rolle nie gelernt

Irma Hildebrandt

Hab meine Rolle nie gelernt

15 Wiener Frauenporträts

DIEDERICHS

Die Deutsche Bibliothek – CIP-Einheitsaufnahme
Hildebrandt, Irma:
Hab' meine Rolle nie gelernt : 15 Wiener Frauenporträts / Irma
Hildebrandt. – München : Diederichs, 1996
ISBN 3-424-01217-3

Lektorat: Matthias Wolf
Umschlaggestaltung: Ute Dissmann, München
Produktion: Tillmann Roeder, München
Satz: Jung Satzcentrum GmbH, Lahnau
Druck und Bindung: Wiener Verlag, Himberg
Papier: 90 g holzfrei, chlorfrei gebleicht Werkdruck
Printed in Austria

ISBN 3-424-01217-3

Inhalt

Prolog

Das Umschlagbild – unverkennbar von Gustav Klimt. Aber wer kennt die porträtierte Dame in Blau, die Modeschöpferin Emilie Flöge? Wer kennt Lina Loos, die junge Schauspielerin, die sich als Ehefrau des Architekten Adolf Loos plötzlich im Mittelpunkt einer Literatenrunde sieht, in einer Rolle, die sie nie gelernt hat? Beide gehören zu der für Wien so typischen Fin-de-siècle-Gesellschaft – wie auch Alma Mahler-Werfel mit ihrem illustren Salon, dem Liebhaber Kokoschka und den berühmten Ehemännern.

Um die Jahrhundertwende prägen Wienerinnen vor allem im künstlerischen Bereich, beim Theater, als Musen in einer galanten, aber von männlichen Spielregeln bestimmten Welt das Frauenbild der Stadt, während sich im ausgehenden 19. Jahrhundert bereits Wiener Frauen hervortaten, die für ihre Selbstbestimmung und ihre Rechte kämpften: die Friedensnobelpreisträgerin Bertha von Suttner aus dem Adel, die Arbeiterin Adelheid Popp mit ihrem Einsatz für die proletarische Frauenbewegung, die Kulturphilosophin Rosa Mayreder durch ihre herausfordernden Schriften.

Daß Frauen auch im 18. Jahrhundert schon mutig eigene Wege gehen konnten, zeigt das Beispiel der blinden Musikerin Maria Theresia Paradis, die Konzerttourneen quer durch Europa unternahm. Einige Jahrzehnte später brach Ida Pfeiffer aus dem biedermeierlichen Wien allein zu ihren Weltreisen auf. Diese Weltläufigkeit hat Tradition im weiten und buntgemischten Vielvölkerstaat Österreich-Ungarn. Kaiserin Maria Theresia, auf Arrondierung und Stabilisierung ihres Reiches bedacht, verheiratete ihre zahlreichen Kinder nach Staatsräson in ganz Europa. Nur die Lieblingstochter Marie Christine, spätere Erzherzogin in Brüssel, durfte ihren Gemahl frei wählen.

Der kosmopolitische Lebenszuschnitt im Habsburgerreich und in der Metropole Wien geht mit dem Tod Kaiser Franz Josephs 1916 und mit der Auflösung der k. u. k. Monarchie zwei Jahre später zu Ende. Endgültig abgeschnitten von den kulturellen Strömungen Europas aber wird Österreich mit dem Einmarsch Hitlers 1938 und dem Exodus der jüdischen Künstler und Gelehrten. Die *Femme de lettres* Hilde Spiel verläßt Wien schon 1936, die Kinderanalytikerin Anna Freud setzt sich gemeinsam mit ihrem Vater Sigmund Freud im letzten Augenblick nach England ab. Wien hat seinen intellektuellen Glanz verloren, während die Massen dem Führer Adolf Hitler zujubeln.

Für das Nachkriegs-Wien und das gegenwärtige Leben in dieser Stadt stehen – neben der zurückgekehrten Hilde Spiel – die Schriftstellerin Friederike Mayröcker, die Umweltschützerin und furchtlose Politikerin Freda Meissner-Blau und die als Burgschauspielerin bekanntgewordene Erika Pluhar. Alle drei sind mit Wien so verwachsen, daß sie sich ein Leben woanders nicht vorstellen könnten, auch wenn sie sich an ihrer Stadt gelegentlich reiben. Noch hat Wien – neben Fremdenrummel und Großstadt-Anonymität – etwas von jenem k. u. k. Charme bewahrt, den auch selbstbewußte und selbstbestimmte Frauen nicht missen möchten.

Das spielerische, verspielte Element kommt in dieser theaterbesessenen Stadt stärker zum Tragen als in anderen Metropolen. Frauen in wechselnden Rollen, auf der Bühne und im Leben, sind hier dargestellt – auch in ihren fiktiven Möglichkeiten, wie sie in einigen – kursiv gedruckten – Kapitelanfängen durchgespielt werden: *Der Traum ein Leben* hat Grillparzer, vertraut mit Wien, eines seiner Stücke genannt.

Allen, die mich bei der Suche nach Quellenmaterial mit Rat und Tat unterstützt haben, möchte ich herzlich danken, besonders Dr. Ingrid Schramm (Literaturarchiv der Österreichischen Nationalbibliothek), Prof. Dr. Elisabeth Mensa und Dr. Regina Fitl (Burgtheater), Prof. Elisabeth Lafite, Dr. Marion und Dr. Joachim Diederichs (Österreichische Musikzeitschrift), Dr. Gudrun Luger (Graphische Sammlung Albertina), Prof. Rosario Marciano (Hochschule für Musik und Darstellende Kunst / ORF), Ellen Gastinger und Emma Zeppelzauer (Gedok), Prof. Dr. Bernd Lötsch (Direktor des Naturhistorischen Museums) und Univ.-Doz. Dr. Wolfgang Scherzinger sowie Mag. Lydia Marinelli (Sigmund Freud-Gesellschaft).

Mein besonderer Dank gilt den drei Interviewpartnerinnen Friederike Mayröcker, Freda Meissner-Blau und Erika Pluhar.

Irma Hildebrandt

Kaiserin Maria Theresia

Heiratspolitik im Hause Habsburg

Kaiserin
Maria Theresia
1717–1780
Erzherzogin
Marie Christine
1742–1789

Szenenbild aus einem historischen Drama, das von Grillparzer stammen könnte und 1765 in Wien spielt: Verlobung in der Hofburg.

Ein prunkvoller Barocksaal, wie geschaffen für ausgelassene höfische Feste, öffnet sich dem Zuschauer. Obwohl durch die hohen Seitenfenster viel Licht einfällt, liegt Düsternis über dem Festraum mit der langen Verlobungstafel. Alle Wandgemälde sind mit schwarzen Tüchern verhängt, die Gäste tragen Schwarz, nur einige Uniformen und das mit Brüsseler Spitzen besetzte Kleid der Braut bringen Farbe ins Bild. Keine Musik spielt auf, kein Gläserklirren, keine Hochrufe, das Brautpaar nimmt die Honneurs schweigend entgegen.

Eine beklemmende Szene. Der Wiener Rokokokünstler Johann Karl Auerbach hat dieses denkwürdige Ereignis in einem Ölgemälde festgehalten, das heute im Kunsthistorischen Museum hängt. Es heißt *Festmahl zur Verlobung Alberts und Marie Christines.* – Ein Festmahl ohne Freude. Dabei hätte es allen Grund gegeben, sich zu freuen: eine Verlobung aus Liebe im Hause Habsburg,

Erzherzogin Marie Christine

dessen Eheverbindungen sonst eher von Machtkalkül bestimmt sind. Aber noch ist das Trauerjahr für Kaiser Franz I., den im August 1765 früh und unerwartet verstorbenen Vater der Braut, nicht vorüber, und die kaiserliche Mutter, Maria Theresia, die streng auf Einhaltung der Hoftrauer achtet, hat dem Termin der Verlobung nur unwillig zugestimmt.

An dieser Verlobung, die das Erstaunen des Hofes erregt, ist nicht nur der Zeitpunkt ungewöhnlich. Am meisten überrascht, daß Maria Theresia ihrer Tochter freie Entscheidung bei der Gattenwahl gelassen hat, ohne für dieses eine Mal an die Mehrung habsburgischen Besitzes zu denken. Der Auserwählte, Prinz Albert von Sachsen, ist das elfte Kind des sächsischen Kurfürsten. Er bringt außer guten Manieren, Bildung und einer respektablen Herkunft – August der Starke von Sachsen ist sein Großvater – nichts in die Ehe ein, was dem Hause Habsburg von Nutzen sein könnte. Trotzdem hat Maria Theresia die Wahl ihrer Tochter von Anfang an, gegen den Willen ihres Gatten, voll unterstützt – wenigstens diese ihre Lieblingstochter sollte nach ihrem Herzen entscheiden können.

Kaiser Franz hatte für seine Fünftgeborene einen lothringischen Neffen im Auge, den Herzog von Chablais, Anwärter auf den Thron von Sardinien. Doch Mutter und Tochter hintertreiben diesen Plan in geheimer Verschwörung, obwohl Maria Theresia sonst nichts vor ihrem Gemahl zu verheimlichen pflegt. Aber wenn es um ihre liebste Tochter Mimi, zärtlicher noch Mimerl, geht, legt sie andere als die gewohnten Maßstäbe an. Hinter dem Rücken des Kaisers haben die beiden ihre Fäden zu Prinz Albert gesponnen, und Maria Theresia beschwört in ihren Briefen die verliebte Tochter, sich keiner Menschenseele anzuvertrauen: »Alles kann gelingen, wenn wir das strengste Geheimnis wahren. Du hast Dein Glück in meine Hand gelegt und bringst mir den Kummer Deines Herzens, sei gewiß,... daß ich niemals gegen Deinen Willen handeln werde.« Schließlich der Rat: »Suche vor allem auch Vaters Zärtlichkeit mit tausend Aufmerksamkeiten und gib ihm keinerlei Anlaß zu einem Verdacht gegen Dich und deinen Erwählten.«

Nun, da der Vater tot ist, steht einer Heirat nichts mehr im Wege, aber ein befreiendes Gefühl will nicht aufkommen, weder bei der Tochter noch bei der Mutter. Maria Theresia fehlt an der Festtafel, sie hat sich in ihre schwarz ausgeschlagenen Gemächer zurückgezogen, um mit dem verstorbenen Gatten Zwiesprache zu halten und ihm und Gott Rechenschaft zu geben über ihr Tun.

Wie ein gewaltiges Epos rollen die vergangenen Jahrzehnte vor ihr ab. Geschichte, die sie selbst geschrieben hat. Geschichte eines mächtigen, aber verwundbaren Herrscherhauses. Sie ist ein Glied in der langen Kette der habsburgischen Dynastie. Und diese Dynastie, das ist ihr eiserner Vorsatz, darf nicht untergehen. Für dieses Reich, nicht zur Mehrung ihres eigenen Ruhms, führt sie Kriege, verheiratet sie ihre Kinder nach den Gesetzen der Staatsräson.

Nur hie und da, wenn es um ihre Lieblingstochter geht, überkommen sie mütterlich fürsorgliche Gefühle, die ihrem sonstigen Gerechtigkeitsempfinden zuwiderlaufen. In Mimi, die ihr von allen Kindern am ähnlichsten ist, findet sie ihre eigene Jugend wieder: Hat nicht auch sie das seltene Glück selbstgewählter Partnerschaft erfahren dürfen? Für das Haus Habsburg wäre damals die Verbindung mit einem bayerischen Kurprinzen und damit die Vereinigung der wittelsbachschen und habsburgischen Länder viel einträglicher gewesen. Aber sie hat sich für den neun Jahre älteren, am Wiener Hof erzogenen Franz Stephan von Lothringen entschieden. In den Augen der Habsburger keine angemessene Partie für die »größte Erbtochter Europas«.

Auch Franz Stephan mußte für diese Liebesheirat Opfer bringen. Es fiel ihm schwer, unter politischem Druck auf seine lothringischen Stammlande zu verzichten. Doch beide Partner haben ihren Schritt nie bereut und fast dreißig Jahre lang eine glückliche Ehe geführt. Eine seltene Konstellation in der Geschichte des europäischen Hochadels, wo man Heiraten üblicherweise ohne Zutun der Betroffenen nach politischen Gesichtspunkten auszuhandeln pflegt.

Daß solche nach einem Staatskalkül geschlossenen Ehen nicht zwangsläufig ins Unglück führen müssen, hat Maria Theresia in der eigenen Familie erlebt. Ihr Vater, Kaiser Karl VI., entschied sich unter den ihm zur Wahl vorgelegten Prinzessinnen für die hübscheste, Elisabeth Christine von Braunschweig-Wolfenbüttel. Gesehen hatte er sie niemals vorher, Harmonie oder Zuneigung waren keine Heiratskriterien, die machtpolitischen Bedingungen mußten stimmen. Die Ehe mit Elisabeth Christine, die nicht nur hübsch, sondern als spätere Statthalterin in Spanien auch äußerst tüchtig war, stellte sich als seltener Glücksfall heraus. Den im Hause Habsburg schwerwiegenden Makel ihres protestantischen Glaubens konnte sie durch einen Übertritt zur katholischen Kirche beheben. Der zweite Makel, keinen Sohn und Thronfolger geboren zu haben, wurde später für ihre Tochter Maria Theresia schicksalsbestimmend.

Kaiser Karl VI. hatte in kluger Voraussicht schon 1713 eine sogenannte »Pragmatische Sanktion« erlassen, die festlegte, daß bei Fehlen eines männlichen Thronerben auch Töchter dem Hause Habsburg vorstehen können. Die Unteilbarkeit des habsburgischen Gesamtbesitzes wurde in diesem Dokument ebenfalls festgeschrieben und so eine Verfassungsgrundlage für die Einheit des weitverzweigten Habsburgerreiches geschaffen.

Diese Pragmatische Sanktion ermöglicht es der jungen Maria Theresia, nach dem Tod des Vaters im Oktober 1740 ohne rechtliche Komplikationen die Thronfolge anzutreten – eine Aufgabe, auf die sie als Mädchen und Lückenbüßerin nie richtig vorbereitet wurde.

Mit 23 steht sie nun an der Spitze eines zerbröckelnden Großreiches, zu dem die verschiedenartigsten und schwer zusammenzuhaltenden Völker gehören. Durch ihre Herzlichkeit und Beherztheit gewinnt die junge Monarchin zwar überall Sympathien, aber politische Kompetenz traut man ihr nicht zu. Wie sollte auch eine unerfahrene Frau dieses durch Heiraten und Erbschaften immer unübersichtlicher gewordene Staatengebilde in den Griff bekommen? Dieses bunte Völkergemisch slawischer, germanischer, madjarischer und romanischer Stämme regieren? Wie sollte sie bei den verrotteten Strukturen dringend notwendige Reformen durchsetzen?

Karl VI. hat seiner Tochter nicht nur ehrenvolle Titel und Kronen hinterlassen, sondern auch leere Staatskassen, marode Behörden und eine verwilderte Armee. Können Arbeitsenergie, Temperament, Durchsetzungswillen und Zähigkeit, wie man sie Maria Theresia nachsagt, politischen Durchblick und Regierungserfahrung ersetzen? Nicht nur die besorgten Wiener fragen sich, ob eine 23jährige, die ihr viertes Kind erwartet, solchen Belastungen gewachsen ist.

Maria Theresia sieht sich plötzlich von Armeen umstellt, die leichte Beute wittern und das Habsburgerreich insgeheim schon unter sich aufgeteilt haben. Mehr als der Kurfürst von Bayern, mehr als Franzosen und Spanier macht ihr der Preußenkönig Friedrich II. zu schaffen. Dieser hat, wie sie, vor kurzem die Regierungsgeschäfte von seinem Vater übernommen – im Gegensatz zu ihr aber mit gefüllten Staatskassen und einem schlagkräftigen Heer. Er will der Habsburgerin Schlesien entreißen und legt unverfroren seine Gründe offen: »Der Ehrgeiz, mein Vorteil, der Wunsch, mir einen Namen zu machen, gaben den Ausschlag, und der Krieg ward beschlossen.«

Friedrich sieht in der Eroberung Schlesiens eine staatsnotwendige Arrondierung des zerstückelten Preußen, Maria Theresia sieht darin einen infamen Überfall auf ein nicht gerüstetes, friedliches Land. Ihr Rechtsbewußtsein ist tief verletzt – weniger durch den Landverlust als durch das rücksichtslose Vorgehen des Preußenkönigs. Dieser hat »dem schwachen Weib« listig angeboten, sich in England, Holland und Rußland für die Wahl ihres Gatten Franz Stephan zum Kaiser einzusetzen. Als Lohn für die Risiken dieses Freundschaftsdienstes hält er die Abtretung Schlesiens für angemessen.

Maria Theresia, die sich in den wenigen Monaten ihrer Regierungszeit erstaunlich rasch in eine schwierige politische Rolle hineingefunden hat, läßt den Preußen wissen: »so lange er noch einen einzigen Mann in Schlesien stehen hat, werden wir lieber untergehen als mit ihm verhandeln.« Ist dies die Drohung einer selbstbewußten Herrscherin oder einer mit dem Machtkalkül der großen Politik noch unerfahrenen Frau? Hat sie sich bei ihren Überlegungen und der Suche nach Verbündeten klargemacht, daß Beistandspakte eher mit Siegern als mit Besiegten geschlossen werden? Hätte sie nicht voraussehen müssen, daß sich Bayerns Kurfürst, der die Pragmatische Sanktion und damit ihren Herrschaftsanspruch nie anerkannt hat, sich mit Friedrich verbünden und Anspruch auf das Habsburgerreich erheben könnte? In München finden Geheimverhandlungen mit Frankreich und Spanien statt, der Österreichische Erbfolgekrieg nimmt seinen für Habsburg unglücklichen Lauf, Preußen schlägt das österreichische Heer bei Mollwitz in Niederschlesien.

Die besiegte Habsburgerin hat nicht nur diese Niederlage zu verkraften, sondern auch Schicksalsschläge in der Familie. Die älteste Tochter stirbt mit drei Jahren, die letztgeborene mit einem Jahr. Maria Theresia ist wieder schwanger und betet inständig um einen Sohn. Nicht daß ihr Töchter weniger lieb wären, doch nur ein Sohn kann die österreichische Erbfolge zuverlässig sichern und die juristisch umstrittene Pragmatische Sanktion, der sie ihre Stellung verdankt, überflüssig machen.

Während im Lande Mißmut über den Kriegsverlauf herrscht und man von ihr politisch diffizile Entscheidungen erwartet, setzt sie sich zum vierten Mal in den Gebärstuhl und bringt am 13. März 1741 – endlich – den ersehnten Thronfolger zur Welt, Joseph, der später als Kaiser Joseph II. regieren wird. Böllerschüsse verkünden das frohe Ereignis. In der Hofburg, in ganz Wien herrscht unbeschreiblicher Jubel. Die Stimmung im Lande schlägt von Resignation in Begeisterung um.

Maria Theresia dankt Gott für seine Gnade, läßt sich aber vom Überschwang der Bevölkerung nicht betören, sondern sondiert kritisch die militärische Lage. In ihren späteren Aufzeichnungen schreibt sie über diese von Kriegen geprägte Zeit: »Eine üble Nachricht folgte der anderen. Franzosen, Bayern und Sachsen überschwemmten ganz Böhmen und bemächtigten sich der Hauptstadt Prag, während gleichzeitig Preußen fast ganz Schlesien innehatte. Auf der anderen Seite besetzten jene auch Oberösterreich und rückten fast bis Wien vor. Keiner meiner Verbündeten getraute sich oder hatte Lust, mir zu helfen.«

In dieser hoffnungslosen Situation wächst Maria Theresia über sich hinaus. Sie fühlt sich verantwortlich für den

Erhalt des Habsburgerreiches. Mit politischem Instinkt sucht sie nach neuen Verbündeten und findet sie in Ungarn. In Preßburg, der damaligen ungarischen Hauptstadt, läßt sie sich im Sommer 1741 nach altem Ritual und mit großer Prachtentfaltung zur Königin von Ungarn krönen. Geschickt nutzt sie die Begeisterung von Adel und Volk, sich des Beistands durch die ungarische Armee zu versichern und ihren Gemahl Franz Stephan als Mitregenten einzusetzen. Nicht, daß Franz Stephan sich in dieses Amt gedrängt hätte, er bleibt lieber der Mann an Maria Theresias Seite. Aber diese möchte in taktisch kluger Voraussicht Weichen stellen für seine spätere Wahl zum deutschen Kaiser.

Erst einmal zieht Franz Stephan jedoch ins Feld – der Österreichische Erbfolgekrieg ist in vollem Gange –, und Kaiser wird Maria Theresias früherer Gegenspieler Karl Albrecht von Bayern. Seit über dreihundert Jahren zum ersten Mal ein Nichthabsburger!

Immer gehen Politik und Familienleben Hand in Hand, Schwangerschaften begleiten Kriege. An Maria Theresias Geburtstag, dem 13. Mai 1742, setzen mitten in der Gratulationsfeier der Hochschwangeren die Wehen ein. Die Geburtstagsgäste versammeln sich statt um die Festtafel in der Hofkapelle zum Gebet. Daß wieder ein Mädchen geboren wird, das vierte, und nicht ein zweiter Thronfolger, nimmt man als Gottesfügung. Die am Geburtstag der Mutter zur Welt gekommene Tochter wird auf den Namen Marie Christine getauft – Maria Theresias geliebtes Mimerl.

Die Monarchin ist nun nicht nur fünffache Mutter, sondern auch immer gewieftere Politikerin. Um die Kampfkraft ihrer Truppen in Bayern zu stärken, hatte sie ein Bildnis, das sie mit dem kleinen Thronfolger Joseph auf dem Arm zeigt, an Feldmarschall Khevenhüller geschickt.

Ob das rührende Bild seine Wirkung getan hat oder die ärgerliche Krönung Karl Albrechts zum deutschen Kaiser Karl VII. – Graf Khevenhüllers Truppen eroberten am Krönungstag des Bayern, am 13. Februar 1742, dessen Hauptstadt München.

Ein großer Erfolg für Maria Theresia, aber nur ein Etappensieg. Friedrich II. bedrängt sie von der anderen Seite, im Frieden zu Berlin muß sie ihm Schlesien überlassen. Dafür gelingt ihr die Rückeroberung Prags und Böhmens und die Besetzung Bayerns. Im Gegensatz zu ihrem militärisch glücklosen Mann verabscheut sie das Kriegshandwerk nicht, wenn sie auch mehr auf Verhandlungen als auf Schlachten baut. Nur bei ihrem Erzfeind Friedrich setzt ihr nüchtern kalkulierender Verstand aus, da überkommen die tiefgläubige Katholikin ganz unchristliche Rachegefühle. Den Verlust Schlesiens wird sie Friedrich, den sie nur *le monstre* nennt, nie verzeihen. Auch ihre Krönung zur böhmischen Königin 1743 in Prag kann diese Schmach nicht wettmachen. Die Wenzelskrone kommt ihr vor wie ein »Narrenhäubel«.

In Europa stehen sich Ende 1743 zwei Blöcke gegenüber: Österreich, England und Holland auf der einen, Frankreich, Spanien und Preußen auf der anderen Seite. Die Kriegshandlungen ziehen sich mit wechselseitigen Erfolgen und Niederlagen hin. Der Österreichische Erbfolgekrieg endet 1748 mit dem Aachener Frieden und einem Kompromiß: Die Pragmatische Sanktion des Hauses Habsburg wird allseitig anerkannt, Schlesien endgültig Friedrich von Preußen zugesprochen.

Diesem Friedensschluß vorausgegangen sind zähe Verhandlungen Maria Theresias mit den Kurfürsten um die Nachfolge auf dem Kaiserthron. Nach dem Tod Karls VII. im Jahre 1745 möchte sie ihren Mann Franz Stephan mit dieser höchsten Würde betraut sehen. Ihre nach der Geburt des siebten Kindes vom Wochenbett aus geführten Gespräche müssen besonders erfolgreich verlaufen sein: Ihr größter Wunsch erfüllt sich, Franz Stephan wird in Frankfurt zum Kaiser Franz I. gekrönt. Sie ist damit Kaiserin – ein Titel, auf den sie keinen besonderen Wert legt, die »selbsterworbenen« Königskronen sind ihr wichtiger. In den habsburgischen Erblanden wird sie ohnehin weiter die Hauptrolle spielen, da bleibt Franz Stephan der Mitregent an ihrer Seite, im Bewußtsein der Öffentlichkeit ist sie längst Kaiserin und Landesmutter.

Landesmutter mit 28. Sie füllt ihre Rolle mit selbstverständlicher Autorität und Gestaltungskraft aus – und erwartet nebenher ihr achtes Kind. Die jährlichen Schwangerschaften erschöpfen sie weniger als die Kriege, an deren Ende sie nie Genugtuung empfindet, auch wenn sich Österreich redlich geschlagen hat und das Habsburgerreich sich als europäische Großmacht halten kann. Aber um welchen Preis? Die Faszination, die Feldherren angesichts einer reibungslos funktionierenden Kriegsmaschinerie empfinden, geht ihr ab. Sie kann das Elend, das jeder Krieg über Länder und Völker bringt, nicht beiseite wischen, sie sieht die bedrückenden Lebensbedingungen der Menschen, wenn sie in ihrer Kalesche durch die Dörfer fährt. Vor Gott fühlt sie sich verantwortlich für die ihr anvertrauten Untertanen, und sie weiß, daß Reformen überfällig sind.

Mit ihrem Namen verbinden sich mutige Neuerungen wie Abschaffung der Folter und Befreiung der Bauern von Leibeigenschaft. Weniger spektakulär, aber für die gesamte Bevölkerung von Bedeutung sind die Reformen in der Administration, die sie mit ihrem Berater Graf von Haugwitz gegen den Widerstand der betroffenen Stände durchsetzt: Straffung des Beamtenapparates und des Militärs durch eine zentralistische, von Wien ausgehende

Führung. Neuregelung der Einkünfte und Steuern, zu denen auch Adel und Klerus herangezogen werden. Schaffung einer unabhängigen obersten Gerichtsstelle und klare Gliederung der Kompetenzen – damit ist der erste Schritt zu einer Gewaltenteilung getan.

Die praktische Durchführung der Reformen scheitert vielerorts an unfähigen, schlecht ausgebildeten Beamten. Ohne Bildungsreform keine Verwaltungsreform – das wird Maria Theresia deutlich, und sie macht sich umgehend daran, im Wiener Favorita-Palais eine hohe Schule zur Ausbildung zukünftiger Staatsdiener einzurichten: das Theresianum. Auch eine Militärakademie, in der die Prügelstrafe verpönt ist, gehört zu ihren Gründungen. Die Wiener Universität öffnet sich internationalen Einflüssen, besonders die medizinische Fakultät gelangt zu hohem Ansehen. Aber nicht nur die Eliten, auch die unteren Stände sollen gefördert werden. Mit der Einrichtung von Volksschulen für Kinder vom sechsten bis zum zwölften Lebensjahr setzt Maria Theresia Normen, die auch in anderen Ländern Anerkennung finden.

Während sie fremden Sprachen und religiöser Unterweisung einen hohen Stellenwert beimißt, liegen ihr Literatur und Musik ferner, auch wenn sie Gluck zum Hofkapellmeister berufen hat und italienischen Opern, wie es dem Zeitgeschmack entspricht, zugetan ist. Bezeichnend die Antwort, die sie ihrem Sohn Ferdinand zukommen läßt, der aus Mailand anfragt, ob er den jungen Mozart an seinem Hof in Dienst nehmen könne: »Ich weiß nicht wieso, denn ich glaube nicht, daß Sie sich um einen Compositeur oder sonst unnütze Leute zu bekümmern haben... Es entwertet den Dienst, wenn sie wie Bettler in der Welt umherziehen; außerdem hat er eine große Familie.« Der letzte Satz erstaunt bei der sonst fürsorglichen und familienbewußten Monarchin. Typischer für sie ein Ausspruch, den sie Lessing gegenüber getan hat. Die Literatur stehe ihr fern, läßt sie den Dichter wissen, da dort Frauenzimmer nicht viel ausrichten könnten. – Eine zweifellos für ihre Zeit zutreffende Feststellung.

Mehr als Musik und Literatur beeindrucken sie Malerei und Architektur. Für die Ausgestaltung und Modernisierung ihrer Stadt holt sie die ersten Künstler und Baumeister Europas an ihren Hof. Der italienische Maler Canaletto, der für seine Stadtansichten berühmt ist, soll das aufblühende Wien in Monumentalgemälden festhalten. Und es gibt viel aufzuzeichnen: nicht nur den Ring von zwölf Basteien, eine der gewaltigsten Festungsanlagen der Zeit, auch jede Menge Kirchen und Klöster, Paläste und Parkanlagen für die 200 000 Bewohner der Stadt. Am markantesten der Stephansdom, aber auch das Hofburgviertel mit Burgkapelle und Augustinerkirche, Hofbibliothek und Winterreitschule, Burgtheater und Reichskanzlei. Mehrstöckige Bürgerhäuser mit hohen Fenstern und wohlproportionierten Fassaden verkörpern die beschwingte Bauweise des Rokoko. Gepflasterte Straßen mit Kanalisation und Laternenbeleuchtung zeugen von fortschrittlicher Planung. Bunte Märkte lassen etwas von der Vielfalt des Völkergemisches und der Kulturen ahnen, die im Zentrum Wien aufeinandertreffen.

Canalettos Bilder sind bevölkert von zierlichen Damen in Reifröcken und Herren im Halbfrack mit gepuderter Perücke. Prozessionen und Schlittenfahrten, Illuminationen und Maskeraden bieten reizvolle Sujets. Noch erinnert das Hofzeremoniell an spanisch barocke Würde, aber zunehmend wird diese Strenge durchbrochen von spielerisch leichten Rokoko-Elementen, vom Einfluß französischer Salonkultur. Die ersten öffentlichen Kaffeehäuser mit Zeitungen und Billardtischen sind dagegen eine typisch wienerische Eigenart.

Höfische Privilegien werden mehr und mehr abgeschafft. Weite Grünanlagen wie Augarten und Prater dürfen nun auch vom Volk betreten werden. Schloß Schönbrunn, das größte Projekt der theresianischen Zeit, wird im Stil von Versailles zu einem Gesamtkunstwerk ausgebaut, behält aber seine menschlichen Maße. Ein Einfluß Maria Theresias? Sie liebt das Übersichtliche, Harmonische, die Kriegsgeschäfte sind unübersichtlich genug. Aber sie meistert auch diese. Wenn Friedrich II., dem die Geschichte den Beinamen *der Große* gegeben hat, spöttisch den 1. Timotherbrief zitiert: »Einem Weib aber gestatte ich nicht, daß sie lehre, auch nicht, daß sie des Mannes Herr sei«, so muß er sich daran gewöhnen, daß in Wien alles anders ist, daß hier durchaus ein Weib das Regiment führen kann.

In der Art des Regierens unterscheiden sich die beiden gar nicht so sehr. Die katholische Habsburgerin und den preußisch protestantischen Freigeist verbindet ein absolutistischer Herrschaftsstil. Beide sehen sich als Vertreter einer sittlichen Staatsauffassung, voller Verantwortungsgefühl für die Untertanen und in rastloser Hingabe tätig: Diener, nicht Herrscher wollen sie sein, aber in der Praxis herrschen sie sehr wohl autoritär.

Was sie trennt, sind die geistigen Dimensionen. Friedrich, der flötespielende Schöngeist und Philosoph, Maria Theresia, die tiefgläubige, fern aller Theorie dem praktischen Leben zugewandte Frau und Landesmutter. Machtwillen, Kalkül und Zähigkeit in der Verfolgung gesteckter Ziele zeichnen beide aus. Daß Maria Theresias heranwachsender Sohn Joseph, dem sie als künftigem Thronfolger eine sorgfältige Erziehung angedeihen läßt, Friedrich bewundert und zum Vorbild nimmt, erfüllt sie mit Bitterkeit.

Der Siebenjährige Krieg, der 1763 mit dem Frieden von Hubertusburg endet, läßt die alte Rivalität der Habsburgerin und des Preußen noch einmal in krassem Licht aufleuchten. Zwar wahren beide Parteien nach endlosen und unnötigen Siegen und Niederlagen das Gesicht, aber, was für Maria Theresia bereits zum Trauma geworden ist: Schlesien bleibt preußisch. Und dieses Schlesien war doch der einzige Grund, noch einmal einen Krieg gegen Friedrich vorzubereiten. Ihren Plänen ist der Preuße durch seinen Einmarsch in Sachsen zuvorgekommen.

Die Unterstützung, die sich Maria Theresia bei zwei anderen mächtigen Frauen, Elisabeth von Rußland und Madame de Pompadour, der einflußreichen Mätresse Ludwigs XV., holt, haben immerhin zu einem festen Kriegsbündnis mit Frankreich geführt. Die Sympathien in Europa liegen offensichtlich auf seiten Maria Theresias, die sich nun zum dritten Mal des »kriegslüsternen preußischen Aggressors« erwehren muß. Der Ruf, rücksichtslos Eroberungskriege zu führen, haftet Preußen noch lange an, obwohl auch Friedrich schlimme Niederlagen und Demütigungen, etwa in der Schlacht von Kunersdorf, hinnehmen muß. Doch der Feldherr und Aufklärer findet gerade unter jungen Menschen überall auch Bewunderer. Wie mag Maria Theresia die Versicherung des verhaßten Rivalen aufgenommen haben, ihrem Sohn Joseph seine Kurstimme bei der bevorstehenden römischen Königswahl zu geben?

Natürlich setzt die Mutter alles daran, ihrem Ältesten die römische Krone zu sichern. Aber mit der Stimme des Erzfeindes? Joseph, von Ideen der Aufklärung durchdrungen, hochbegabt und hochfahrend, kann an einer Unterstützung durch Friedrich nichts Verwerfliches finden. Er wird tatsächlich im April 1764 in Frankfurt zum römischen König gekrönt.

Goethe – ein ironischer Beobachter mit Sinn für symbolträchtige Details – ist als Fünfzehnjähriger Augenzeuge des prunkvollen Krönungszuges. Er erinnert sich in

Dichtung und Wahrheit an das beeindruckende Ereignis: »Der junge König schleppte sich in den ungeheuren Gewandstücken mit den Kleinodien Karls des Großen wie in einer Verkleidung einher, so daß er selbst, von Zeit zu Zeit seinen Vater ansehend, des Lächelns sich nicht enthalten konnte. Die Krone, welche man sehr hatte füttern müssen, stand wie ein übergreifendes Dach vom Kopfe ab... Szepter und Reichsapfel setzten in Verwunderung; aber man konnte sich nicht leugnen, daß man lieber eine mächtige, dem Anzug gewachsene Gestalt, um der günstigeren Wirkung willen, damit bekleidet und ausgeschmückt gesehen hätte.«

Maria Theresia verfolgt die ersten öffentlichen Auftritte ihres Sohnes mit einer Mischung aus Stolz und Unmut. Sie tadelt wiederholt seinen Hang, »sich nichts zu versagen, gegen Andere aber leicht ohne Gefälligkeit und rüde zu handeln«. Ihr mißfällt seine Spottsucht, seine geringe Ehrfurcht vor Tradition und Glaubensritualen. Daß sie den 24jährigen nach dem plötzlichen Tod ihres Gatten zum Mitregenten bestimmt hat, wird ihr noch schwer zu schaffen machen. Joseph ist kein gutmütiger, anpassungswilliger Partner wie der verstorbene Kaiser, der sich um die Staatsfinanzen gekümmert hatte und im übrigen seine Frau regieren ließ. Joseph steht seiner Mutter an Eigenwilligkeit nicht nach – und fügt sich doch überraschend oft in ihre Anordnungen, sei es aus anerzogenem Gehorsam, aus Sohnesliebe oder in Anerkennung ihres politischen Weitblicks.

Sie hat für ihn zweimal eine Frau unter Gesichtspunkten der Staatsräson ausgesucht: zuerst für den Neunzehnjährigen die kluge und schöne Isabella von Parma, eine Enkelin Ludwigs XV., eine Wahl, die Joseph gern akzeptierte. Doch nach drei glücklichen Ehejahren wurde Isabella mit ihrem Kind im Wochenbett von den Pocken dahingerafft.

Ungeduldig drängte Maria Theresia ihren Sohn in eine zweite politisch nützliche Ehe mit Josepha von Bayern, einer Tochter Karl VII., häßlich, von einem Ausschlag gezeichnet, aber mit ansehnlichem Erbteil. Joseph entzieht sich ihr nach Möglichkeit, doch bei offiziellen Anlässen muß er sie an seiner Seite dulden.

Die Verlobung seiner Schwester Marie Christine mit Prinz Albert von Sachsen ist ein solcher Anlaß. Mißgelaunt hat Joseph als höchster Repräsentant des Hauses Habsburg am Kopf der langen Tafel Platz genommen, während die kaiserliche Mutter sich dem Festmahl entzieht und sich der Trauer um ihren Gatten hingibt.

Josephs Unmut ist verständlich. Neben ihm sitzt Josepha, die ihm aufgezwungene Gattin, während Schwester Marie Christine, die zufriedene Braut, sich ihren zukünftigen Gemahl selbst wählen durfte. Keinem anderen Kind hätte Maria Theresia dies erlaubt, keines hätte im Todesjahr des Vaters Verlobung und Hochzeit feiern dürfen. Von klein an wurde die immer noch mit dem Kosenamen Mimi Gerufene bevorzugt, obwohl ihre Schwestern ihr an Liebreiz und Begabung nicht nachstehen. Mimi bekam eine besonders sorgfältige, von der Mutter stets überwachte Erziehung, bei der ihre musischen Talente mehr als bei den anderen Kindern gefördert wurden.

Jedes der Kinder hat in der Hofburg seinen eigenen Stab von Bediensteten, Kammerfrauen, Hauslehrern, Lakaien – und vor allem einen Ajo oder eine Aja. Diese aus dem spanischen Hofzeremoniell übernommenen Erzieher wachen über den Tageslauf der ihnen Anvertrauten, über Stundenpläne und Freizeitvergnügen, über den Freundeskreis und über die höfischen Pflichten. Mimi erhält Zeichenunterricht bei einem Maler aus der angesehenen Künstlerfamilie Grassi. Einige Proben ihres Talents werden heute noch in der Albertina aufbewahrt. Im Schloß Schönbrunn hängt ein von ihr gemaltes Genrebildchen, das die kaiserliche Familie ganz unkonventionell bei einer Nikolausbescherung zeigt.

Neben der Malkunst gilt Marie Christines besondere Neigung den Sprachen, dem Französischen und Italienischen vor allem. Die meisten Briefe schreibt sie, wie beim europäischen Adel üblich, französisch. Die Mutter fordert ständig Rechenschaft über Mimis Lernfortschritte. Aus Prag ermahnt sie die Tochter: »Meine liebe Marie, ich bin ganz zufrieden mit Deinen Briefen, aber Deine Schreibweise ist noch zu flatterhaft.«

Für ihre Vorzugsstellung als Mutters Vertraute zahlt Marie Christine einen hohen Preis: Sie bleibt von der Gemeinschaft der Geschwister ausgeschlossen. Man mißtraut ihr, hält sie für eine »Petzerin«. Sie fühlt sich einsam inmitten der großen Geschwisterschar, kann mit niemandem, außer mit ihrem Beichtvater, über ihre Kümmernisse sprechen. Erst in Isabella von Parma, die als Ehefrau Josephs unvoreingenommen in die Hofburg einzieht, findet Marie Christine eine richtige Freundin. Der Briefwechsel der Schwägerinnen zeigt, daß Isabella Marie Christines Problem erkennt und einfühlsam auf sie einzuwirken versucht. Sie schreibt der Gleichaltrigen: »Besonders schwer ist es, der eigenen Mutter Freundin zu sein, weil die Ehrfurcht dort Schranken zieht, wo sonst Offenheit die Grundlage der Freundschaft bildet.«

Drei Jahre nur besteht diese für beide beglückende Freundschaft. Nach dem plötzlichen Tod Isabellas kommt sich Marie Christine verwaist vor, obwohl sie in Maria Theresia nach wie vor ihre mütterliche Freundin sieht, mit der sie, im Komplott gegen die übrige Familie, ihre Heiratspläne geschmiedet hat. Ein Geheimnis, das sie noch stärker von ihren Geschwistern und vor allem von ihrem Vater isoliert.

Ihr Auserwählter, Prinz Albert, hat als Leutnant die Feldzüge gegen Preußen mitgemacht und wird von Maria Theresia kurz nach dem Tod ihres Gatten zum Feldmarschall und Statthalter von Ungarn ernannt. Sie hat schon zu Lebzeiten des Kaisers insgeheim das düstere Preßburger Schloß für das künftige Statthalterpaar zu einer Prachtresidenz umbauen lassen. Eigenhändig hat sie sich um den Hofstaat gekümmert, über hundert Bedienstete ausgewählt – kein Wunder, daß diese Bevorzugung den Neid der Geschwister und des Hofes provoziert.

Oberhofmeister Khevenhüller notiert über den 1765 geschlossenen Ehevertrag: »Die eigentlichen Conditionen des Heirathsbrieffs wurden von darummen sehr geheim gehalten, weil die Kaiserin die Braut, für welche sie eine vorzügliche Neigung heget, über die Massen avantagieret, indem sie derselben über alle andere Kostbarkeiten an Geschmuck und sonstig reicher Ausstaffierung, annoch eine Dotem von vier Millionen verwilliget… « – ein Start, wie ihn keines der anderen Kinder geboten bekommt. Erkauft sich Maria Theresia damit die weitere Zuwendung ihrer Lieblingtochter?

Es stellt sich die Frage, warum Marie Christine, die den Neid der Geschwister spüren muß, nicht aus Klugheit auf die überdeutliche Bevorzugung verzichtet. Hat Leopold, der scharfzüngige jüngere Bruder recht, wenn er in seinem Tagebuch vermerkt: »Sie ist voll Ehrgeiz und Gewinnsucht… Sie ist im ganzen Lande allgemein verhaßt wegen ihrer Einbildung, Protektionen, Willkür und Reden…«?

Gegen diese von verständlicher Eifersucht zeugenden Zeilen spricht, daß Marie Christine und Albert ihre Privilegien nie öffentlich auskosten. Von den reich bemessenen Einkünften zweigen sie beträchtliche Summen für Bedürftige ab, sie holen Künstler und Gelehrte an den Preßburger Hof, unterhalten ein Orchester und Theatergruppen, kaufen Bücher und Gemälde. Albert ist ein großer Kenner und Liebhaber der graphischen Kunst, Marie Christine unterstützt ihn in seinen Neigungen und ermöglicht ihm aus ihrer Privatschatulle immer wieder den Ankauf wertvoller Blätter. So wird der Grundstock gelegt für die spätere Albertina, eine der weltweit bedeutendsten Graphiksammlungen.

Die kurz nach der Verlobung stattfindende Vermählung des jungen Statthalterpaares wird im Familienrahmen und ohne Prunkentfaltung in Schloßhof, vier Meilen vor Wien, gefeiert. Noch ist die Trauerzeit für Kaiser Franz I. nicht vorüber, für Maria Theresia wird sie nie vorüber sein, und sie verordnet auch dem Hof regelmäßige Trauertage und Gedenkgottesdienste.

An ihrem dreißigsten Hochzeitstag, dem 12. Februar 1766, schließt sie sich, wie so oft, in ihr Kabinett ein, um mit ihrer Trauer allein zu sein. Nur ihre Freundin, Gräfin Enzenberg, läßt sie daran teilhaben. »Umgeben von den Bildnissen unseres geliebten und großen Gebieters« schreibt sie ihr: »Alle diese Stunden hindurch habe ich schon mich mit meinem entschwundenen Glück beschäftigt, nicht ohne bittere Reue, daß ich es in der Zeit, da ich es besaß, nicht genügend geschätzt habe... Was mir übrigbleibt und ich mit Ungeduld erwarte, das ist meine Bahre und mein Sterbekleid.«

Maria Theresia hat mit dem Leben abgeschlossen, aber sie wird noch fast fünfzehn Jahre leben – und herrschen, bis zum letzten Atemzug. Sie hält die Geschicke des »Heiligen Römischen Reiches Deutscher Nation« in der Hand, auch wenn ihr Joseph als Mitregent zur Seite steht. Und ihr Reich ist ungemein schwerer zu regieren als das preußisch-deutsch geprägte ihres Gegenspielers Friedrich. Es ist bunt gemischt und vielsprachig – multikulturell, wie der heutige Ausdruck heißt. Ein Bewußtsein der Zusammengehörigkeit gibt es kaum, auch keine allgemeine Ausrichtung auf Wien, obwohl Maria Theresia und Joseph hoffen, durch strikten Zentralismus dieses widerspenstige Gebilde zusammenhalten zu können.

Mit politischer Aktivität versucht die Kaiserin, ihre persönliche Einsamkeit zu überdecken. Bei Schwiegersohn Albert beklagt sie sich: »Binnen acht Monaten verliere ich den besten Gatten, ein Sohn geht fort, dem meine ganze Liebe und Sorgfalt galt, und eine Tochter heiratet, die nach dem Tode ihres Vaters mein ganzer Trost und meine Freundin war.«

Warum hat sie nie erwogen, eine der anderen Töchter zu ihrer Vertrauten zu machen? Neun Kinder leben nach Mimis Weggang noch in der Hofburg, sechs davon Mädchen. Gewiß, Josepha, Marie Caroline und Marie Antoinette sind noch zu kindlich für ernsthafte Gespräche. Aber die 22jährige Maria Elisabeth? Die drei Jahre jüngere Maria Amalia? Oder Marianna, die vernünftige und geistig regsame Älteste, die später als Äbtissin das Adelige Damenstift in Prag übernehmen wird?

Die Beziehung zu diesen Töchtern ist eine einseitige. Maria Theresia ist die mütterlich belehrende Ratgeberin, Ermahnungen ersetzen Gespräche. Ein echter Gedankenaustausch findet nur mit ihrer Mimi statt. Die Vertrautheit mit dieser Tochter zeigt sich auch im unbekümmerten Sprachgebrauch, einem Gemisch aus spontan hingeschriebenen deutschen und französischen Wendungen. Einen Besuch kündigt sie mit den Worten an: »Je viendrai le 14 sûrement... Je ne peux répondre de l' exactitude des heures und wenn ich eilen muß, werde ich gleich grantig pour toute la journée...« Schwiegersohn Albert ermahnt sie im April 1766: »Nicht soviel Komplimente. Das *madame* am Anfang Eurer Briefe ist mir zuwider, schreibt ein ander Mal *meine liebe Mutter*.«

Maria Theresia hat zu ihrem Schwiegersohn eine engere Beziehung als zu ihren Söhnen, auch wenn er ihr die liebste Tochter entführt hat. Aber gelegentlich kann sie ihre Eifersucht nicht unterdrücken, dann läßt sie in Briefen an Mimi ihren Gefühlen freien Lauf: »Ach, sie hält Hof bei sich und genießt die Nähe ihres Geliebten – ja, das habe ich nun von meinen Sorgen, die ich seit zwei Jahren um sie gehabt.«

Im übrigen gibt sie Mimi vernünftige, auf eigener Erfahrung beruhende Ratschläge zum Eheleben: »Alles hängt hierin von der Frau ab, sie muß die rechte Mitte halten, die Achtung und das Vertrauen des Mannes gewinnen, nie Mißbrauch damit treiben oder gar damit prahlen wollen oder – das schlimmste – den Willen haben, ihn zu beherrschen. Eure Lage ist in dieser Hinsicht ebenso heikel wie die meine. Lasset ihn nie Eure Überlegenheit fühlen – nichts fällt schwer, wenn man vernünftig liebt – was mich betrifft, so kann ich jedenfalls über diesen Punkt ruhig sein.«

Maria Theresia, die sich eine Familie nicht ohne große Kinderschar vorstellen kann und diese Einstellung auch an ihre Kinder weitergibt, wartet mit Ungeduld auf Mimis erste Schwangerschaft. Als die Tochter nach dem zweiten Ehejahr endlich das ersehnte Kind zur Welt bringt, ist dieses nicht lebensfähig und stirbt noch am selben Tag. Auch Mimi schwebt in Lebensgefahr.

Dieses Katastrophenjahr 1767 hinterläßt in der Familiengeschichte Spuren: Josephs Frau und die drittjüngste Tochter Maria Theresias sterben an Pocken. Die 24jährige Maria Elisabeth übersteht die Krankheit zwar, doch ihr Gesicht bleibt von den schwarzen Blattern gezeichnet. Auch Maria Theresia und Schwiegersohn Albert erkranken, besitzen aber genügend Widerstandskräfte gegen die heimtückische Seuche. Mimi, wie die Mutter sie noch immer nennt, kommt nach der schweren Geburt langsam wieder zu Kräften, sie wird jedoch Maria Theresia keine Enkel mehr schenken können.

Marie Christine nutzt die kommenden Jahre, die Residenz Preßburg zu einem kulturellen Zentrum auszubauen. Und sie knüpft durch ihre Reisen die Familienbande wieder enger. Weit verstreut im großen Reich leben die Kinder, die Maria Theresia in frühem Alter und zum Nutzen des Staates verheiratet hat. Die Töchter haben ihre Mutter nach der Hochzeit nie wiedergesehen. Ist es ein Akt der Wiedergutmachung, daß Marie Christine mit ihrem Gemahl nun die Geschwister in der Fremde der Reihe nach besucht?

Zuerst geht die Reise nach Neapel, zur zehn Jahre jüngeren Schwester Marie Caroline, die Maria Theresia mit sechzehn dem rüpeligen König Ferdinand IV. von Neapel-Sizilien zur Frau gegeben hat – die Grenzen des Habsburgerreiches können nie weit genug gesteckt werden...

Dann Parma. Hier residiert Mimis vier Jahre jüngere Schwester Marie Amalie sehr selbstherrlich. Sie wurde dem fünf Jahre jüngeren spanischen Infanten Ferdinand von Parma überlassen – es galt, die Fäden zu den bourbonischen Höfen enger zu knüpfen. Daß Marie Amalie nicht gewillt ist, mit dem leichtlebigen Jüngling eine richtige Ehe zu führen, müßte den rigiden Moralvorstellungen Maria Theresias eigentlich entsprechen; aber wie immer im Zwiespalt zwischen Moral und Staatsräson, obsiegt letztere. Marie Amalie denkt nicht daran, sich den mütterlichen Vorhaltungen zu fügen und bricht die Beziehungen zum Elternhaus ab. Das einzige Kind Maria Theresias, das die Familienbande endgültig zertrennt, da nützen Vermittlungsversuche der älteren Schwester nichts.

In Mailand ein erfreulicheres Treffen: Mimis zweitjüngster Bruder Ferdinand gibt hier als Gouverneur der Lombardei und zukünftiger Herzog von Modena ein festliches

Bankett für seine Gäste aus Wien. Er ist mit Marie Beatrix von Este verheiratet – offenbar keine unglückliche Verbindung, obwohl er seine Frau erst am Tag vor der Hochzeit zum ersten Mal gesehen hat.

In Padua treffen sich Albert und Marie Christine schließlich mit Bruder Leopold und dessen Frau, der spanischen Infantin Maria Ludovica, Tochter König Karls III. von Spanien. Diese mit zwölf Kindern ungewöhnlich fruchtbare Ehe erfüllt wohl als einzige Maria Theresias Erwartungen. Trotzdem ist Leopolds Verhältnis zur Mutter nicht ungetrübt. Er nimmt ihr die Bevorzugung Mimis übel und fühlt sich zeitlebens als Zukurzgekommener, auch wenn er nach Josephs Tod als dessen Nachfolger den Kaiserthron besteigen wird.

Noch regiert aber in Wien Maria Theresia an der Seite Josephs – oder genauer: Joseph an der Seite Maria Theresias. Es bleibt eine spannungsgeladene Beziehung, allerdings eine von Liebe und gegenseitiger Achtung getragene. Zu groß sind die Unterschiede der religiösen und politischen Ansichten, als daß es zu einem Gleichklang kommen könnte.

Maria Theresias Haß auf die Aufklärung und auf deren Schrittmacher Friedrich von Preußen äußert sich noch einmal im Briefwechsel mit ihrem jüngsten Sohn Maximilian, den sie für den geistlichen Stand bestimmt hat und der mit ihrer Hilfe das Amt des Erzbischofs von Köln, »das sicherste, ungefährlichste und angenehmste«, innehat. Ihm klagt sie, ihren Mitregenten Joseph im Blick: »Der Ton, der gegenwärtig hier herrscht, ist der verderblichste für Glauben, Sitte und Familie, und zumal die jüngere Generation meint jetzt, ein lockeres, ungebundenes Leben führen zu können.«

Vor diesem lockeren, ungebundenen Leben warnt sie auch ihre übrigen jüngeren Kinder, die sie, wie deren ältere

Geschwister, früh und zum Wohle des Reiches verheiratet hat. Marie Antoinette, die Zweitjüngste, wird mit knapp fünfzehn zur Bekräftigung der bourbonisch-habsburgischen Freundschaft an den gleichaltrigen Dauphin in Paris verschachert. Es ist ein endgültiger Abschied von der Mutter, von Wien, von der Kindheit.

Im Reglement, das Maria Theresia ihrer Tochter nach Paris mitgibt, ermahnt sie die kokett Leichtsinnige zur gewissenhaften Erfüllung religiöser Pflichten und verlangt außerdem von ihr Rechenschaft über ihren Lebenswandel am französischen Hof: »Zu Beginn eines jeden Monats werde ich von hier einen Kurier nach Paris schicken... vernichte meine Briefe, das wird mich instandsetzen, Dir offenherziger zu schreiben; ich werde dasselbe mit den Deinigen tun.«

Als Marie Antoinette nach dem Tod Ludwigs XV. im Mai 1774 an der Seite des Thronfolgers Königin von Frankreich wird, verstärken sich die Einmischungsversuche der Mutter noch. Sie fordert von der Tochter zum Wohle beider Staaten, »daß wir in unseren Interessen ebenso eng verbunden bleiben wie in der Familie«. Regierungsanweisungen vermischen sich mit privaten Belehrungen über angemessenen Kopfputz und der Rüge, daß die Tochter getrennt von ihrem Gemahl schläft.

Ihre Ermahnungen nutzen wenig. Es erstaunt und betrübt die sonst so realistisch denkende Herrscherin immer wieder, daß die mit Sorgfalt und in der Familientradition erzogenen Kinder ihre eigenen Wege gehen und nicht auf die mütterlichen Ratschläge hören. Das grausame Ende Marie Antoinettes auf dem Schafott erlebt die Mutter nicht mehr. Sie hätte sich vielleicht damit getröstet, mit welch stolzer, tapferer Haltung die Habsburgerin – »l'Autrichienne«, wie die Franzosen sie nennen – das Henkergerüst erstiegen hat.

Das letzte Lebensjahrzehnt Maria Theresias wird nicht mehr von großen Kriegen, sondern von zermürbenden Erbhändeln geprägt. Die von ihrem Sohn Joseph zu verantwortende sogenannte Erste Polnische Teilung im Jahre 1772 und den Bayerischen Erbfolgekrieg sechs Jahre später hat sie nicht gutgeheißen, aber auch nicht verhindert – sei es aus Loyalität Joseph gegenüber, sei es aus Resignation. Ihrem Sohn Ferdinand schreibt sie, ihre Haltung zur Polnischen Teilung rechtfertigend: »... nur die Aussichtslosigkeit, von Frankreich und England Beistand zu erhalten, die Wahrscheinlichkeit, allein einen Krieg gegen Rußland und Preußen führen zu müssen, Elend, Hungersnot und verderbliche Krankheiten in meinen Ländern zwangen mich, auf diese unseligen Vorschläge einzugehen, die einen Schatten werfen auf meine ganze Regierung. Gott wolle, daß ich danach nicht noch in der anderen Welt zur Verantwortung gezogen werde.«

Auch die bayerische Erbfolge ist Anlaß zu Auseinandersetzungen zwischen Maria Theresia und Joseph. Die Kaiserin fürchtet, daß ein erneuter Krieg zwischen Österreich und Preußen sich zu einem europäischen Konflikt ausweiten und die Kampfkraft des Habsburgerheeres überfordern könnte. Joseph jedoch ist, gemeinsam mit seinem militärischen Berater Graf Kaunitz, entschlossen, sich erneut mit Friedrich II. wegen eines angemessenen Ersatzes für Schlesien anzulegen. Da handelt Maria Theresia, die ihren Rückzug aus der Politik seit langem angekündigt hat, noch einmal als verantwortungsbewußte Monarchin. Sie schickt, ohne Wissen ihres Sohnes, einen Unterhändler mit einem Bittbrief zu Friedrich, ihrem lebenslangen Rivalen. Welche Demütigung muß dies für sie gewesen sein, welche Selbstüberwindung muß sie der Satz gekostet haben: »Ich tue diesen Schritt, ohne den Kaiser, meinen Sohn, davon benachrichtigt zu haben; und ich erbitte von Ihnen Geheimhaltung gegenüber aller Welt, welches auch der Erfolg sein mag...«

Nach zähen Verhandlungen und der Vermittlung durch Frankreich und Rußland kommt es am 13. Mai 1779, ihrem 62. Geburtstag, zum Friedensschluß von Teschen. Daß er für Habsburg ohne herben Gesichtsverlust ausgeht, ist allein Maria Theresias Verdienst. Ihr Ansehen in Europa ist so groß, daß man ihren Rückzug und den Verzicht auf Bayern nicht als Schwäche, sondern als altersweise Versöhnungsbereitschaft auslegt. Nun habe sie ihre Karriere glorios mit einem Tedeum im Stephansdom beendigt, schreibt sie an Graf Kaunitz, ihren langjährigen außenpolitischen Berater.

Sie hat gelernt, sich zu bescheiden, aber sie weiß auch, was sie geleistet hat. Das Reich, das sie ihrem Sohn hinterläßt, ist sicherer gefügt und besser verwaltet als zu Beginn ihrer Regierungszeit. Ihre Kinder sind – wenn auch nicht unbedingt glücklich – gut versorgt. Sohn Leopold schätzt die Lage wohl richtig ein, wenn er in seinem Familientagebuch bezweifelt, daß sie sich nun »ganz zurückziehen und die Regierung ganz aufgeben« werde.

Ihre Gebrechen, ihre schwere Atemnot spielt sie bis zum Schluß herunter. Noch im Spätherbst 1780 besteht sie darauf, an einer Fasanenjagd, die Albert in Schönbrunn veranstaltet, teilzunehmen. Am Arm ihrer Tochter Mimi durchmißt sie ein letztes Mal all die Räume im Schloß, mit denen sich so viel Familienerinnerungen verbinden. Eine schlimme Erkältung, die sie sich dabei geholt hat, schwächt sie zusehends. Doch das Angebot Mimis, sie zu pflegen, weist sie zurück, sie will keine hilflose Patientin sein. In einem letzten Brief an ihre Lieblingstochter schreibt sie am 22. November 1780: »Ihr wißt, daß ich eine ungeduldige Kranke und am besten allein bin. Wenn Ihr mich auf eine kurze Weile besuchen wollt, ohne daß Ihr deswegen andere Pläne ändern müßt, werde ich mich sehr, sehr freuen...« Eine Woche später stirbt sie, ohne Mimi noch einmal gesehen zu haben, in den Armen ihres ältesten Sohnes Joseph.

Auf Joseph II. lastet nun die ganze Verantwortung für das Reich. Aus einem Brief an Bruder Leopold geht hervor, was ihm die Mutter, mit der er in Regierungsgeschäften zeitlebens uneins war, doch bedeutet hat: »Eine Mutter zu verlieren, der ich alle die vielen Jahre lang zugetan war, der mein Leben gehörte, der ich alle die vielen Wohltaten danke – das geht über die Fassungskraft. Da ist nun mein Lebensplan, alles ist gestört und ich finde mich fast allein auf der Welt.«

Die verstorbene Landesmutter wird in der Kapuzinergruft, der letzten Ruhestätte der Habsburger, in einem Doppelsarkophag an der Seite ihres geliebten Mannes, Kaiser Franz Stephan, beigesetzt. Nicht nur in Wien, an allen europäischen Höfen, beim Adel und beim Volk herrscht Trauer. Mit Maria Theresia, das wird den Zeitgenossen bewußt, ist eine Epoche zu Ende gegangen.

Doch die Regierungsgeschäfte am Wiener Hof laufen weiter. Noch kurz vor ihrem Tod hat sich die Kaiserin persönlich um den Hofstaat ihrer Lieblingstochter Mimi in Brüssel gekümmert. Daß das Herzogspaar von Sachsen-Teschen eines Tages das Statthalteramt in den Österreichischen Niederlanden übernehmen sollte, ist schon in dessen Ehevertrag festgelegt worden. Nun, nach dem Tod des bisherigen Statthalters, ziehen die beiden in Schloß Marimont, ihrem zukünftigen Amtssitz, ein. Die Zurückhaltung, ja Feindseligkeit, die Albert und Marie Christine in Brüssel zu spüren bekommen, hängt mit dem von Kaiser Joseph II. erlassenen Toleranzpatent zusammen, das Protestanten mehr Rechte einräumt. Die Niederländer fühlen sich in ihren alten Vorrechten und religiösen Traditionen beschnitten, es kommt in Brabant zum Aufstand. Das Volk gibt keine Ruhe, bis der Kaiser seine Anordnungen zurücknimmt. Albert und Marie Christine, die inzwischen auf Schloß Laeken residieren, haben keinerlei Einfluß auf das politische Geschehen, alle Macht liegt in Wien.

Herzog Albert nützt die politisch unerquickliche Brüsseler Zeit, um seine in Jahren systematisch aufgebaute graphische Sammlung zu vervollständigen. Er ist ein passionierter Liebhaber französischer und englischer Graphik. Beraten läßt er sich bei seinen Ankäufen von Graf Durazzo, einem italienischen Fachmann, aber auch von seiner Frau Marie Christine, die sich über Malerei und Graphik großes Wissen angeeignet hat. Das Herzogspaar steckt einen nicht geringen Teil seiner Einkünfte in die Erweiterung der Sammlung. Da das Brüsseler Statthalteramt das höchstdotierte im ganzen Reich ist, können Ankäufe getätigt werden, die heute unbezahlbar wären. Blätter von Dürer, Raffael, Michelangelo, Bruegel, Rembrandt und Rubens gehören dazu.

Von den Wirren der Französischen Revolution bleibt auch Brüssel nicht verschont. Es kommt zu Plünderungen und Überfällen, die wertvollen Kunstgegenstände von Schloß Laeken und die graphische Sammlung werden vor den Revolutionsheeren in Sicherheit gebracht. Auch das Herzogspaar soll evakuiert werden, aber Mimi weigert sich, in Erinnerung an ihre furchtlose Mutter, Brüssel zu verlassen: »wir fühlen ihren Mut und wollen ihr in Gottesfurcht und Ergebenheit nachahmen«, schreibt sie an ihre Freundin Fürstin Liechtenstein. Doch als die Stadt von gewalttätigen Horden nahezu eingezingelt ist, sieht sich das Herzogspaar doch zur Flucht gezwungen. Es findet Unterschlupf bei Mimis jüngstem Bruder Maximilian auf Schloß Poppelsdorf bei Bonn, kehrt aber, als sich die Lage etwas entspannt, nach Brüssel zurück.

Als die Franzosen im Koalitionskrieg 1792 Österreich herausfordern, übernimmt Herzog Albert den Oberbefehl über die belgischen Truppen. Er war nie ein Feldherr mit Fortune, auch diesmal zwingt ihn eine – vielleicht ganz willkommene – Krankheit, das Kommando abzugeben. Marie Christine muß sich wieder nach einem Unterschlupf umsehen, und auch diesmal ist es Bruder Maximilian, der sie als Erzbischof von Köln und Bischof von Münster in der westfälischen Stadt sicher unterbringt.

Marie Christine hat vor der überstürzten Abreise aus Brüssel ein Segelschiff angeheuert, das ihre wertvollen Kunstschätze, Bücher und einen Teil der graphischen Sammlung nach Hamburg bringen sollte. Doch das Schiff geht vor der holländischen Küste mit seiner ganzen kostbaren Fracht unter. Zu dieser Hiobsbotschaft kommt im Januar 1793 eine weitere: Ihr Schwager in Paris, König Ludwig XVI., ist durch die Guillotine hingerichtet worden. Noch im selben Jahr wird auch Mimis Schwester Marie Antoinette dieses Schicksal ereilen.

Albert und Marie Christine kehren 1795 nach langer Irrfahrt ins heimatliche Wien zurück. Im Bannkreis der Hofburg beziehen sie ein kleines Palais, auf diesem Gelände soll auch die immer weiter vervollständigte Graphiksammlung einen angemessenen Platz finden. Albert hätte sich am liebsten ganz seinen Kunstschätzen gewidmet, aber im Hause Habsburg haben militärische Pflichten Vorrang. Er wird Oberbefehlshaber der österreichischen Truppen in Italien, und Marie Christine verfolgt die Kampfhandlungen mit Besorgnis. Ihre Gesundheit ist angeschlagen. Sie leidet an heftigen Magenbeschwerden, offenbar einem Magengeschwür. Die Ärzte können ihr nicht mehr helfen, nur die Schmerzen durch Opium lindern.

Sie hat ihre Mutter vor Augen in diesen letzten Tagen, will den Tod ebenso tapfer und gottergeben erwarten wie diese. Noch am Todestag, dem 24. Juni 1798, schreibt sie klaren Sinnes einen Abschiedsbrief an ihren Mann: »Pour mon Epoux à lui remettre le lendemain de ma mort.« Darin kommt zum Ausdruck, wieviel Albert der Kinderlosen und von den Geschwistern Gemiedenen bedeutet hat: »Du warst mein Vorbild, meine Triebfeder zum Guten, mein Leitstern, das einzige Wesen, für das ich lebte, dem ich zugehörte und dessen ich würdig sein wollte.«

Albert, zunächst von Trauer gelähmt, macht sich dann die gewissenhafte Erfüllung ihres Nachlasses zur Lebensaufgabe: Er nimmt sich des jungen Erzherzogs Karl an, eines Neffen, den Mimi wie ein eigenes Kind ins Herz geschlossen hatte. Er läßt einem von ihr unterstützten Blindenheim eine großzügige Dotation zukommen. Er kümmert sich um den Bau einer Trinkwasserleitung für Wien und eines Kanals in den ungarischen Sümpfen, die in Kulturland verwandelt werden sollen. Hauptanliegen der Verstorbenen aber ist der Ausbau der Albertina, die sie als das Lebenswerk ihres Mannes sieht, obwohl sie selbst oft die treibende Kraft war. Die Nachwelt allerdings bringt nicht ihren, sondern nur den Namen ihres Mannes mit dieser großartigen Sammlung in Verbindung.

Herzog Albert hat seiner Frau jedoch ein anderes Denkmal gesetzt. Er hat den berühmten italienischen Bildhauer Antonio Canova an seinen Hof berufen und ihn ein Grabmal für Marie Christine gestalten lassen. Das in sechs Jahren aus Carrara-Marmor geschaffene Kunstwerk in der Augustinerkirche gehört zu den eindrücklichen Monumenten eines heroischen und doch gefühlsbetonten Zeitalters. Der Sarg Marie Christines ruht, wie der ihrer kaiserlichen Mutter, in der Kapuzinergruft.

Albert beschließt seine über lange Jahre geführten Familienaufzeichnungen mit dem Tod Marie Christines. Die letzte Eintragung über seine Frau – gleichzeitig eine Würdigung seiner Schwiegermutter – schließt mit den Worten: »Ich kann nicht mehr zu ihrem Lobe sagen, als daß sie sich in allen Lebensverhältnissen als eine würdige Tochter Maria Theresias gezeigt hat. Sie war ihr liebstes Kind und hat all die edlen Eigenschaften ihres Geistes und Herzens geerbt...«

Marie Christine ist, wie die meisten Kinder Maria Theresias, im Bewußtsein der Nachwelt kaum noch lebendig – ihre Mutter dafür um so stärker: Nach ihr sind Straßen und Plätze, Gebäude und Institutionen benannt, ihre Epoche ist als das *Zeitalter Maria Theresias* in die Geschichte eingegangen. In Wien beherrscht sie vom Denkmalsthron herab, flankiert von den großen Museen, den Ring und – mit etwas Abstand – den Heldenplatz.

»Wer den Namen Maria Theresia ausspricht, der beruft mehr als nur eine vergangene geschichtliche Gestalt, mehr als eine gewesene große Herrscherin und mehr als eine in der Fülle ihres Lebens und ihrer Taten unvergleichbaren Frau«, schreibt der Historiker Carl Jacob Burckhardt 1932 in einem ihr zugedachten Essay.

Knapp und nüchtern – vielleicht mit Zähneknirschen – die Huldigung ihres großen Gegenspielers Friedrichs II. von Preußen: »Sie hat ihrem Thron und ihrem Geschlecht Ehre gemacht.«

Blind die Welt sehen

Die Musikerin

Maria Theresia Paradis

1759 – 1824

Szenenbild: Wiener Konzertsaal um 1780
Kandelaber tauchen den Hammerflügel auf dem Podium in festliches Licht. Gespannte Erwartung im Saal, dann aufrauschender Beifall für die Solistin des Abends, die am Arm eines Kavaliers die Bühne betritt und sich nach allen Seiten anmutig verneigt. Kerzenschein fällt auf ihr blasses, ganz in sich gekehrtes Jungmädchengesicht. Auf dem Flügel liegen keine Noten, die Pianistin hat ihr Programm im Kopf. Kraftvoll die ersten Läufe, leicht und sicher gleiten die Finger über die Tasten. Die Spannung im Publikum steigert sich zu ungläubigem Staunen, Bangen: Wird die zerbrechlich wirkende Zwanzigjährige dieses fulminante Spiel durchhalten können?

Die Frage ist berechtigt. Nicht nur, weil es sich bei Maria Theresia Paradis um eine Vertreterin des weiblichen, also schwachen Geschlechts handelt, vielmehr, weil die junge Künstlerin unter besonders schwierigen Bedingungen antritt: Sie ist blind.

Daß sich das musikalisch anspruchsvolle und verwöhnte Wiener Publikum an diesem Abend zu Ovationen hinreißen läßt, geschieht nicht aus Mitleid, sondern in Würdigung eines brillanten und beseelten Spiels, einer enormen Gedächtnisleistung. An die sechzig zeitgenössische Kompositionen hat die Blinde in ihrem Repertoire, Werke ihres Lehrmeisters Kozeluch, der Bach-Söhne,

Leopold Mozarts, Haydns und auch eigene Stücke. Sie ist es gewohnt öffentlich aufzutreten, alle Hürden meistert sie scheinbar mühelos.

Aber nicht nur musikalischer Ruhm geht Maria Theresia Paradis voraus, ihre mysteriöse Erblindung in frühem Alter und ihre spätere vorübergehende Zurückgewinnung der Sehkraft durch einen Hypnotiseur hat das Interesse einer breiten Öffentlichkeit an ihrem »Fall« geweckt, der bis heute nicht völlig geklärt ist. Der Biograph Hermann Ullrich hat versucht, die Ergebnisse der Paradis-Forschung zu einem Ganzen zusammenzufügen, noch lagert allerdings unveröffentlichtes Material, vor allem Kompositionen, im Archiv der Wiener Gesellschaft der Musikfreunde.

Die wichtigsten Lebensdaten stehen fest: Maria Theresia Paradis wurde 1759 in Wien als Tochter eines kaiserlichen Rates geboren. Daß Kaiserin Maria Theresia die Patenschaft für dieses Kind übernimmt und für seine Ausbildung später eine Jahresrente aussetzt, weist auf die bevorzugte Stellung der Familie bei Hofe hin. Die kleine Maria Theresia, ein aufgewecktes, wißbegieriges Kind, erkrankt im Alter von drei oder vier Jahren an einem heimtückischen Augenleiden, das die Ärzte als Schwarzen Star diagnostizieren. Er befällt die Sehbahn, läßt die Pupille schwarz erscheinen und gilt als unheilbar. Ob die Krankheit durch einen Fieberanfall oder eine psychische Schockwirkung ausgelöst wurde, ist nicht erwiesen. Die Familie leitet alle nur denkbaren Heilversuche in die Wege. Vergeblich. So soll das hochbegabte Kind wenigstens von besten pädagogischen und musikalischen Lehrmeistern betreut und gefördert werden.

Ein Musiklehrer aus Holland bringt die blinde Schülerin in erstaunlich kurzer Zeit zu fast unglaublichen Leistungen. Aus dem Gedächtnis beherrscht sie Philipp Emanuel Bachs Standardwerk *Versuch über die wahre Art das Klavier zu spielen*. Neben ihrem außergewöhnlichen Gedächtnis kann sie sich eigens für sie entwickelter Hilfsmittel bedienen. Ritter von Kempelen, ein königlicher Verwalter und phantasievoller Techniker, nimmt sich ihrer an. Der Erfinder kunstvoller Automaten ist durch eine »Sprechmaschine« berühmt geworden, nun konstruiert er für die Blinde eine »Schreibmaschine«, einen Setzkasten mit Reliefbuchstaben, die mit den Händen ertastet werden können. Wie bei allen Blinden, ist der Tastsinn bei Maria Theresia besonders ausgeprägt entwickelt.

Ihre musikalische Ausbildung liegt in den Händen Meister Kozeluchs, eines erfolgreichen Konkurrenten Mozarts. Er fördert nicht nur die Perfektion ihres Spiels, er unterrichtet sie auch in Kompositionslehre und bildet ihre modulationsfähige, klangvolle Stimme aus.

Im Alter von elf Jahren tritt sie zum ersten Mal in einem öffentlichen Konzert als Solistin auf. In der Wiener Augustinerkirche singt sie vor ihrer kaiserlichen Taufpatin und Gönnerin den Solopart in Pergolesis *Stabat mater* und spielt auch die Orgelbegleitung dazu. Später konzertiert sie immer wieder in Häusern der vornehmen Wiener Gesellschaft, Auftritte im Augarten, im Burgtheater und in der »Mehlgrube« am Neuen Markt sind überliefert. Ihr Schicksal beschäftigt die Menschen weit über den musikalischen Rahmen und weit über Wien hinaus. Für Blinde, besonders für blinde Musiker, wird sie zum anspornenden Vorbild, zum Beweis, daß körperliche Mängel sich mit Energie, Ausdauer und einem gezielten Hilfseinsatz kompensieren lassen.

Kein Wunder, daß sich neben medizinischen Fachgelehrten auch heilsverheißende Scharlatane um die Musikerin bemühen. Sie versprechen Heilung durch mehr oder weniger obskure Methoden, die nach heutiger wissenschaftlicher Erkenntnis keinen Erfolg haben können. Doch in der Verzweiflung klammern sich selbst nüchtern und skeptisch Veranlagte an den berühmten Strohhalm. Wird nicht in der Bibel von der wundersamen Heilung eines Blinden berichtet?

Eine umstrittene Persönlichkeit in der Wiener Gesellschaft ist, ein Jahrhundert vor Freud, der »Magnetiseur« Dr. Anton Mesmer. Von den einen als bedeutender und von seiner Zeit verkannter Vorläufer der Psychotherapie bewundert, ist er für andere ein zwielichtiger Wunderheiler, der seine wohlhabende Klientel mit angeblich übersinnlichen Kräften zu umgarnen versteht. Daß es sich dabei nicht um billige Jahrmarkttricks handelt, kann vermutet werden, da Dr. Mesmer seine Praxis in einem vornehmen Wiener Haus betreibt, Mozart soll mit der Mesmerschen Familie befreundet gewesen sein.

Mesmers Heilkuren liegt die Lehre von einem animalen Magnetismus zugrunde, einer geheimnisvollen Kraft des menschlichen Körpers, die er Fluidum nennt und die in einer Verbindung mit dem Kosmos auf den »inneren Sinn« des Menschen einwirken soll. Der heilkundige Magnetiseur versammelt seine Patienten um einen mit Wasser, Glas und Eisenteilen gefüllten Bottich, von dem magnetische Strömungen ausgehen. Diese bewirken einen somnambulen, hypnoseähnlichen Zustand, wobei es durch Willensübertragung zu spektakulären Heilungen kommen kann. Der Mesmerismus bildet eine seltsame Symbiose von magischen Heilsvorstellungen und physikalisch-mechanistischen Erkenntnissen – Schamanentum und Wissenschaft. Noch heute finden sich in der Hypnosetherapie Lehrelemente Mesmers. Dem Verfechter einer ganzheitlichen Heilslehre ist es allerdings zeit seines Lebens nicht gelungen, Anerkennung durch die Schulmedizin zu erlangen.

Mit Hilfe seiner Hypnosebehandlung sei es ihm möglich, die Blindheit der damals achtzehnjährigen Maria Theresia Paradis zu heilen, behauptet er, und seine Überzeugungskraft ist offenbar so groß, daß die Blinde bereit ist, zur Therapie in sein Haus an der Rasumofskygasse zu ziehen. Ein zeitgenössischer Kupferstich zeigt eine jener geheimnisumwitterten Heilbehandlungen: Die Patientin liegt mit herabhängenden Armen und geschlossenen Augen willenlos in einem Lehnstuhl, während der Hypnotiseur beschwörend vor ihr steht und seine Hand über ihren Kopf breitet. Die flackernde Kerze in der Hand eines Lakaien beleuchtet die Szene gespenstisch.

Es scheint Mesmer zu gelingen, der Blinden vorübergehend einen Teil ihrer Sehkraft wiederzugeben. In dieser Zeit soll allerdings die Präzision und beseelte Intensität ihres Spiels nachgelassen haben. Dies könnte mit dem über ein Jahrzehnt eingeübten Blindspielen zusammenhängen, bei dem Gehör, Gedächtnis und Intuition nicht durch störende Sehreize abgelenkt werden. Der Grund könnte auch die starke psychische Belastung im Mesmerschen Hause sein. Mesmer habe seine Stellung ausgenutzt und die hilflose Patientin mißbraucht, munkelt man. Die Eltern setzen alles daran, die Tochter aus dem Bannkreis des Wunderheilers zu holen. Sie erwirken einen Gerichtsbefehl, und Kaiserin Maria Theresia ordnet höchstpersönlich Sanktionen gegen den medizinischen Betreuer ihres Patenkindes an: »Wegen nachgewiesenem und durch Zeugen bestätigten unsittlichem Benehmens einem jungen, unschuldigen Mädchen gegenüber sei Ihnen hiermit die Erlaubnis, die Medizin auszuüben, entzogen...«

Ein folgenschweres Urteil, das Mesmers weiteres Wirken in Wien unmöglich macht. Dabei bleiben Fragen offen: Was heißt unsittliches Benehmen? – Ein juristisch nicht präzise gefaßter Begriff. Hat sich Mesmer an seiner

Patientin, wenn überhaupt, gegen deren Willen vergangen oder hat sie ihn tatsächlich geliebt? Warum kann oder will sie sich zu den Anschuldigungen nicht äußern? Nimmt sie die Flucht Mesmers aus Wien mit Erleichterung oder mit Schmerz zur Kenntnis?

Ein Stoff, der zur literarischen Gestaltung herausfordert. Stefan Zweig hat sich in seinem historischen Essay *Die Heilung durch den Geist* des Themas angenommen. Die Wiener Romanschriftstellerin Karoline Pichler, ein Jahrzehnt jünger als die Paradis, hat später in ihren *Denkwürdigkeiten* die Geschichte aufgegriffen. Sie war der Familie Paradis von Kind an verbunden und hat das Schicksal der Blinden mit großer Anteilnahme verfolgt. Als einflußreiche Frau führte sie einen der ersten Wiener Salons; und da Salons immer auch Umschlagplätze für Sensationen und Vertraulichkeiten sind, blieb der Fall Paradis weiter im Bewußtsein der Öffentlichkeit.

Maria Theresia Paradis tut nach der Affäre Mesmer das einzig Richtige: Sie zieht sich nicht aus der Öffentlichkeit zurück, sie entzieht sich nur den Wiener Klatschgeschichten. Sie geht auf Tournee ins Ausland. Das sagt sich heute leicht, damals war es ein strapazen- und risikoreiches Unternehmen. Obwohl der Vater als einflußreicher Hofbeamter innerhalb des weitgespannten und gut organisierten Habsburgerreiches manche Wege ebnen kann, ergeben sich für eine Frau, eine Musikerin, eine Blinde immer neue unvorhergesehene Schwierigkeiten. Sie reist nur in Begleitung ihrer Mutter, ohne »männlichen Kavalier«, wie es sonst üblich ist.

Das Konzertprogramm ist sorgfältig zusammengestellt. Es enthält zeitgenössische Werke, vor allem ihres Lehrers Kozeluch, aber auch eigene Kompositionen und bringt ihre Fähigkeiten als Pianistin, Sängerin und Organistin voll zur Geltung.

Die Reiseroute hat sie so gewählt, daß vor allem Residenzstädte mit einem regen Musikleben angesteuert werden. Ankündigungen in den örtlichen Zeitungen, Empfehlungen von Hof zu Hof gehen der reisenden Künstlerin voraus, so daß sie, wo sie auch hinkommt, volle Konzertsäle vorfindet. Dies ist nicht selbstverständlich, genossen doch Musiker auf Tournee nur geringes gesellschaftliches Ansehen, man ordnete sie eher fahrenden Komödianten denn ernstzunehmenden Künstlern zu. Selbst Mozart mußte erleben, daß ihm Paris keineswegs zu Füßen lag. Daß er eine Komposition »M. Th. Paradis nach Paris« widmete, mag späte Genugtuung für ihn gewesen sein: Die Schülerin seines Konkurrenten Kozeluch spielt in Paris Mozart!

Die erste Konzertreise führt 1783 über Salzburg nach Süddeutschland und in die Schweiz, eine zweite im folgenden Jahr nach Frankreich. Ein Höhepunkt ihrer musikalischen Laufbahn sind die *Concerts Spirituels* in Paris, die unter dem Patronat des Hofes von Versailles stehen. Alle führenden französischen Zeitungen berichten über das Schicksal der blinden Künstlerin, die Kritiker loben die Leichtigkeit und Präzision ihres Vortrags, die erstaunliche Gedächtnisleistung, die vollendete Beherrschung des Instruments. Der Mercure de France schreibt am 10. April 1784, man wisse nicht, was mehr zu bewundern sei, die Perfektion ihres Spiels oder die Ausdauer, die es brauchte, um diese Leistung zu erreichen. Und das Blatt bedauert, daß es sich nicht um eine Künstlerin handelt, »derer sich die französische Nation rühmen kann«.

Zehnmal tritt Maria Theresia Paradis in den Concerts Spirituels als Pianistin mit jeweils anderem Programm auf, einmal, in einer *Scène Italienne* ihres Lehrers Kozeluch, als Sängerin. Es war üblich, Opernarien für den Konzertsaal umzuschreiben, auf einer Opernbühne ist die blinde

Künstlerin nie aufgetreten. In den acht Monaten ihres Paris-Aufenthaltes werden für sie und ihre Schülerinnen, die sie am Piano unterrichtet, auch drei Benefizkonzerte mit großem Publikums- und Presseerfolg veranstaltet. Zur selben Zeit tritt in Paris eine von Ludwig XVI. eingesetzte Untersuchungskommission zusammen, die die wissenschaftliche Qualifikation des international bekannten Psychotherapeuten Mesmer überprüfen soll. Mesmers Gegnern kommt die Anwesenheit der Wiener Künstlerin gerade recht, um diesen als Scharlatan zu entlarven. Wie es denn käme, fragen sie höhnisch, daß eine von ihm angeblich Geheilte als Blinde in Konzertsälen aufträte?

Der Wirbel, den der Mesmer-Prozeß in Paris verursacht, verhilft der Paradis zwar zu noch mehr Publizität und vollen Konzertsälen, setzt aber ihren sensiblen Nerven zu. An deutschen Höfen gestalten sich die Auftritte ruhiger und mehr auf die musikalische Leistung ausgerichtet. So genießt die Musikerin die Konzerte »in der Provinz«, trotz der Reisestrapazen und der schlechten Postkutschenverbindungen zwischen den einzelnen Etappenzielen.

Über Kassel reist sie mit ihrer Mutter in die Residenzstadt Hannover, wo sie bei Charlotte Kestner, der nun mit einem Archivrat verheirateten Lotte Buff Goethes, herzlich aufgenommen wird. In Göttingen ist ihr Auftritt Stadtereignis, das einen Hofmusikus bitter spotten läßt, er werde sich in Zukunft auch als blind ausgeben, um mehr Erfolg zu haben.

Aus Stammbucheintragungen in den Häusern der Gastgeber und aus der Lokalpresse läßt sich die Reiseroute der beiden Frauen einigermaßen zuverlässig nachzeichnen. Über Hildesheim, Celle, Lüneburg und die welfische Residenz Braunschweig, wo im Redoutensaal ein Konzert stattfindet, geht es schließlich nach Hamburg. Hier beherrscht der greise Philipp Emanuel Bach das musikalische Leben. Als Musikdirektor der fünf Hauptkirchen und Kantor des Gymnasiums in der Nachfolge Telemanns gehört er zur Elite der Hansestadt. In seinem Haus treffen sich Musiker und Dichter wie Matthias Claudius oder Klopstock.

Für durchreisende Musiker ist es entscheidend, den richtigen Einstieg in das Musikleben einer Stadt zu finden. In Hamburg gehört ein Antrittsbesuch bei Philipp Emanuel Bach zum Zeremoniell. Die Paradis kennt seine Werke gut, schon 1774 hat sie in Wien Kaiserin Maria Theresia aus seinen Sonaten und Fugen vorgespielt. Ihr Auftritt in Hamburg muß Philipp Emanuel Bach beeindruckt haben, er beauftragt den Miniaturisten Schubart, eine Porträtzeichnung von ihr anzufertigen, die er in seine Sammlung hervorragender Musiker aufnimmt. Das Wohlwollen Bachs ist für weitere Konzertabsprachen wichtig, da in der freien Hansestadt die sonst übliche Unterstützung durch den Hof wegfällt.

Im November 1784 reisen die beiden Frauen nach London, der nach Paris wichtigsten Etappe der Auslandstourneen. Hier steht Maria Theresia Paradis erstmals ein Betreuer zur Seite, der ihre Auftritte organisiert. Das erste Konzert gibt sie, wie bei auswärtigen Musikern üblich und wie es auch die Mozarts zwei Jahrzehnte zuvor gehalten haben, bei Hof und im Carlton House, dem Palais des Prince of Wales. Danach tritt sie als Solistin in den Professional Concerts auf, die in den Hanover Square Rooms regelmäßig stattfinden. Die Erfolge bei diesen Konzerten sind für ihr weiteres Fortkommen und auch für ihr Renommee in ihrer Heimatstadt Wien wichtig.

Von London aus führt die Rückreise Ende März 1785 nach Belgien. Eine Selbstverständlichkeit für die Paradis, der Tochter ihrer kaiserlichen Gönnerin, Marie Christine, deren Ehemann Herzog Albert von Teschen die österreichischen Niederlande regiert, ihre Aufwartung zu machen. Danach konzertiert sie öffentlich in Brüssel, wahrscheinlich auch in Antwerpen und Lüttich. Über Köln reist sie in die Residenzstadt Bonn. Ob sie dabei mit dem damals schon zu Ansehen gelangten Hoforganisten und Bratschisten Ludwig van Beethoven zusammentrifft, ist nicht überliefert, aber wahrscheinlich.

Koblenz, Mainz, Mannheim und Darmstadt sind weitere Stationen der Reise. Immer gehen ihrer Ankunft Zirkularschreiben ihres Vaters an die jeweiligen Höfe voraus mit der Bitte, die Blinde zu unterstützen und ihr »soviel immer tunlich an die Hand zu gehen«. An den hohen Eintrittspreisen für ein Konzert im Frankfurter »Roten Haus« läßt sich ablesen, daß die Paradis in die erste Virtuosenklasse eingestuft wird.

In Meinigen bringt ein Hofkonzert, bei dem sie auch als »Selbstcomponistin« auftritt, ein Honorar von 40 Reichstalern ein. Außerdem steuert die Herzogin Luise Eleonore einen beachtlichen Zuschuß für die Drucklegung eines Liedbandes bei, der bei Breitkopf in Leipzig erscheinen soll. Die Komponistin widmet die *Zwölf Lieder* denn auch »ihrer gnädigen Gönnerin als geringes Zeichen ihrer tiefen Verehrung«. Die Herzogin ist davon so angetan, daß sie auch die spätere Paradissche Vertonung von Bürgers *Lenore* unterstützt.

Durch den Thüringer Wald geht es im Spätherbst 1785 bei garstigem Wetter auf schlechten Straßen wieder Richtung Wien. Aber die Strapazen haben sich gelohnt, die Reise hat reiche Konzerterfahrung mit fremden Orchestern und Publikum anderer Mentalität gebracht, auch viele persönlich und beruflich wichtige Verbindungen.

In Wien liegt das Schwergewicht der Arbeit nun nicht mehr auf öffentlichen Konzerten, sondern auf der Lehrtätigkeit. Bei zu häufigen Auftritten hätte sich das Interesse des Publikums wahrscheinlich verringert, der zusätzliche Anreiz, eine blinde Künstlerin zu hören, verbraucht.

Ihre eigenen Kompositionen, die sie »in ihrem Kopf hört«, hat die Paradis ihren Schülern in die Feder diktiert. Komplizierte Stücke, etwa Fugen aus Händels *Lessons* und *Rondos*, kann sie, wenn sie ihr mehrfach vorgespielt werden, aus dem Gedächtnis wiedergeben. Außerdem hat ihr Freund Riedlinger für sie ein Notenschreibsystem erfunden, das auch für Schüler und Kopisten leicht erlernbar ist. Mit Hilfe verschiedenartiger Zäpfchen können Wert und Benennung der Noten auf einer Tafel gekennzeichnet werden – ein wichtiger Schritt für ihre pädagogische Arbeit.

Aus den Konzerthonoraren, den Einnahmen aus ihrer Lehrtätigkeit und dem Verkauf ihrer *Reiselieder* kann Maria Theresia Paradis ohne Familienunterstützung ein standesgemäßes Leben führen. Diese finanzielle Unabhängigkeit ist für eine Frau ihrer Zeit vollkommen ungewöhnlich, für eine Blinde noch ungewöhnlicher. Es ist wohl kein Zufall, daß sie sich mit Sophie La Roche anfreundet, der ersten deutschen Schriftstellerin, die vom Ertrag ihrer Romane leben kann. Ein persönliches Gedicht ihrer Freundin hat sie vertont und in ihre *Reiselieder* aufgenommen.

Die Fülle und Vielseitigkeit des Paradisschen Werkes setzt Musikkenner immer wieder in Erstaunen, vor allem wenn man bedenkt, daß der Schaffensvorgang für Blinde wesentlich zeitaufwendiger ist als für Sehende. Maria Theresia Paradis hat nicht nur Kammermusik, Chor- und Orchesterwerke komponiert, sondern auch Bühnenstücke, die an Wiener Theatern aufgeführt werden: *Ariadne und Bacchus* 1791, *Der Schulkandidat* ein Jahr später. *Rinaldo und Alcina* erlebt 1797 seine Uraufführung in Prag.

Leider sind etliche Werke der Komponistin verlorengegangen oder mangelhaft registriert, nur wenig ist im Druck erschienen. Der Musikwissenschaftler Hermann Ullrich berichtet vom Glücksfall einer wiedergefundenen Klavier-Fantasie mit der Manuskriptaufschrift *Fantaisie de Therese Paradis. Dediée à sa chère petite Ecolière Nanette de Sprinz.* Nanette de Sprinz ist eine hochbegabte Schülerin der Paradisschen Musikschule, das Werk von 1811 ist von einem unbekannten Kopisten vom Riedingerschen Notensetzbrett in Normalnotenschrift übertragen worden. Es ähnelt der älteren *Fantaisie pour le Pianoforte*, die die Blinde ihrem früheren Kompositionslehrer Abbé Vogler gewidmet hat.

Wichtiger aber als ihre Kompositionstätigkeit, wichtiger auch als ihre glanzvollen Auftritte in Konzertsälen bleibt für die Nachwelt ihr pädagogisches Wirken, ihr Versuch, Blinde und Sehende gemeinsam zu unterrichten und damit die Blinden aus ihrer Ghettosituation herauszuholen. Sie gibt ihnen nicht nur technische Hilfsmittel an die Hand, sie vermittelt ihnen auch das notwendige Selbstvertrauen, sich in einer Welt, die nicht auf ihre Bedürfnisse zugeschnitten ist, zu behaupten und zu entfalten. Noch gibt es ja keinerlei Förderung und Schulung für Blinde. Sie werden ihrem Schicksal überlassen und von den Angehörigen mehr schlecht als recht versorgt. Nur wohlhabende Familien können sich einen Hauslehrer leisten, der sich in besonderer Weise eines blinden Kindes annimmt. Maria Theresia Paradis hat das Glück, in eine solche Familie hineingeboren zu sein. Sie weiß, wie privilegiert sie anderen Blinden gegenüber ist, und sie empfindet es als ihre Pflicht, diese Chance der Entfaltung an möglichst viele Blinde weiterzugeben.

Ihre 1808 gegründete »Musikalische Bildungsanstalt für Frauen« steht Blinden und Sehenden offen. Die Blinden erhalten Unterricht an einem von ihr verbesserten Notenschreibgerät. Ein Setzkasten mit Druckmaschine erleichtert den Schülerinnen den Anschluß an die »normale« Welt. Die Schule präsentiert sich in der Öffentlichkeit mit sonntäglichen Konzerten – ihre Gründerin hat durchaus Sinn und Geschick für Werbeeffekte. Die »Frauenkonzerte« gehören bald zu den regelmäßigen gesellschaftlichen Treffpunkten der Wiener Musikwelt.

Blinde überall in Europa schöpfen neuen Mut und verfolgen mit Spannung die Fortschritte und Impulse, die von Wien ausgehen. Das Notenschreibgerät der Paradis und ihre Setzkasten-Druckmaschine werden selbst am Pariser Blindeninstitut benutzt.

In Paris hat der französische Blindenlehrer Valentin Haüy 1784 die erste Blindenanstalt der Welt gegründet. Er ist durch seine geniale Umsetzung der Buchstaben in Reliefdruck zum Erfinder des Blindenbuches geworden. Zwanzig Jahre später entsteht in Wien ein erstes Blindenerziehungsinstitut. Viel Vorarbeit hat da Maria Theresia Paradis schon geleistet, wertvolle praktische Erfahrungen gesammelt, die nun weitergegeben werden können.

Ihre pädagogische Bedeutung wird außerhalb der Blindenkreise in Wien – im Gegensatz zu ihren spektakulären Konzertauftritten – wenig gewürdigt. Wer sich auf Spurensuche nach ihren Wirkungsstätten begibt, wird enttäuscht. Zwar sind einige ihrer Wohnadressen bekannt, auch die letzte, das Haus Schabdenrüssl in der Rabensteingasse, in dem sie 1824 gestorben ist, aber eine Verbindung zu ihrer Persönlichkeit stellt sich nirgends ein, auch ihr Grab auf dem St. Marxer Friedhof ist nicht auffindbar. Immerhin wird 1894, siebzig Jahre nach ihrem Tod, eine Wiener Gasse nach ihr benannt. Die Österreichische Musikzeitschrift hat ihr Werk, das auch Thema einer Dissertation geworden ist, immer wieder in Erinnerung gerufen.

Wichtiger aber als posthume Ehrungen bleibt ihre Bedeutung für die blinden Menschen, die in ihr eine Vorbildfigur sehen.

Die von ihr verwendete Blindennotenschrift wird 1825, ein Jahr nach ihrem Tod, auf der Grundlage der Sechspunkte-Blindenschrift von Louis Braille wesentlich perfektioniert und standardisiert. So bekommen Musiker in aller Welt ein Hilfsmittel an die Hand, das ihre Integration ins Musikleben wesentlich erleichtert.

Die erste Blindenschule Wiens entsteht 1850 in Döbling nach Paradisschen Ideen, auf den von ihr gegründeten Fundamenten – zu spät allerdings, um sie miterleben zu lassen, wie ihre Saat aufgeht. 1873 wird der erste europäische Blindenlehrerkongreß nicht zufällig nach Wien einberufen.

Heute ist Maria Theresia Paradis als Musikerin weithin vergessen, ihre Kompositionen werden kaum noch gespielt. Sie überlebt aber als Hoffnungsträgerin für Blinde und als Impulsgeberin in der Blindenausbildung.

Wien ist mir zu eng...
Die Weltreisende
Ida Pfeiffer
1797–1858

Sequenz aus einem Schwarzweißfilm über die Revolution von 1848 in Wien, wie ihn Margarete von Trotta gedreht haben könnte:

Eine vierspännige Postkutsche taucht am Horizont auf, kommt auf staubiger Landstraße näher: die Diligence Triest – Wien. Pferdegetrappel, Spätherbstlandschaft des Wiener Waldes, in der Ferne die Silhouette des Stephansdoms. Plötzlich scheuen die Pferde. Soldaten haben die Straße gesperrt. Der Kutscher springt vom Bock, verhandelt mit Offizieren. Offenbar ist eine Weiterfahrt unmöglich. Die Passagiere im samtgepolsterten Coupé bekommen Gesprächsfetzen mit: Stadttore geschlossen, Belagerungszustand in Wien, Standrecht verhängt...

Aufgeregte, verängstigte, ärgerliche Gesichter in Großaufnahme. Nur eine Frau – ist es überhaupt eine Frau? –, eingeklemmt zwischen unförmigen Gepäckstücken, läßt sich nicht aus der Ruhe bringen. Die Unbekannte in Männerhosen und derben Schnürstiefeln nutzt die Unterbrechung, um ihr Reisegepäck zu inspizieren. Die Mitreisenden werfen verstohlene Blicke auf die Hutschachteln und Botanisiertrommeln, aus denen die seltsame Fremde behutsam ihre Schätze ans Licht holt: getrocknete Seepferdchen und Riesenmuscheln, fliegende Fische mit sorgsam präparierten Flugflossen. Die Passagiere ziehen den Duft goldglänzender Arekanüsse aus China ein oder schnuppern an Muskatfrüchten und Gewürznelken. Vielleicht ist diese rätselhafte Mannfrau doch keine Spintisiererin, vielleicht hat sie die Abenteuer, von denen sie so spannend erzählt, wirklich erlebt?

Die Reisegefährtin, die selbst welterfahrene Kaufleute beeindruckt mit ihrem Wissen über ferne Kontinente, heißt – ganz bürgerlich – Ida Pfeiffer. Sie ist von Beruf, wie sie sich selbst bezeichnet, Weltreisende und befindet sich nach zweijähriger Abenteuerfahrt auf dem Rückweg in ihre Heimatstadt Wien.

An jenem 31. Oktober 1848, an dem sie vor dem verschlossenen Stadttor steht, hat Fürst Windischgrätz, der Befehlshaber der österreichischen Truppen, die seit Monaten immer wieder aufflackernden revolutionären Umtriebe der erbitterten Bevölkerung endgültig niedergeschlagen und Wien wieder in Regierungsgewalt gebracht. Bis die Lage sich entspannt, bleiben die Zufahrtsstraßen gesperrt und die Reisenden aus Triest müssen für einige Tage in Notunterkünften vor der Stadt ausharren. Für Ida Pfeiffer, die weit härtere Strapazen gewohnt ist, keiner Aufregung wert. Sie verkürzt den Mitreisenden die Wartezeit mit ihren spannenden Erzählungen und läßt sie ihre mitgebrachten Schätze aus Südamerika und China, aus Ostindien, Persien und Kleinasien bewundern.

Weltreisende – eine vollmundige, aber zutreffende Berufsbezeichnung für die sonnengebräunte Frau, von der eine Faszination ausgeht. Welche Dame der Gesellschaft wagte schon – wie sie – das Modediktat des Biedermeier zu ignorieren, statt einer Gobelinhandtasche Botanisierbüchse und Feldflasche mit sich herumzutragen? Seit über sechs Jahren bereist sie ferne Länder. Allein. Sie lebt, wie sie schon immer leben wollte: nur sich selbst verantwortlich, von Fernweh getrieben, Fremdes neugierig in sich aufnehmend und Strapazen als Herausforderung meisternd.

Was bringt eine Frau aus gutbürgerlichem Haus, die über zwei Jahrzehnte eine behütete Ehe geführt und zwei Söhne großgezogen hat, dazu, mit 44 Jahren ins Ungewisse auf- und auszubrechen? – Der festgefügte Frauenalltag ist ihr zu eng. Wien mit seinen gesellschaftlichen Konventionen ist ihr zu eng. Das ganze zivilisierte Europa ist ihr zu eng. Sie muß frei atmen können, braucht Weite, keine abgesteckten Grenzen. Wovon andere Frauen träumen, setzt sie in die Tat um. An Mut und Durchsetzungsvermögen hat es ihr nie gefehlt, schon ihre Kindheit ist von diesen Eigenschaften, verstärkt durch eine straffe Erziehung, geprägt.

Sie wird im Oktober 1797 noch in die Nachwehen der Französischen Revolution hineingeboren, doch von revolutionärem Aufbruch ist in ihrer Heimatstadt Wien wenig zu spüren. Mädchen ihrer Generation werden zur züchtigen und tüchtigen Gattin erzogen, lernen Konversation und Klavierspielen und sticken an ihrer Aussteuer. Sie hat Glück, ihr Vater, ein wohlhabender Wiener Kaufmann, besteht nicht auf diesen häuslichen Tugenden, seine Erziehungsideale liegen der Tochter mehr: Abhärtung, Tapferkeit, Tatkraft. Sie wächst als einziges Mädchen in der Familie mit sechs Brüdern auf. Daß sie Knabenkleider tragen darf und kein »weibliches« Verhalten lernen muß, kommt ihrem Temperament sehr entgegen. Der Vater möchte sie, wie die Brüder, in einer Militärerziehungsanstalt ausbilden lassen, aber er stirbt, als sie gerade neun ist. Aus der männlichen Karriere wird nichts, statt dessen steckt die Mutter sie in Mädchenkleider.

Ida verweigert sich den steifen Unterröcken und dem Verweiblichungsversuch, sie wird krank. Um nicht Klavier spielen und stricken zu müssen, bringt sie sich Schnittwunden an den Fingern bei. Über Jahre hält sie, zur Verzweiflung der Mutter, ihren Widerstand durch. Erst mit dreizehn, als ein junger Hauslehrer auftaucht, für den sie schwärmt und freudig Opfer bringt, vertauscht sie die Hosen gegen ungeliebte Röcke und holt nach, was sie an hausfraulichen Fertigkeiten bislang vernachlässigt hat. Ihm allein verdanke sie es, »daß aus dem wilden Jungen eine bescheidene Jungfrau wurde«, schreibt sie in ihrer Biographie.

Die bescheidene Jungfrau kann allerdings ihre wahren Neigungen nicht vollständig verleugnen: Sie interessiert sich für Naturwissenschaften, liest Reise- und Abenteuerbücher und würde am liebsten durch alle Weltmeere segeln. Der Liebe zu ihrem Hauslehrer tut dies keinen Abbruch. Sie ist siebzehn, als andere Freier auftauchen und ihr schlagartig bewußt wird, daß sie – wenn überhaupt – nur ihn heiraten könnte.

Aber die Mutter hat andere, ehrgeizigere Pläne für ihre einzige Tochter. Ein Hauslehrer genießt kein gesellschaftliches Ansehen und kommt als Schwiegersohn nicht in Frage, diesem Machtwort hat sich die Siebzehnjährige zu fügen. Das Zusammenleben mit der Mutter, das nie problemlos war, wird immer unerträglicher, so daß Ida sich schließlich in die Ehe mit einem um 24 Jahre älteren Rechtsanwalt aus Lemberg flüchtet. Eine standesgemäße Partie in den Augen der Mutter – das kleinere Übel für die eigenwillige Tochter.

Lemberg ist eine Provinzstadt für die Wienerin, der schon Wien zu eng, zu konventionell ist. Der Ehemann unterhält eine Anwaltskanzlei und gehört zu den Honoratioren der Stadt – bis er eines Tages Unregelmäßigkeiten in der Verwaltung aufdeckt und daraufhin von den Regierungsbeamten boykottiert wird. Auch in Wien, wohin die Familie übersiedelt, gelingt ihm kein Neuanfang als Anwalt. Über lange Zeit sorgt Ida Pfeiffer durch heimliche, unstandesgemäße Arbeit – welcher Art, ist aus ihren Aufzeichnungen nicht zu erfahren – für den Lebensunterhalt des arbeitslosen Ehemannes und der beiden Söhne. Die bedrückende finanzielle Situation bessert sich erst nach dem Tod ihrer Mutter, deren Erbe den Enkeln eine gute Ausbildung ermöglicht. Rechtsanwalt Pfeiffer hat sich von den Seinen getrennt und ist in die Heimatstadt Lemberg zurückgekehrt, Idas Söhne sind bestens versorgt – was könnte die 44jährige mit dem unstillbaren Fernweh daran hindern, die Reiseträume der Jugend endlich in die Tat umzusetzen?

Sie wäre nicht die erste Frau, die bürgerliche Sicherheit und Ansehen gegen die Verlockung unbekannter Welten eintauscht. Schon Ende des 17. Jahrhunderts ist die Kupferstecherin Maria Sibylla Merian ins ferne Surinam aufgebrochen, hat Werkstatt und Mann hinter sich gelassen und sich ganz der Faszination tropischer Blüten und Schmetterlinge hingegeben. Mit gefülltem Skizzenbuch und der Befriedigung, ihr Leben gelebt zu haben, ist sie – allerdings gesundheitlich angeschlagen – nach Amsterdam zurückgekehrt.

Oder die englische Adelige Mary Montagu, gut ein Jahrhundert vor Ida Pfeiffer. Schon als Kind wollte sie die am Horizont verschwindende Sonne einfangen, später reiste sie der Sonne hinterher quer durch den Orient. Ihre unschickliche Kleidung, die weite Pluderhose vor allem, entsetzte die »gute Gesellschaft«. Noch um 1800 lesen wir im *Journal des Luxus und der Moden* aus Paris: »Zu den frechsten Zügellosigkeiten gehört die Umkleidung der Damen in Männer...« – Hosen nicht nur als praktisches Reiseutensil, sondern als Ausdruck der Rebellion. Ob die fernwehkranke Wienerin Mary Montagus kühne *Briefe aus dem Orient* gekannt hat?

Ida Pfeiffer bricht 1842 zum ersten Mal zu einer großen Reise auf, ins Heilige Land, das Ziel ihrer Kindheitsträume. Um ihre Umgebung, die den Kopf über die wunderliche Närrin schüttelt, zu beschwichtigen, gibt sie vor, eine Brieffreundin in Konstantinopel zu besuchen. Zehn Monate ist sie unterwegs, und all ihre Erlebnisse hält sie genauestens im Tagebuch fest. Auf die Frage, was sie denn in die Welt hinaustreibe, hat sie eine einfache Antwort: »Ich bin mit dieser Reise- und Wanderlust geboren worden.« Auch für den späten Aufbruch in die Ferne hat die an Selbständigkeit Gewöhnte eine Erklärung: »Solange mich häusliche Pflichten fesselten, drängte ich jene Sehnsucht zurück; da ich frei war, da meine Kinder der pflegenden Hand der Mutter nicht mehr bedurften... erwachte das lange zurückgehaltene Verlangen aufs neue und trieb mich hinaus.«

Das lange zurückgehaltene Verlangen wird jedoch auf dieser ersten großen Reise noch keineswegs gestillt. Im Gegenteil: Die Neugier treibt sie weiter an. Sie ist begierig, ihren Horizont zu erweitern, und stolz auf ihr Durchhaltevermögen, das man einer Frau ihres Alters nicht zutraut. In ihrer Jugend hatte sie als Mädchen ja keine Gelegenheit, ihren Forscherdrang zu stillen, fremde Völker, fremde Kulturen erschließen sich ihr erst jetzt, auch wenn es mit der sprachlichen Verständigung nicht immer klappt. Da sie wenig geographisches und geschichtliches Wissen besitzt, ist ihr Blick nicht vorgeprägt – gerade diese Naivität erhöht den Reiz ihrer Schilderungen.

Ihre Freunde finden die Briefe und Tagebuchnotizen so faszinierend, daß sie auf Veröffentlichung der Reiseberichte drängen. Literatur über fremde Völker ist in dem sich der Welt öffnenden 19. Jahrhundert gefragt, und die Abenteuer einer alleinreisenden Frau werden, so hofft der rasch gefundene Verleger, auf besonderes Interesse stoßen. Er hat sich nicht getäuscht: Die *Reise einer Wienerin in das Heilige Land*, 1844 erschienen, wird in kürzester Zeit zum

Bestseller. Auch die folgende Nordlandfahrt findet gleich ihren publizistischen Niederschlag unter dem Titel *Reise nach dem skandinavischen Norden im Jahre 1845*.

Die beiden Bücher bringen Ida Pfeiffer zu ihrer eigenen Überraschung so viel Geld ein, daß sie endlich ihren größten Jugendtraum verwirklichen kann: eine Reise rund um die Welt. Am 1. Mai 1846 bricht sie von Wien aus auf. Nicht ins Blaue hinein, nein, alles ist bestens geplant. In ihrem Brustbeutel verwahrt sie eine Liste mit Anlaufadressen, die ihr Freunde oder Freundesfreunde mitgegeben haben. Sie ist nicht von adeligem Stand und kann deshalb nicht auf selbstverständliche Hilfe an Höfen und Regierungssitzen hoffen, sie muß sich alleine durchschlagen – allerdings mit der beruhigenden Gewißheit im Hinterkopf, daß ihr Wiener Verleger, begierig auf neuen Lesestoff, sie schon nicht im Stich lassen wird. Regelmäßig, oft monatlich, erreichen ihn ihre Reiseberichte und erscheinen, ehe sie als Buch herauskommen, mit großem Erfolg in Frankls Sonntagsblättern.

Die Route ihrer auf zwei Jahre veranschlagten Weltumrundung soll von Hamburg aus über Südamerika nach China und Ostindien, auf dem Rückweg über Persien und Kleinasien führen. Sie hat alle erreichbaren Reiseberichte gelesen, weiß, was ins Tropengepäck gehört und was unnötiger modischer Ballast ist. Zwar ist sie – die Begriffe Reiseschriftstellerin oder Reporterin sind für Frauen noch nicht geläufig – als Touristin unterwegs, aber ihre Wißbegier, ihre scharfe Beobachtungsgabe und ihre Kontaktfreudigkeit übersteigen das Maß durchschnittlicher Vergnügungsreisender bei weitem.

Gleich auf ihrer ersten Etappe, in Prag, lernt sie einen begüterten Adligen kennen, Graf Berchthold, der sich von ihrer Abenteuerlust anstecken läßt und sich ihr für die Überfahrt von Hamburg nach Brasilien als Reisegefährte anbietet. Auf dem Dampfboot zwischen Prag und Dresden macht sie eine weitere nützliche Bekanntschaft: eine Professorenwitwe, die lange in Brasilien gelebt hat, versorgt sie als Landeskundige mit guten Ratschlägen und vor allem mit weiteren Anlaufadressen.

Im Juni schifft sie sich auf einem dänischen Segler nach Brasilien ein. Sie weiß, daß sie bei ihrem 100-Dollar-Kajütenplatz nicht den Komfort eines Luxusdampfers erwarten kann. »Als Hauptsache werden die Waren betrachtet, und die Reisenden sind eine dem Schiffspersonale sehr unangenehme Zugabe«, notiert sie in ihrem Tagebuch. Die Reise auf einem Segelschiff bringt jedoch auch Vorteile. Sie ist billig, und die Passagiere – Auswanderer, Abenteurer, Forscher – sind interessantere Gesprächspartner als das Promenadendeck-Publikum der vornehmen Dampfer. Daß für die Überfahrt zwei Monate, bei schlechten Windverhältnissen auch drei oder vier, veranschlagt werden müssen, stört Ida Pfeiffer nicht, sie nutzt die ruhige See, um ihre Beobachtungen und Erfahrungen zu Papier zu bringen. Ihren Lesern in Wien gibt sie Ratschläge fürs Reisegepäck in tropische Länder: unentbehrlich Zwieback und Suppenkonzentrat in Blechbüchsen, Eier in starkem Kalkwasser konserviert, für Reisende mit Kindern empfiehlt sie die Mitnahme einer Ziege zur Milchversorgung.

Ihre Reisenotizen beschränken sich nicht auf das Bordleben, ihr Interesse gilt auch den Meerestieren, den leuchtenden Mollusken vor allem, die wie »handgroße, schwimmende Sterne« aussehen. Vor den Capverdischen Inseln beobachtet sie Schwärme fliegender Fische mit den charakteristischen flügelähnlichen Seitenflossen. Diese lassen sich weder mit Netzen noch mit Angeln fangen, doch hie und da wird ein erschöpftes Tier an Deck geschwemmt, und die Matrosen bringen es der »wunderlichen Lady« aus Wien, die so an zahlreiche seltene Präparate kommt. Die faszinierte Dilettantin kennt zwar keine lateinischen Namen und Gattungsbezeichnungen, aber in genauer Beobachtung steht sie Berufszoologen nicht nach.

Die Eigenarten und Gebräuche der Menschen beschäftigen sie ebenso wie die Lebensgewohnheiten der Tiere. Bei der Ankunft in Rio de Janeiro empört sie sich über die Herablassung, mit der die schwarzen Sklaven behandelt werden: »Ich gebe zu, daß sie einigermaßen entfernt von der geistigen Bildung der Weißen sind; finde aber die Ursache nicht in dem Mangel an Verstand, sondern in dem gänzlichen Mangel an Erziehung... Man hält ihren Geist wie in alten despotischen Staaten vorsätzlich in Fesseln, denn das Erwachen dieses Volkes dürfte den Weißen fürchterlich sein.«

Ida Pfeiffer macht sich zwar ihre kritischen Gedanken über die Kolonialpolitik der Weißen, erschrickt dann aber über die eigene »Anmaßung« und beeilt sich anzufügen: »Aber ich versteige mich in Vermuthungen und Abhandlungen, die wohl gelehrten Männern zukommen, nicht aber mir, die ich die dazu nöthige Bildung durchaus nicht besitze.« – Ein devotes Zurücknehmen der eigenen Fähigkeiten, wie es für viele Frauen – nicht nur ihrer Generation – bezeichnend ist.

Kompetent fühlt sie sich auf einem Gebiet, das bei männlichen Forschungsreisenden kaum Beachtung findet: Beschreibung von Frauenalltag in den verschiedenen gesellschaftlichen Schichten eines Landes. In Brasilien nimmt sie Anstoß an den Heiratsbräuchen der Oberschicht: Frauen erhalten als Brautgeschenk Sklaven, über die sie frei verfügen und die sie zur Aufbesserung ihres Taschengelds weitervermieten können. Sie beklagt auch, daß die Kindererziehung schwarzen Ammen überlassen wird, denen Moralität und gute Sitten, kurz »die wahre Religion« fehlten.

Von Rio aus unternimmt sie waghalsige Exkursionen ins Innere des Landes. Den Überfall eines Schwarzen in einsamer Gegend übersteht sie zwar, trägt aber von dessen Buschmesser tiefe Schnittwunden davon. Von ihren Verwundungen berichtet sie nichts nach Wien, um ihre Angehörigen und ihre Leser nicht zu beunruhigen. Sie selbst läßt sich davon auch nicht allzusehr abschrecken, denn wenig später dringt sie mit zwei eingeborenen Begleitern durch den Urwald bis zu einem abgelegenen Indianerstamm vor. Sie ist entsetzt über das Elend in den Palmhütten dieser christlich getauften Indios und macht die Missionare, »die glauben, durch die Taufe allein schon dem Himmel Seelen gewonnen zu haben«, dafür verantwortlich. Sie wird als weiße Zauberin bestaunt, und man erwartet von ihr Hilfe und Medizin für alle möglichen Gebrechen. Sie verordnet harmlose Malvenbäder gegen Krebsgeschwüre und Hautekzeme und wird zum Dank mit festtäglichem Papageien- und Affenbraten bewirtet. Die Männer tanzen sich ihr zu Ehren in Trance, und als Abschiedsgeschenk bekommt sie Pfeil und Bogen mit auf den beschwerlichen Rückweg.

Ihr nächstes Ziel ist die Hafenstadt Valparaiso, ein trister Ort, der ihr mit den angeketteten Sklavenarbeitern wie ein großes Gefängnis vorkommt. Sie strebt möglichst rasch weiter und überredet einen gutmütigen Kapitän, sie für 200 spanische Taler nach China mitzunehmen. Bei einem Zwischenhalt in Taiti empört sie sich über die vielen jungen Prostituierten, die von der Familie in dieses Gewerbe gezwungen werden: »Ich muß offen gestehen, daß, obwohl ich viel in der Welt herumgereist bin und viel gesehen habe, mir noch nie so ein öffentlich schamloses Betragen vorgekommen ist.« Immer gilt ihre Sympathie den Ausgebeuteten – und das sind meist die Frauen und Kinder.

Nach einem Aufenthalt in der britischen Kronkolonie Hong-kong schifft sie sich als einzige Weiße auf einer kleinen chinesischen Dschunke nach Canton ein. Die zwölf Dollar für eine Dampfschiffskarte sind der sparsamen Reisenden zuviel, die Dschunke kostet nur drei Dollar, da nimmt sie ein erhöhtes Risiko in Kauf. »Ich setzte meine Pistolen in Stand und begab mich am Abende des 12. Juli ganz ruhig an Bord«, hält sie im Tagebuch fest. Die mitreisenden Chinesinnen drängen ihr zum Schlafen, wie es Landessitte ist, ein höchst unbequemes Kopfschemelchen auf, das sie, ohne unhöflich zu sein, nicht ablehnen kann.

In Canton geht sie unbefangen von Deck, wundert sich allerdings, daß man in den Straßen hinter ihr herschreit und mit Fingern auf sie zeigt. Europäer sind hier seit den englischen Kolonialkriegen äußerst unbeliebt, sie heißen alle »Inglesi«. Und alleinreisende europäische Frauen sind ein doppeltes Ärgernis – besagt nicht eine Prophezeiung, eine fremde Frau werde das Himmlische Reich erobern? – So kann Ida Pfeiffer von Glück reden, daß sie nicht gesteinigt wird. Die chinesische Grausamkeit, vermerkt sie, übertreffe noch die der christlichen Inquisition.

In der Hafenstadt Tschang-hai (alle chinesischen Orte Originalschreibweise Ida Pfeiffer) hofft sie auf tolerantere Menschen. Hier hat sie Gelegenheit, die durch festes Bandagieren verunstalteten Füße der Chinesinnen aus der Nähe zu sehen: »Die vier Zehen waren unter die Fußsohle gebogen, an dieselbe fest gepreßt und schienen mit ihr wie verwachsen...« Zu ihrer Verwunderung trippeln die dermaßen verstümmelten Geschöpfe trotzdem behende einher, und sie erfährt, der Wert einer Braut bemesse sich nach der Kleinheit ihrer Füße.

In Singapore trifft die Wienerin unvermutet auf die erste deutsche Frau seit ihrer Abreise von Hamburg. Durch diese Bekanntschaft erhält sie Einblick in den chinesischen

Alltag und das Leben der Kolonialherren, wie ihn Touristen sonst kaum geboten bekommen. Sie wird auf Tiger- und Affenjagden mitgenommen, beobachtet, wie Schlangen gehäutet und gebraten werden, und findet das Fleisch der Boa zarter als Geflügel. Alles hält sie im Tagebuch fest: Eßgebräuche und Jagdgelage, Hochzeitsmahl und Totenklage.

Bei ihrer Abreise aus China Richtung Indien kann sie die Gewißheit mitnehmen, gesehen zu haben, was keine weiße Frau vor ihr zu sehen bekam. Nach Aufenthalten in Ceylon und Madras schifft sie sich schließlich im Spätherbst 1846 auf einem englischen Dampfer nach Calcutta ein. Auf dem Schiff sieht sie ihre tiefsitzenden Vorbehalte gegen die Engländer aufs neue bestätigt: Eine Eingeborene mit fieberndem Kind wird ohne Windschutz auf das naßkalte Deck geschickt, weil englische Passagiere sich vom Husten des Säuglings belästigt fühlen. Ida Pfeiffer notiert empört: »Sollte man sich nicht schämen, einer Menschenklasse anzugehören, die an Humanität und Herzensgüte von den sogenannten Wilden und Heiden weit übertroffen wird? Kein Wilder hätte je eine Mutter mit krankem Kind verjagt...« – Abneigung gegen Herrenmentalität läßt sie auch zögern, eine »Trag-Palankin« zu benutzen, eine Art Sänfte mit Schlafkissen und Jalousien, die von vier Eingeborenen getragen wird.

In Calcutta macht sie sich mit dem festgefügten indischen Kastenwesen und den vier Hauptkasten der Hindus vertraut. Ihr Mitgefühl gilt den Kastenlosen, den verachteten Parias, die in eigenen Wohnvierteln in größter Armut dahinvegetieren, während die gutgenährten heiligen Kühe unter dem Schutz der Regierung stehen.

Die Sympathie für die Parias hindert sie nicht daran, die Einladung einer der reichsten und vornehmsten Familien des Landes anzunehmen. Der Clan-Oberste, der sogenannte Baboo, stellt ihr stolz seine Söhne vor. Ihre Frage nach den Frauen und Töchtern ist höchst ungehörig, wird der unwissenden Europäerin aber verziehen. Sie darf sogar an den Hochzeitsfeierlichkeiten für die neunjährige Tochter teilnehmen, die ihren Bräutigam beim Heiratszeremoniell zum ersten Mal sieht. Die wohlgenährten weiblichen Hochzeitsgäste, schreibt Ida Pfeiffer, seien »mit Gold, Perlen und Edelsteinen so reich überladen, daß sie wahrlich wie Lastthiere zu tragen hatten«.

Erschüttert ist die mit christlichen Ritualen aufgewachsene Wienerin von den nackten Sterbehäusern der Hindus, in denen die Todkranken ohne Nahrung und Wasser und ohne ärztliche Betreuung langsam dahinsiechen. Ihre Leichen werden zu ständig brennenden Scheiterhaufen geschleppt, wo Aasgeier und Raben schon gierig auf Beute warten. Diese Bilder verfolgen Ida Pfeiffer auf ihrer ganzen weiteren Indienfahrt.

Nach fünf Wochen Aufenthalt in Calcutta reist sie auf dem Ganges weiter nach Benares, der heiligsten Stadt Indiens. Prinz Rajah, der Herrscher des Landes, lädt sie in seinen Palast ein und läßt ihr zu Ehren Tänzerinnen einen Natsch, den traditionellen Festtanz, aufführen – kein ästhetischer Genuß für die Europäerin: »Die beiden Sylphiden kreischten so erbärmlich, daß mir für mein Gehör und Nervensystem bange wurde.« Von der überwältigenden Gastfreundschaft des Prinzen läßt sie ihren kritischen Verstand nicht betäuben. Sie findet den von der englischen Regierung finanzierten Hofstaat angesichts der Armut im Lande höchst unmoralisch: den Kleiderluxus, die vierzig Frauen des Prinzen, die tausend Diener und Leibwächter, die hundert Pferde, fünfzig Kamele und zwanzig Elefanten. Selbst beim weltberühmte Taj-Mahal-Mausoleum vergißt sie ob der vollkommenen Form des Kunstwerks nicht die Sklavenarbeit, die darin steckt. Diese Überlegungen vertraut sie jedoch nur ihrem Tagebuch an, ihren Gastgebern gegenüber hält sie sich mit Kritik zurück – ist sie doch auf deren Entgegenkommen bei ihren ausgefallenen Reisewünschen und auf deren Weiterempfehlung angewiesen.

Auf der Fahrt von Delhi nach Kottah, die sie mit einem preiswerten, aber langsamen Ochsengespann bewältigt, wird sie Zeugin von Witwenverbrennungen. Die Suttis – so heißen die Frauen, die sich mit der Leiche ihres Mannes verbrennen lassen – werden dazu nicht gezwungen, aber bei Verweigerung aus der Verwandtschaft verstoßen. Die Europäerin sieht mit Schaudern, wie die prächtig geschmückten und von Opium betäubten Frauen zum Scheiterhaufen geführt werden und sich über die Leichen ihrer Männer werfen. Sie sieht, wie der Holzstoß entzündet wird und hört, wie schrille Musik und das laute Wehklagen der Umstehenden die Schmerzensschreie der Sterbenden übertönen. Grausames und doch faszinierendes Indien. Keinen Augenblick denkt sie daran, ihre nervenaufreibende Reise abzubrechen. Sie nimmt in Kauf, daß sie als Christin oft im Freien schlafen muß, weil für strenggläubige Hindus ein Haus verunreinigt wird, wenn Andersgläubige es betreten.

Mit jeder Reiseetappe wächst ihre Erfahrung – und auch ihr Selbstbewußtsein. Sie weiß, welche Strecke ein Ochsengespann oder eine Kamelkarawane an einem Tag bewältigt, sie hat alle Distanzen im Kopf und kann von keinem Führer übers Ohr gehauen werden. Das ist besonders in entlegenen Gegenden, in die sonst kein Fremder kommt, wichtig. Auf dem Kamelritt nach Indor, der Hauptstadt des Königreiches Holkar beispielsweise oder dem gefährlichen Ritt zur Wüstenfestung Adjunta.

Über Puna gelangt sie schließlich nach Bombay. In keiner anderen Stadt hat sie ein bunteres Völkergemisch erlebt – und nirgends so viel Intoleranz fremden Religionsgemeinschaften gegenüber. Bei Einladungen in Häuser wohlhabender Parsi muß sie als »unreine« Christin an einer getrennten Tafel essen. Der mächtige Stamm der Parsi oder Feueranbeter betrachtet Frauen als jederzeit verfügbaren Sachbesitz – immer wieder muß sich Ida Pfeiffer zwingen, nicht europäische Maßstäbe anzulegen bei ihren Beobachtungen, Befremdliches zwar zu registrieren, aber nicht zu bewerten.

Auf einem kleinen, völlig überladenen Dampfer verläßt sie am 23. April Bombay Richtung Persien. Unter den zusammengepferchten Frauen und Kindern brechen die gefürchteten Pocken aus, bis zum Einlaufen in den Persischen Meerbusen fordert die Seuche zwei Todesopfer. Nur achtzehn Tage hat diese Fahrt gedauert, aber es war die schlimmste der ganzen Reise.

Durch die Delta-Landschaft von Euphrat und Tigris geht es weiter tigrisaufwärts auf die Kalifenstadt Bagdad zu, deren Minarette und Kuppeln der nimmermüden Wienerin schon von weitem entgegenleuchten. Beim Landgang muß sie sich, um nicht den Zorn der Bevölkerung herauszufordern, in einheimische, höchst unbequeme Frauengewänder hüllen, unter dem Gesichtsschild kann sie kaum atmen beim Ehrenempfang im Harem des Paschas.

Für Ida Pfeiffer ergibt sich im Vorderen Orient eine neue Reisesituation. In Südamerika, in China und Indien hat sie ihre Exkursionen meist allein unternommen, hier jedoch wird ihr dringend davon abgeraten, auch nur einen Schritt ohne schützende männliche Begleitung zu tun. So schließt sie sich, ganz gegen ihre Gewohnheit, einer Karawane an, die in zwölf bis vierzehn Tagen Mossul erreichen soll. Über diese beschwerliche Wüstendurchquerung auf einem Maultier schreibt sie: »Ich reiste wie der ärmste Araber und mußte, wie er, gefaßt sein, die glühendste

Sonne auszuhalten, nichts als Brod und Wasser, höchstens eine Hand voll Datteln oder einige Gurken zu genießen, und den heißen Erdboden zur Schlafstätte zu haben...Wie beneidete ich die Missionäre und Naturforscher, die ihre beschwerlichen Reisen mit Packpferden, Zelten, Lebensmitteln und Dienern unternehmen.« Trotzdem: noch immer kein Augenblick der Reue, der Heimatsehnsucht.

In den Häusern der Araber ist sie von der Neugier und Zudringlichkeit der Gastgeberinnen überrascht, die ihr Gepäck ganz ungeniert durchwühlen. Doch befriedigt schreibt sie abends ins Tagebuch: »Ueberall und jederzeit setzte ich mich durch. Ich fand, daß Energie und Furchtlosigkeit allen Leuten imponirt, sie mögen Araber, Perser, Beduinen oder wie immer heißen.«

Von Mossul aus sucht sie Anschluß an eine Karawane nach Tebris – mit nun doch etwas ängstlichen Gefühlen, da man ihr sagte, sie würde auf dem ganzen Weg nirgends auf Europäer stoßen. Sie legt sich ein kleines Lexikon mit den wichtigsten Ausdrücken in Arabisch und Persisch an und sendet noch von Mossul aus ihre Papiere und Schriften nach Wien, »daß, wenn ich ausgeraubt oder getödtet würde, doch wenigstens mein Tagebuch in die Hände meiner Söhne gelangen möchte«. – In Kurdistan wird die kleine Reisegruppe denn auch von Wegelagerern überfallen, kann sich aber dank der mitgeführten Pistolen wirkungsvoll verteidigen.

Obwohl Ida Pfeiffer ab und zu in Missionsstationen Unterschlupf findet, hält sie von der Heidenmissionierung nicht viel. Ihr mißfällt, daß die Missionare in den vornehmen Vierteln wohnen und ihre Schäfchen in den Elendsquartieren nur ab und zu besuchen. Sie notiert: »Ich glaube nicht, daß die Missionäre auf solche Art das Vertrauen des Volkes leicht und schnell gewinnen können. Die fremde Kleidung, die elegante Lebensweise läßt den

Armen den Abstand zu sehr fühlen und flößt ihm eher Furcht und Zurückhaltung als Liebe und Vertrauen ein.« Sie beläßt es nicht bei sozialkritischen Beobachtungen, sie wüßte auch, wie es besser laufen könnte: »Die Missionäre müßten wie Väter, wie Freunde mit und unter dem Volke wohnen, mit ihm arbeiten, kurz seine Mühen und Freuden theilen...«

Als die Weltreisende in Tebris anlangt und im Haus des englischen Konsuls ihren Paß vorzeigt, will ihr niemand glauben, daß sie die gefahrvolle Reise durch Persien ohne männlichen Begleitschutz geschafft hat. Sie wird dem Vizekönig als Schriftstellerin vorgestellt, eine schmeichelhafte Ehrung, die sie verlegen macht, denn sie ist sich ihrer Mängel durchaus bewußt: »Einerseits besitze ich zu wenig Witz und Laune, um unterhaltend zu schreiben, und andererseits zu wenig Kenntnisse, um über das Erlebte gediegene Urtheile fällen zu können... will ich etwas beurtheilen, so kann ich es blos von dem Standpuncte einfacher Anschauung aus.« Ihre Urteile sind zwar subjektiv und spontan, aber nicht von der Warte des überlegenen Europäers aus gefällt, wie es dem herrschenden Zeitgeist noch entspricht. Für eine Frau ist es um die Mitte des 19. Jahrhunderts sehr ungewöhnlich, eine so dezidierte eigene Meinung zu haben und diese auch in der Öffentlichkeit zu äußern.

Ida Pfeiffers Abenteuerlust ist noch immer ungebrochen. Als sie von Tebris aus nach Rußland weiterreisen will, erfährt sie, daß die russische Regierung wegen der gespannten politischen Lage jedem Fremdling die Einreise verweigert. Dieses Argument hat sie schon in China gehört und es trotzdem geschafft, das riesige Reich zu durchqueren – wer könnte sie davon abhalten, es auch in Rußland zu versuchen?

Am 11. August sattelt sie zusammen mit einem angemieteten Diener die Pferde zum Aufbruch nach Armenien. Tagelang reiten sie durch die wilden Täler des Ararat, bis sie die Zollstation Natschivan erreichen. Hier wird ihr Gepäck genauestens durchsucht – von der Familie des Zollinspektors: »Ein Dutzend zusammengefalteter Papierchen, Münzen, getrocknete Blumen und andere Gegenstände von Babylon und Ninive enthaltend, waren in einem Augenblicke aufgerissen und herumgeworfen, ich meinte am Ende wahrhaftig, erst jetzt unter Wilde gerathen zu sein.« Ein sorgfältig verpacktes Kistchen wird mit einer Holzhacke aufgeschlagen, und die Verblüffung der Zöllnerfamilie ist groß, als nur Tonscherben und Bruchstücke eines Sandsteinkopfes zum Vorschein kommen: »sie konnten es gar nicht fassen, daß man solche Sachen mit sich schleppe.«

Für die nicht ungefährliche Weiterreise nach Tiflis schließt sich Ida Pfeiffer widerwillig einer Tatarenkarawane an. Als sie sich an einer Raststelle von der Gruppe entfernt, um die Gegend auf eigene Faust zu erkunden, wird sie von bewaffneten Kosaken in einen Wagen gezerrt und ins Regierungsgefängnis gebracht. Man vermutet in der neugierig herumstreifenden Frau eine gefährliche Spionin.

Die Nacht muß sie auf einer Holzpritsche verbringen, ohne Decken, ohne Wasser, ohne Brot. Wehmütig erinnert sie sich früherer Kontrollen: »O, ihr guten Araber, Türken, Perser, Hindus und wie ihr alle heißen möget, ähnliches ist mir unter euch nie geschehen... und hier in dem christlichen Reiche, wie viel Unbilden hatte ich auf dieser kurzen Strecke zu erleiden!«

In Erivan hofft sie nach ihrer Freilassung Landsleute und Unterstützung zu finden. Die einheimische Bevölkerung empfindet sie nach ihren Gefängniserlebnissen als habgierig, grob und knechtisch. Ein deutscher Arzt hilft ihr nach Tiflis weiter. Zum ersten Mal hat sie hier das Gefühl, wieder in Europa zu sein, und sie wundert sich, daß es ein Gefühl der Erleichterung ist.

Mit der russischen Schnellpost, die allerdings nur sehr langsam vorankommt, durchquert sie Georgien, gelangt mit einem Flößerschiff ans Schwarze Meer und mit einem Krondampfer nach Odessa. Auch die 360 Seemeilen nach Constantinopel legt sie, der Sicherheit wegen, auf einem Dampfer zurück. Die Ankunft in Athen verzögert sich durch eine zwölftägige Pockenquarantäne vor Piräus. Hier erfährt sie vom Ausbruch der Wiener Oktoberrevolution und hat es nun auf einmal eilig, ihre Heimatstadt zu erreichen.

Vom Ausbruch der Märzrevolution hatte sie in Bagdad gehört und die Kunde kaum glauben können: »In meinem ganzen Leben haben mich keine Nachrichten so sehr überrascht als jene aus Wien. Meine gemüthlichen, friedliebenden Oesterreicher – und ein Umsturz der Regierung! – Ein Erwachen aus langer Lethargie!... Die Ereignisse der Märztage hatten mich so entzückt und begeistert, daß ich mich mit Stolz eine Oesterreicherin nannte.« Aber der Verlauf der Unruhen dämpft ihr Hochgefühl. Von ihren Angehörigen in Wien hat sie keinerlei Nachricht.

Am 24. Oktober erst kann die ungeduldig Wartende mit einem kleinen Dampfer Athen verlassen. Am 31. besteigt sie in Triest den Postwagen nach Wien, genau an dem Tag, an dem die Stadt gestürmt wird. Es drängt sie, ihre Verwandten, ihre Söhne vor allem, wiederzusehen. Es drängt sie auch, ihre Reiseberichte, die regelmäßig in Wiener Zeitungen erschienen sind, als Buch gedruckt zu sehen. Die Aufzeichnungen erscheinen 1850 in drei Bänden unter dem Titel *Eine Frauenfahrt um die Welt* und finden reißenden Absatz.

Was macht ihre Schilderungen, die sie selbst als dilettantenhaft und unvollkommen empfindet, so lesenswert, daß ihr Ruhm als Weltreisende weit über Wien hinausdringt? Sicher ist es in erster Linie die Tatsache, daß sie sich als alleinreisende Frau auf dieses Abenteuer eingelassen hat. Ihr Mut, der oft an Waghalsigkeit grenzt, imponiert in einer Zeit, in der Frauen noch als das schwache Geschlecht, als Schutzbefohlene definiert werden. Ihre Unbefangenheit und ihre Neugier haben ihr Einblick in Küchen und Kammern, Hinterhöfe und Paläste verschafft, wie dies einem Mann kaum möglich wäre. Die Orts- und Landschaftsschilderungen sind so genau, daß ihre Aufzeichnungen – auch von Männern – als praxisnahe Reiseführer benutzt werden können. Für Frauen und junge Mädchen, die Fernweh umtreibt, bieten sie Stoff für Träume und Ausbruchsphantasien, die eines Tages Realität werden könnten. Auch wenn Ida Pfeiffers Bemerkungen zur Lebensart fremder Völker subjektiv gefärbt und vom Zeitgeist abhängig sind, liefern sie uns heute doch Anschauungsmaterial aus einer Epoche enzyklopädischen Wissensdrangs und beginnender Mobilität. Ihre Berichte sind, bei aller Kritik an herrschenden Mißständen, von einem Optimismus getragen, der ansteckend wirkt.

In ihre Fußstapfen treten in den folgenden Jahrzehnten immer wieder Frauen, die aus dem Alltag ausbrechen, Extremerfahrungen machen wollen oder einfach auf der Suche nach sich selbst und dem Sinn ihres Lebens sind. Aussteigerinnen, Forscherinnen, Missionarinnen. Jede Reisende sei letztlich eine Suchende, schreibt die Genfer Reiseschriftstellerin Ella Maillard, die vor dem Zweiten Weltkrieg gefahrvolle Reisen nach Afghanistan, Turkestan und Indien unternommen hat und die noch mit über neunzig Jahren Fernweh und Neugier auf Unbekanntes umtreibt.

Auf ein hundertjähriges Leben voller Herausforderungen kann die französische Orientalistin Alexandra David-

Néel zurückblicken. Die nur 1,56 Meter große Forscherin hat fast die Hälfte ihres Lebens in Indien zugebracht und 1921 als erste weiße Frau im Gewand einer Bettelpilgerin die verbotene Stadt Lhasa betreten. Ihrem Mann schrieb sie kurz vor Antritt ihrer gewagten Tibetreise: »Wenn ich sterbe, dann ziehe ich die Steppe vor mit dem weiten Himmel über dem Kopf und mit der Befriedigung, zumindest gewagt zu haben, was ich mir wünschte, statt in meinem Zimmer vom Bedauern getötet zu werden, nicht genug Mut gehabt zu haben.« – Ein Satz, der auch von Ida Pfeiffer stammen könnte.

Die nun 51jährige hält es nicht lange in Wien, zu festgefügt und wohlgeordnet kommt ihr alles vor. Nach Erscheinen ihrer dreibändigen Reiseschilderungen bereitet sie sich auf eine neue Weltumrundung vor, diesmal unter etwas komfortableren Bedingungen, da ihre Bücher ansehnliche Honorare abwerfen. Auch auf dieser Reise führt sie für ihre wachsende Lesergemeinde ein Tagebuch, das 1856 unter dem Titel *Meine zweite Weltreise* herauskommt.

Sie hat es fertiggebracht, nicht nur ein breites Publikum, sondern auch Fachgelehrte zu fesseln. Alexander von Humboldt, der um 1800 selbst spektakuläre Forschungsreisen unternommen hat und Ida Pfeiffers Leistung aus eigener Erfahrung zu würdigen weiß, veranlaßt ihre Aufnahme als Ehrenmitglied in die Berliner Geographische Gesellschaft. Diese Aufnahme einer Frau, einer Nichtwissenschaftlerin, ruft Erstaunen in der Fachwelt hervor. Noch ist in England Frauen der Beitritt zur führenden Royal Geographical Society verwehrt. Alexander von Humboldt weiß, wie wichtig es für die wenig kosmopolitischen Deutschen ist, Einblick in fremde Welten zu bekommen und so die eigene Kultur als eine von vielen möglichen einzuordnen, statt sie als absoluten Maßstab zu nehmen.

Auch nach der Rückkehr von der zweiten Weltreise gibt es für Ida Pfeiffer noch weiße Flecken auf der Landkarte, die sie nicht ruhen lassen. Madagaskar zum Beispiel. Die Insel ist noch nicht kolonisiert, gilt als äußerst gefährlich für Fremde – und damit als besonders verlockend. Vergeblich warnt Alexander von Humboldt vor diesem verwegenen Reiseplan; das Vertrauen der Wienerin in das eigene Überlebensgeschick ist so groß, daß sie alle Warnungen in den Wind schlägt – und dies bitter büßen wird.

Auf Madagaskar herrscht Königin Ranavola, die ihre Insel unter allen Umständen vor ausländischen Einflüssen bewahren will. Eindringlinge werden gefangengenommen und eingekerkert. Auch Ida Pfeiffer entgeht diesem Schicksal nicht. In der Gefangenschaft wird sie von dem berüchtigten Madagaskarfieber erfaßt und wie eine Aussätzige von der Insel abgeschoben. Diese Strapazen überlebt die Entkräftete nicht lange. Am 28. Oktober 1858, mit 61, stirbt sie an den Folgen der tropischen Krankheit. Sie wird auf dem Wiener Zentralfriedhof – immerhin – in einem Ehrengrab bestattet. Ihre letzten Aufzeichnungen, die *Madagaskartagebücher*, bringt ihr Sohn Oskar nach ihrem Tod heraus. Sie erreichen, wie all ihre anderen Bücher, hohe Auflagen und werden in zahlreiche Sprachen übersetzt.

Ida Pfeiffer hat in ihren 16 Reisejahren 150 000 englische Seemeilen und 20 000 Meilen an Land zurückgelegt, als erste Frau die Kordilleren erklommen, Madagaskar und Sumatra durchquert, sie ist in unerschlossene Urwaldregionen vorgedrungen. Und stets hatte sie, wie der Titel eines Buches von Julia Keay lautet, »Mehr Mut als Kleider im Gepäck«. Nicht aus Eitelkeit habe sie sich auf diese Abenteuer eingelassen, schreibt sie, angeborene Reiselust und unbegrenzte Wißbegier hätten sie angetrieben: »Wie es den Maler drängt, ein Bild zu malen, den Dichter, seine Gedanken auszusprechen, so drängt es mich, die Welt zu sehen. – Reisen war der Traum meiner Jugend, Erinnerung des Gesehenen ist nun das Labsal meines Alters.«

Sie hat das Alter nicht mehr auskosten können. Aber hätte sie es auskosten wollen? Könnte man sich Ida Pfeiffer geruhsam im Ohrensessel einer Wiener Biedermeierwohnung vorstellen?

Bertha von Suttner

Rebellinnen in einer Klassengesellschaft

Die Friedenskämpferin
Bertha von Suttner
1843 – 1914
Die Arbeiterin und Agitatorin
Adelheid Popp
1869 – 1939

Szene aus einem Agitationsstück in Brechtscher Manier, das 1905 spielt und den Titel tragen könnte »Proletarierinnen, kämpft mit euern Waffen!« – in Anspielung an den Erfolgsroman »Die Waffen nieder!«.

Massenaufgebot von Statistinnen im Wiener Volkstheater: lauter verhärmte Frauen, Arbeiterinnen mit Kopftuch, die sich im Halbrund um ein Podest drängen. Die einzigen Männer, drei Gendarmen mit frischpoliertem Helm und Bajonett, stehen als Verkörperung der Staatsmacht an der Bühnenrampe. Die Frauen lassen sich von ihrem Drohgehabe nicht beeindrucken, ihr Blick ist auf die junge Rednerin gerichtet, die von der Höhe des Podests aus mit flammenden Worten Ausbeutung und Unterdrückung in der Fabrik anprangert und zum Streik aufruft: »Nur vereint seid ihr stark...« Die selbstbewußte Agitatorin hat ihre Zuhörerinnen im Blick und im Griff. Doch plötzlich stutzt sie, fixiert eine Dame mit elegantem Hut, die sich unter die Proletarierinnen gemischt hat, und fährt dann, noch beschwörender, in ihrer Rede fort: »Genossinnen, eure Waffe ist der Streik...«

Adelheid Popp

Kenner der Wiener Verhältnisse kurz nach der Jahrhundertwende wissen Bescheid: Bei der Dame mit modischem Federhut, die sich unter den graugesichtigen Arbeiterinnen wie ein Paradiesvogel ausnimmt, handelt es sich um Baronin Bertha von Suttner, die gerade – als erste Frau – mit dem Friedensnobelpreis ausgezeichnet wurde. Durch ihren Roman *Die Waffen nieder!* ist sie nicht nur zur bekanntesten Frau Wiens geworden, bei einer Umfrage des Berliner Tageblatts kommt die »Friedensbertha« auf Platz eins der europäischen Frauen – vor der Duse und Sarah Bernhardt.

Mit missionarischem Eifer sucht Bertha von Suttner ihre Friedensgedanken in allen Bevölkerungsschichten zu verbreiten – und stößt auf den Widerstand ausgerechnet einer Gruppe, an der ihr viel liegt: der Arbeiterinnen. Wortführerin dieser Arbeiterinnen, für die sich die proletarische Frauenbewegung einsetzt, ist die junge Agitatorin Adelheid Popp. Sie stammt selbst aus dem Arbeitermilieu, spricht die Sprache der Hinterhöfe, kennt die Nöte der Proletarierinnen und weiß, daß deren Gedanken um den Arbeitsplatz und das tägliche Brot kreisen, daß »Weltfrieden« eine hohle Vokabel bleibt, wenn es ums Überleben nicht im Krieg, sondern im Alltag geht.

Diese realistische Lageeinschätzung hindert Adelheid Popp daran, auf Kooperationsangebote Bertha von Suttners und ihrer Mitarbeiterinnen einzugehen und das Amt einer Vorsitzenden in einem geplanten Frauen-Friedensbüro zu übernehmen. Ein weiterer Grund mag ausschlaggebend gewesen sein, nicht enger mit den »bürgerlichen« Frauen zusammenzuarbeiten: Sie haben den falschen Stallgeruch. Das schmerzt Bertha von Suttner besonders. Sie ist zwar Baronin, sogar geborene Gräfin, fühlt sich dem Sozialismus aber stärker verbunden als dem Adel und den bürgerlichen Parteien.

Die beiden Frauen kommen nicht zusammen, obwohl Bertha von Suttner immer wieder Annäherungsversuche macht. Noch 1911 zitiert sie in der *Friedenswarte* Adelheid Popp, die sich auf einer Demonstration für das Frauenwahlrecht auch zur Friedensfrage geäußert hat mit den Worten: »Wir wollen, daß die Mordrüstungen ihr Ende nehmen und diese Millionen verwendet werden für die Bedürfnisse des Volkes.« Die Bedürfnisse des Volkes sind für Adelheid Popp die Bedürfnisse der Arbeiterklasse, und sie bezweifelt, daß eine Baronin diese verstehen und unterstützen kann. Zu groß ist die Kluft, die Adel und Proletariat trennt.

Dabei gibt es vieles, was beide Frauen verbinden und zu gemeinsamer Arbeit motivieren könnte: Temperament und Durchsetzungswillen, Charisma und Überzeugungskraft, mit der sie ihre Sache, ihre Botschaft vertreten. Bei Bertha von Suttner heißt sie Weltfrieden, bei Adelheid Popp Stärkung des Sozialismus und bessere Lebensbedingungen für Arbeiterinnen. Beide gehören sie nicht zu den radikalen Frauenrechtlerinnen, die Männerherrschaft durch Frauenherrschaft ersetzen wollen. Beiden liegt viel an Zusammenarbeit mit aufgeschlossenen, weitsichtigen Männern, mögen sie August Bebel oder Alfred Nobel heißen.

Und noch eine Gemeinsamkeit. Beide Frauen haben schon ein hartes Leben hinter sich. Ein Leben, das sie nicht bejammern, sondern als Herausforderung genommen haben. Beide sind sie nicht auf dem durch Herkunft vorgezeichneten Weg geblieben, haben Grenzen ins Ungewisse überschritten. Ihre Erlebnisse und Erfahrungen haben sie niedergeschrieben, Bertha von Suttner in ihren *Memoiren*, Adelheid Popp in der *Jugendgeschichte einer Arbeiterin*. Beide Werke erscheinen im Jahre 1909 und geben Einblick in die Gesellschaftsstrukturen des ausgehenden 19. Jahrhunderts, die in Wien, dem Zentrum der k. u. k. Monarchie, noch stark klassengeprägt sind.

Bertha von Suttner, geborene Gräfin Kinsky, ist am 9. Juni 1843 in einem Prager Palais zur Welt gekommen, Adelheid Popp ein gutes Vierteljahrhundert später, am 11. Februar 1869, in einer Inzersdorfer Proletarierwohnung. Der Start ins Leben ist bei beiden beschwerlich. Bertha ist zwar die Tochter eines Grafen und hohen k. u. k. Militärs, aber ihre Mutter stammt nur aus niederem Adel und ist für Hofkreise keine standesgemäße Verbindung. Auch die Tochter ist daher nicht »hoffähig«, und die nicht besonders tugendsame, aber ehrgeizige Mutter sieht nur eine Möglichkeit, diesen Makel aus der Welt zu schaffen: eine baldige Heirat der hübschen und intelligenten Tochter mit einem reichen Sproß aus dem Hochadel, um so Eingang in Wiener Hofburgkreise zu finden.

Das junge Mädchen erhält den üblichen Schliff höherer Töchter, Musik, Sprachen, Geistesbildung, soweit diese für Konversationen in gehobener Gesellschaft dienlich ist. Bertha meistert das Lernpensum spielend, liest daneben Kant und Schiller und befaßt sich, ohne dies als Widerspruch zu empfinden, ausgiebig mit Schönheits- und Modefragen. Um so herber die Enttäuschung der ersten Ballnacht: Niemand beachtet sie, niemand tanzt mit ihr. Sie gehört nicht, das wird ihr schlagartig deutlich, zur ersten Wiener Gesellschaft.

Sei's Trotz, sei's Resignation – die Achtzehnjährige nimmt den Heiratsantrag eines um 34 Jahre älteren Zeitungsverlegers an, der zwar nicht zum Hochadel, aber zur Wiener Geldaristokratie gehört: Baron Gustav von Heine-Geldern, Bruder des Dichters Heinrich Heine. Doch beim Verlobungskuß ergreift sie Panik, sie reißt aus – ihre erste selbständige Handlung. In Paris gerät sie in die Fänge eines englischen Heiratsschwindlers, doch schließlich scheint sich der Traum von Mutter und Tochter, Einheirat in den Hochadel, zu erfüllen: Adolph Prinz Sayn-Wittgenstein-Hohenstein hält um Berthas Hand an. Der von der eigenen Familie nicht für voll genommene Bonvivant will gemeinsam mit ihr in Amerika ein neues Leben aufbauen, Karriere als Sänger machen – doch bei der Überfahrt stirbt er unerwartet, und die Braut, die sich schon als gefeierte Sängerin sah, steht wieder vor dem Nichts. Sie geht nun auf die dreißig zu, der Schmelz der Jugend ist dahin, das Familienvermögen ebenfalls, die Mutter hat es in den mondänen Badeorten Italiens und in deutschen Spielcasinos durchgebracht.

Erstmals sieht sich die Dreißigjährige gezwungen, ihren Lebensunterhalt selbst zu verdienen. Gouvernante oder Lehrerin sind die einzigen Berufsmöglichkeiten, die sich einer Frau ihres Standes bieten. Dienen hat sie nie gelernt, aber ihre Sprach- und Musikkenntnisse, ihre gewandten Umgangsformen kommen ihr nun zugute. Im Hause des Freiherrn von Suttner findet sie eine Anstellung als Erzieherin der vier Töchter. – Ausgeträumt der Traum vom großen Leben, aber Beginn des, wie sie es später empfindet, »richtigen« Lebens.

Wie anders sehen die ersten dreißig Lebensjahre einer Frau aus dem Proletariat aus. Begleitet von Existenzsorgen, unmenschlichen Wohnverhältnissen, Ausbeutung am Arbeitsplatz, ohne Bildungs- und Entfaltungschancen. Mit dreißig ist das Leben schon fast gelaufen. Und doch gelingt es auch hier einzelnen, auszubrechen aus dem Kreislauf von Fronarbeit und Unterdrückung, von Anpassung und Fatalismus. Das Schicksal Adelheid Popps steht für viele Frauen ihres Standes und ihrer Zeit.

Sie ist das 15. und jüngste Kind eines trunksüchtigen Webers, der im Jähzorn auf seine wehrlose Frau einschlägt. »Was ich von meiner Kindheit weiß, ist so düster und hart und so fest in mein Bewußtsein eingewurzelt, daß es mir nie entschwinden wird«, schreibt Adelheid Popp in ihren Aufzeichnungen. Sie erinnert sich an einen Weihnachtsabend, an dem der betrunkene Vater vor den Augen der Kinder den geschmückten Weihnachtsbaum zerhackt. Oder an die Gendarmen, die ihre Mutter zum Arrest abführen, weil sie die Tochter nicht regelmäßig zur Schule schickt. Wie sollte die Analphabetin Entschuldigungen schreiben? Wie den Lehrern klarmachen, daß an kalten Wintertagen Kleider und Schuhe fehlten für den Schulbesuch?

Adelheid wird schon mit sechs Jahren bei fremden Leuten in Dienst gegeben, und ihre ganze Ausbildung besteht aus drei Jahren Volksschule. Nach dem Tod des Vaters zieht die Mutter mit den Kindern nach Wien, und die Zehnjährige arbeitet zwölf Stunden täglich als Schafwollhäklerin und Näherin. Bei den Dienstherren gibt sie ein höheres Alter an; da sie in Wien polizeilich nicht gemeldet ist, entdeckt niemand ihr Fehlen in der Schule. Sie schuftet im Akkord, reiht in einem Konfektionsbetrieb Perlen auf Seidenschnüre und muß für die Nacht noch Arbeit mit nach Hause nehmen, wenn sie das Tagespensum nicht schafft. Dieses Zuhause ist eine fensterlose Kammer, in der vier Personen schlafen, dazu noch ein sogenannter »Bettgeher«, dem ein Schlafplatz vermietet wurde, und der sich eines Nachts über das junge Mädchen hermacht.

Ein Leben voller Angst und Entbehrung, das eigentlich kein Leben ist, nur ein Vegetieren. Bei Lötarbeiten in einer Bronzefabrik bricht Adelheid eines Tages ohnmächtig zusammen. Im Krankenhaus stellt man eine Nervenkrankheit fest, dazu Unterernährung und Blutarmut. Frische Luft und nahrhafte Kost verordnen ihr die Ärzte – eine Therapie, die das arbeitslose Mädchen als Hohn empfinden muß. Die Vierzehnjährige kann sich keine Ruhepause leisten, die Familie ist auf ihren Verdienst angewiesen. Also wieder mörderische Fabrikarbeit, wieder schwere Schwindelanfälle. Da die Krankenhausärzte das Leiden für unheilbar halten oder halten wollen, wird sie in ein Armenhaus für alte, gebrechliche Frauen abgeschoben. Sie ist zu schwach, sich zu wehren, erst viel später notiert sie voller Empörung: »Ich begann auch über das Verbrecherische der bureaukratischen Schablone nachzudenken, die mich, ein Kind, ein von frühester Kindheit an durch Arbeit und Hunger um alle Kinderfreuden gebrachtes Geschöpf, in ein Haus für Greise und Sieche steckte...«

Die Grausamkeit des Alltags erträgt die junge Arbeiterin nur, weil sie sich lesend, nachts bei schlechtem Licht, in Traumwelten versetzt, die sie Räuber- oder Liebesromanen entnimmt, und mit deren Heldinnen sie sich identifiziert. Wie Bertha von Suttner wartet sie auf den Prinzen, der sie eines Tages erlösen wird. Sie liest, was ihr in die Hände kommt, auch die sozialdemokratischen Parteiblätter und die Geschichte der Arbeiterbewegung, die ihr die Augen öffnet. »Ich lernte einsehen, daß alles, was ich erduldet hatte, keine göttliche Fügung, sondern von den ungerechten Gesellschaftseinrichtungen bedingt war«, schreibt sie. Sie beschäftigt sich nicht wie Bertha von Suttner mit Kant und Descartes, sie holt sich ihre Bildung bei Engels und Karl Liebknecht.

Mit siebzehn tritt sie in die noch ganz männergeprägte sozialdemokratische Partei ein. Den Arbeiterinnen in der Fabrik erzählt sie von den Segnungen des Sozialismus und ärgert sich mit ihnen über die Heuchelei oder Gedankenlosigkeit saturierter Wiener Bürger, die an Wohltätigkeitsfesten großzügig Almosen spenden für fleißige, arme Arbeiterinnen. Für die an Jahrmarktsständen zur Schau gestellten Spitzenklöpplerinnen beispielsweise, die sechzehn Stunden täglich für dreißig Kreuzer am Klöppelkissen sitzen. Diese als Selbstverständlichkeit empfundene Ausbeutung der schwer arbeitenden Frauen empört sie so, daß sie sich auf einer Arbeiterversammlung als einziges weibliches Wesen im Saal zu Wort meldet. Aber der Notstand der Arbeiterinnen ist offenbar nicht einmal den eigenen mit ihrem Los hadernden Klassengenossen bewußt: »Es schien alles nur Männerleid und Männerelend zu sein. Ich empfand es schmerzlich, daß man über die Arbeiterinnen nicht sprach.«

Sie spricht darüber. Hält ihre erste öffentliche Rede vor dreihundert Männern und neun Frauen und schämt sich für die Gleichgültigkeit ihrer Geschlechtsgenossinnen. Sie erhält großen Beifall und das Angebot, ihre Rede für ein Parteiblatt niederzuschreiben. Das bringt sie in arge Bedrängnis: »Ich hatte ja nur drei Jahre die Schule besucht, von Orthographie und Grammatik hatte ich keine Ahnung und meine Schrift war die eines Kindes, da ich ja nie Gelegenheit gehabt hatte, sie zu üben.« Aber sie schreibt den Artikel und kommt sich vor, als hätte sie die Welt erobert.

Sie tritt nun immer häufiger bei Parteiversammlungen auf – nach ihrer elfstündigen Arbeitszeit und trotz ihrer ständigen Schwindelanfälle. Ihre Agitationsreden wecken höheren Ortes Mißtrauen, die Staatsanwaltschaft behält sie im Auge, Beauftragte der Geheimpolizei verhören sie in ihrer Wohnung. Sie läßt sich nicht einschüchtern, sie vertraut der Rückendeckung durch die Partei. Nicht nur die Geheimpolizei, auch Männer, die sie seit langem verehrt, August Bebel und Friedrich Engels, besuchen sie in ihrer bescheidenen Behausung. Der Grund ist ihr klar: Da kaum Frauen in der Partei mitarbeiten, Engels die politisch nicht aktiven Arbeiterinnen aber stärker einbeziehen möchte, sieht er in Adelheid Popp eine wichtige Schlüsselfigur. Sie fühlt sich geehrt: »Er war von gewinnender

Freundlichkeit, so daß man gar nicht das Gefühl hatte, einem ›ganz Großen‹ der Internationale gegenüber zu stehen.«

Ihre Mutter freilich vermag er nicht von der Wichtigkeit der Agitationsarbeit zu überzeugen, sie hofft auf eine ganz andere Chance für ihre Tochter: auf einen Mann, der eine Familie ernähren kann. Es muß kein Graf sein, wie ihn sich Bertha von Suttners Mutter erträumt, ein solider Werkmeister würde genügen. Die Wunschvorstellung der Tochter sieht anders aus: »Wenn ich an die Ehe dachte, so träumte ich von einem Manne, der meine Ideale teilen würde. Von ihm erwartete ich nicht nur das Glück, das gleichdenkenden, für ein gleiches Ziel strebenden Menschen beschieden sein kann, sondern auch Förderung meiner eigenen Entwicklung.«

Sie findet diesen Mann. Es ist der zwanzig Jahre ältere Wiener Redakteur Julius Popp, der sich wie sie der sozialdemokratischen Parteiarbeit verschrieben hat. Die Mutter sträubt sich gegen die Bindung ihrer Tochter an diesen kränklichen, blassen Schreibtischarbeiter, der ihr Vater sein könnte. Das äußerlich so verschiedene, in den Lebenszielen aber gleichgestimmte Paar läßt sich nicht beirren, 1893 wird die Verbindung standesamtlich besiegelt.

Adelheid Popp hat nun bei ihrer publizistischen Arbeit die Unterstützung ihres Mannes, der ihr nicht nur Grammatik beibringt, sondern auch – höchst ungewöhnlich für einen Mann seiner Generation – im Haushalt mit zupackt. Sie hat die Redaktion der neugegründeten Arbeiterinnenzeitung übernommen – eine Selbstherausforderung für die Autodidaktin. Doch die Mehrfachbelastung durch Haushalt, Redaktionsarbeit und Vortragsreisen setzt ihr stärker zu, als sie es sich anmerken läßt. Dazu kommt die Erziehung der beiden Söhne, die sie, in Erinnerung an ihre eigene düstere Kindheit, nicht vernachlässigen möchte.

Dazu kommt auch die Sorge um ihren Mann, dessen Krankheit sich ständig verschlimmert und dessen Tod nach neunjähriger Ehe eine schmerzliche Erlösung ist. Etwas über Dreißig ist die junge Witwe erst und hat schon ein kräftezehrendes Arbeitsleben hinter sich.

Für Bertha von Suttner fängt das Berufsleben mit Dreißig erst an. Die Arbeit als Erzieherin im Hause Baron von Suttners geht ihr leicht von der Hand, sie hat die nötige Bildung und pädagogisches Geschick. Ist es ihr Glück oder ihr Unglück, daß sie sich in den jüngsten Sohn des Hauses verliebt? Der erst 23jährige Arthur Gundaccar erwidert ihre Liebe, ein Familiendrama bahnt sich an. Baron von Suttner entläßt die Erzieherin seiner Töchter und setzt alles daran, seinen Sohn vor deren Einfluß zu bewahren. Vergeblich, wie sich herausstellen wird.

Bertha, auf der Suche nach einer neuen Stelle, meldet sich auf eine Zeitungsannonce aus Paris, in der eine sprachenkundige Sekretärin gesucht wird. Der Fortgang der Geschichte hört sich an wie eine Romanze aus einem Roman der *Gartenlaube*: Beim Vorstellungsgespräch in Paris verliebt sich der zukünftige Arbeitgeber, ein älterer, hochgebildeter Gentleman, in die adrette Wienerin. Ein Traum könnte sich erfüllen, denn der ältere, unverheiratete Herr ist der zu sagenhaftem Reichtum gekommene Dynamitfabrikant Alfred Nobel. Doch die Umworbene zieht ihren jugendlichen Liebhaber Arthur von Suttner vor, heiratet ihn heimlich und flüchtet mit ihm aus dem Bannkreis von dessen erzürnten Eltern in den Kaukasus.

Ein abenteuerliches Leben zwischen Armut und zaristischer Prachtentfaltung, zwischen bohemehaftem Nichtstun und harter Fronarbeit beginnt. Am Hof der Fürstin von Mingrelien, einer mütterlichen Freundin aus verflossenen Tagen, die das Paar nach Georgien eingeladen hat, fühlen sie sich wohl in der Rolle geheimnisumwitterter aristokratischer Emigranten. Daneben leben sie zurückgezogen und wenig standesgemäß in einer kleinen Holzdatscha auf dem Lande und schlagen sich – ungewohnt in Adelskreisen – mit eigener Arbeit durch, Arthur als Sekretär eines Fabrikanten, Bertha mit Musik- und Sprachunterricht. Derart auf sich gestellt, durch den Russisch-Türkischen Krieg abgeschnitten vom Kulturgeschehen in den europäischen Metropolen, entdecken sie eine neue Möglichkeit des Überlebens und der Entfaltung: das Schreiben.

Arthur verfaßt journalistische Berichte über das Kriegsgeschehen und die Verhältnisse im Kaukasus, Bertha denkt sich gefällige Geschichten aus der Welt des Adels aus, in denen nichts von ihren schwierigen Lebensbedingungen durchscheint. Sie schickt die Texte an Wiener Redaktionen und erhält umgehend ihr erstes Honorar, zwanzig Gulden, und die Aufforderung, weiteren Lesestoff zu liefern. Sie versorgt nun die Wiener Presse und auch das vielgelesene Blatt *Gartenlaube* mit Fortsetzungsromanen wie *Blätter aus dem Tagebuch der Gräfin X*, die sie in breiten Kreisen bekannt machen und ihr gutes Geld einbringen. Sie erreicht damit einen Status, der in ihren Gesellschaftskreisen für eine Frau völlig unüblich ist: wirtschaftliche Unabhängigkeit.

Aber ihr spät erwachter Ehrgeiz gibt sich damit nicht zufrieden. Aus den philosophischen, historischen und auch naturwissenschaftlichen Büchern, die sie sich in ihre Einsamkeit schicken läßt, holt sie Anregung für ihre immer anspruchsvolleren Texte. Während nachts die Schakale um die abgelegene Behausung heulen, befaßt sie sich mit den neuesten Evolutionstheorien Charles Darwins, der Weiter- und Höherentwicklung des Menschen, die durch Kriege nicht gefährdet werden darf. Ihre Reflexionen über Menschheitsentwicklung, sinnerfülltes Leben,

Krieg und Frieden legt sie in der weltanschaulichen Bekenntnisschrift *Inventarium einer Seele* nieder. Sie läßt darin auch Gedanken des ihr nach wie vor in Freundschaft verbundenen Verehrers Alfred Nobel einfließen. Der Dynamitfabrikant Nobel, ein genialer Denker und Erfinder, will den Krieg durch »seine eigene höllische Entfaltung«, durch Perfektionierung der Waffentechnik ad absurdum führen – Frieden durch Abschreckung.

Im Frühjahr 1885, nach neun Jahren selbstgewählter Abschottung, kehrt das Ehepaar von Suttner nach Wien zurück, nun, angesichts des literarischen Erfolges, auch von der Familie akzeptiert. Bertha von Suttner, umgetrieben vom Friedensgedanken, sieht, daß sie als Einzelkämpferin, als Frau zumal, keine Möglichkeit hat, das Bewußtsein einer Öffentlichkeit zu verändern, die Krieg nie in Frage gestellt, sondern fatalistisch als Schicksal hingenommen oder als einen Bewährungskampf für Mannesmut und Vasallentreue verherrlicht hat.

Sie sucht Verbündete. Hört von der Londoner *International Arbitration and Peace Association*, die ein internationales Schiedsgericht zur friedlichen Lösung von Konflikten fordert. Fährt im Winter 1886 nach Paris, um Alfred Nobel von ihrer neuen Sicht der Kriegsverhinderung zu überzeugen. Im Ziel sind sich die beiden einig, im Weg dorthin nicht, Nobel setzt weiter auf Abschreckung, Bertha von Suttner auf Verhandlung. Diese gegensätzliche Chancenbeurteilung hindert Nobel nicht daran, die Aktivitäten der »Friedensbertha« in Österreich und auch im Ausland großzügig zu unterstützen und ihr die Herausgabe einer pazifistischen Zeitschrift zu ermöglichen.

1891 gründet Bertha von Suttner die Österreichische Gesellschaft der Friedensfreunde, ähnliche Gründungen in Deutschland und Ungarn folgen. In Bern nimmt sie am IV. Weltfriedenskongreß teil und überzeugt in einem anschließenden Gespräch in Zürich ihren Gönner Nobel von der Wirkung, die ein von ihm gestifteter Friedenspreis haben könnte. Daß sie bald zur zentralen Figur der europäischen Friedensbewegung wird, hängt nicht nur mit ihrem Redetalent und ihrer Überzeugungsgabe zusammen, sondern in erster Linie mit dem weltweiten Erfolg ihres 1889 erschienenen Romanes mit dem zugkräftigen Titel *Die Waffen nieder!* Das Buch trifft in seiner Mischung aus Antikriegs- und Liebesgeschichte den Nerv der Zeit. Die Autorin nutzt geschickt und in pädagogischer Absicht die Form des Unterhaltungsromans, um ihre Friedensideen unters Volk zu bringen und Pazifismus zu einem Gesellschaftsthema zu machen.

Eine ganze Frauengeneration kann sich mit der Hauptfigur Martha Althaus identifizieren. Diese Martha hat vier Kriege durchgemacht, zwei Männer verloren und beginnt – anders als Brechts Mutter Courage – über die sinnlose Grausamkeit des Krieges nachzudenken. Den ruhmreichen Heldenbildern, die den Krieg als den »Vater aller Dinge« verherrlichen, wird hier das realistische Bild von Not, Schrecken und Verrohung gegenübergestellt. Daß dieser erste erfolgreiche Antikriegsroman von einer Frau stammt, ist sicher kein Zufall. Frauen können sich in Schlachten keine Tapferkeitsorden verdienen, sie sind immer Verlierer, Opfer. In der Gestalt der geläuterten Martha hat sich Bertha von Suttner eine mit autobiographischen Zügen ausgestattete Wunschfigur geschaffen. Die Fragen der Romanheldin nach Ursachen und Triebkräften von Kriegen sind ihre Fragen, die Sehnsucht nach Weltfrieden und sinnerfülltem Leben ist ihre Sehnsucht.

Der Roman zieht Kreise weit über Wien und Österreich hinaus. Leo Tolstoj wünscht der Autorin den Erfolg, den eine andere schreibende Frau hatte: Harriet Beecher-Stowes mit dem Buch *Onkel Toms Hütte*, das zur Abschaffung der Sklaverei in Nordamerika beitrug. Der Dichter Peter Rosegger urteilt über den Suttner-Roman mit ironischer Weitsicht: »Es gibt Gesellschaften zur Verbreitung der Bibel, möge sich auch eine Gesellschaft bilden zur Verbreitung dieses merkwürdigen Buches, welches ich geneigt bin, ein epochemachendes Werk zu nennen.«

Nicht viele Männer in Deutschland reagieren wie Tolstoj oder Rosegger, sie halten es eher mit dem Schriftsteller Felix Dahn, der auf Bertha von Suttners provozierenden Romantitel provozierend antwortet:

Die Waffen hoch!
Das Schwert ist Mannes eigen.
Wo Männer fechten,
hat das Weib zu schweigen.

Oder mit dem jungen Rilke, der den edlen Kämpfern vergangener Zeiten nachtrauert:

Doch heute sind verhallt die Kampfeslieder,
Herein bricht eine neue feige Zeit,
Erbärmlich murmeln sie ›Die Waffen nieder‹,
Genug, genug, wir wollen keinen Streit.

Auch wenn Bertha von Suttner die männliche Kriegsverherrlichung verabscheut, ist sie doch nicht der Meinung radikaler Pazifistinnen wie Lyda Gustava Heymann, Frauen seien an sich die friedfertigeren Menschen – eine These, die auch in Christa Wolfs *Kassandra* anklingt. Die Geschichte zeigt, daß Frauen zwar weniger der Faszination logistisch durchgeplanter Einsätze und perfekter Waffen erliegen, daß sie aber als leicht verführbare Masse Gladiatoren und Feldherren aller Zeiten zugejubelt haben.

Daß der Roman *Die Waffen nieder!* der pazifistischen Bewegung weit mehr Auftrieb gibt als Traktate und Flugschriften, ahnen die führenden Sozialisten eher als die stark in militärischen Traditionen der k. u. k. Monarchie verwurzelten Bürgerlichen. August Bebel rezensiert das Buch, Karl Liebknecht bietet der Autorin einen Nachdruck im *Vorwärts* an. Damit sind die Brücken der adeligen Rebellin zur Arbeiterbewegung, zur Basis, geschlagen – ein alter Wunschtraum Bertha von Suttners: Friedensarbeit, die Klassenschranken überwindet.

Um so schmerzlicher trifft sie die Weigerung der proletarischen Frauen zur Zusammenarbeit. Die führende Vertreterin der Arbeiterinnen, Adelheid Popp, treiben naheliegendere Fragen mehr um als Weltfriedensappelle: Abschaffung des Elfstundentages für Frauen, Verbot von Kinderarbeit, Gesundheitsfürsorge, bessere Wohnbedingungen. Nicht, daß sie für Friedensgedanken kein offenes Ohr hätte, aber sie mißtraut der Richtung, aus der sie kommen, wittert eine Verflechtung von Bourgeoisie und Rüstungsindustrie.

Daß Bertha von Suttner 1905 der Friedensnobelpreis zugesprochen wird und sie damit weltweit Beachtung und Achtung findet, muß das Mißtrauen im Proletariat noch schüren: Ist die Preisträgerin nicht dem Stifter des Preises, Alfred Nobel, freundschaftlich verbunden gewesen? Und wie kommt ein Dynamitfabrikant dazu, ausgerechnet einen Friedenspreis zu stiften? Verschleierungstaktik? Schlechtes Gewissen?

Als die »Friedensbertha« den Preis entgegennimmt, ist der menschenscheue und arbeitsbesessene Stifter, der auf Frieden durch Abschreckung setzte, lange bevor die Formel vom »Gleichgewicht des Schreckens« in die Politik eingeführt wird, seit neun Jahren tot. Von seinem Dynamitimperium vermachte er den verärgerten Erben nur zwei Millionen Kronen, 31 Millionen gingen an die Nobel-Stiftung, die hochdotierte Preise für Physik, Chemie,

Medizin, Literatur und – auf Anregung Bertha von Suttners – für den Frieden vergibt. Daß die Verleihung des Preises an sie damals im Nobel-Komitee umstrittener war als die Auszeichnung ihrer Vorgänger Frédéric Passy und Henri Dunant, den Gründer des Roten Kreuzes, belegen Briefe des norwegischen Dichters Björnson, der zur Jury gehörte.

Bertha von Suttner steht mit dieser Ehrung auf der Höhe ihres Ansehens als Friedenskämpferin. Weltweiter Ruhm – aber im engen Kreis der Wiener Friedensbewegung Anfechtungen von allen Seiten: Den Nationalgesinnten ist sie zu kosmopolitisch, den Kirchentreuen zu freidenkerisch, den Sozialisten zu blaublütig. Antisemiten mißfällt ihr enger jüdischer Mitstreiter Alfred Hermann Fried, Männer tun sich schwer, eine Frau an der Spitze der Bewegung zu akzeptieren – Frauen ebenfalls. Vor allem die Basis wahrt Distanz, während führende österreichische Frauenrechtlerinnen wie Marianne Hainisch und Auguste Fickert die Friedensbestrebungen unterstützen. Dies tut in ihrer zurückhaltenden Art auch die Dichterin Marie von Ebner-Eschenbach, die erste Ehrendoktorin der Universität Wien.

Die Wiener Arbeiterzeitung indes hat nichts übrig für die »sanften Töne der Friedensschalmei« und für die Menschen, »die für den ewigen Weltfrieden schwärmen und für den täglichen Kampf von Millionen weder Verständnis noch Empfinden haben«. Die Suttner läßt sich trotz solcher gehässiger Äußerungen nicht von ihrer Sympathie für das Proletariat und die von ihr verehrte Rosa Luxemburg abbringen. Sie verfolgt aufmerksam das Wirken Adelheid Popps, die sich von der ungeübten Spontanrednerin zur professionellen und wortgewandten Vertreterin der Arbeiterinnen fortentwickelt hat. Nach dem Tod ihres Mannes und Kampfgefährten gründet Adelheid Popp den

»Verein sozialdemokratischer Frauen und Mädchen«, der den Genossinnen Bildung und das für öffentliches Auftreten notwendige Selbstbewußtsein vermitteln soll. Nicht vergessen hat sie ihre eigene Jugend, die mühsame Aneignung dessen, was Privilegiertere im Elternhaus oder in der Schule ohne Anstrengung mitbekommen. In der von ihr redigierten Arbeiterinnenzeitung setzt sie sich immer wieder für bessere Mädchenbildung und weibliche Entfaltungsmöglichkeiten in der Familie und am Arbeitsplatz ein.

Ihre provokant vorgetragenen Forderungen auf Arbeiterinnenversammlungen bringen ihr wiederholt Verhaftung und Arrest ein, doch sie läßt nicht von ihren »Hetzreden« ab. Mit der Aufzeichnung ihres eigenen Schicksals, das sie als eines unter unzähligen sieht, möchte sie ihren Geschlechtsgenossinnen Mut machen, aus dumpfem Fatalismus oder unwürdiger Abhängigkeit auszubrechen, das Leben selbst in die Hand zu nehmen. Viele Forderungen der heutigen Frauenbewegung hat sie dabei vorweggenommen, in einer Zeit, die Bekennermut nicht ungestraft ließ. Wie Bertha von Suttner für die Friedensbewegung, reibt sie sich für die Sache der Arbeiterinnen auf. – Zwei Missionarinnen ohne christliche Bindung, aber mit durchaus christlichen Motiven.

Obwohl Bertha von Suttner – die Grausamkeiten des Russisch-Japanischen Krieges und der Revolution von 1905 im zaristischen Rußland vor Augen – den Glauben verloren hat, mit Schiedsgerichten und einem internationalen Gerichtshof ließen sich Kriege dauerhaft verhindern, setzt sie ihre Friedensarbeit bis zum Jahre 1914 fort. Sie leitet die Friedenskommission des Bundes Österreichischer Frauenvereine und reist noch als Siebzigjährige durch Europa und Nordamerika, um vor der Gefahr eines Weltkrieges zu warnen. Weder durch Drohungen noch durch Redeverbot läßt sie sich einschüchtern, auch nicht durch den markigen Satz Wilhelms II.: »Der Friede wird nie besser gewährleistet sein als durch ein schlagfestes, kampfbereites Heer.« In den Witzblättern wird aus der Friedensbertha eine Friedensfurie. Aber ihr ist nicht nach Witzen zumute. Am 23. Februar 1914 schreibt sie ins Tagebuch: »Ausgleich gescheitert, Kriegsspiel angesagt ... wir kämpfen gegen eine riesige Übermacht.« – Wie bald wird aus dem Kriegsspiel blutiger Ernst werden.

Auch Adelheid Popp muß Enttäuschungen wegstecken. Dabei schmerzt sie die mangelnde Solidarität der Genossinnen besonders: »Wollen aber die Frauen zu einer schöneren Zukunft emporsteigen, dann müssen sie vor allem lernen, gerecht und billig gegen ihre Mitschwestern zu sein.« Alle Bemühungen der modernen Frauenbewegung hätten hier noch keine große Änderung herbeigeführt, bemerkt sie in ihren 1915 erschienenen *Erinnerungen* bitter. Doch auch sie gibt nicht klein bei. *Der Weg zur Höhe* heißt ihre 1929 herausgebrachte Geschichte der sozialdemokratischen Frauenbewegung Österreichs. Der Titel ist auch für ihr Leben programmatisch: Nachdem 1918 den Österreicherinnen das Wahlrecht zugebilligt wird, zieht sie erst in den Parteivorstand, dann in den Gemeinderat und schließlich als Abgeordnete ins Österreichische Parlament ein. Später wird sie, als Nachfolgerin Clara Zetkins, Erste Vorsitzende des Internationalen Frauenkomitees – ihr Debüt auf internationaler Bühne.

Während Bertha von Suttner für eine solche Rolle von Anfang an prädestiniert scheint, arbeitet sich Adelheid Popp unter ungleich schwierigeren Startbedingungen nach oben. Beide sind sie temperamentvolle Kämpferinnen und leiden darunter, daß die Masse der Frauen sich nicht stärker aktivieren läßt. Zu mehr Eigenständigkeit ruft Adelheid Popp die Geschlechtsgenossinnen auf, und ihr Appell richtet sich nicht nur an die Arbeiterinnen: »Selbst unter der glänzendsten Außenhülle verbirgt sich nur allzu oft ein Geschöpf, das nicht wagt, einen eigenen Willen zu äußern, das oft gar nicht empfindet, daß dies möglich sei. Die Frau ist als Arbeiterin unterwürfiger als der Arbeiter... auch in der Familie ist die Frau die Fügsamere; sie ist leichter geneigt, das eigene Wohl, die eigene Persönlichkeit preiszugeben, auch wenn keine zwingenden Gründe dafür sprechen. Als Mutter ist die Frau bis zur Schrankenlosigkeit aufopferungsfähig.«

Dieser letzte Satz könnte – bei aller Emanzipiertheit – auch für Adelheid Popps Leben gelten: Sie hat ihren schwerkranken Mann bis zum Tode gepflegt, später die nicht mehr arbeitsfähige Mutter. Sie hat den Tod ihrer beiden Söhne zu verkraften, von denen einer während des Studiums starb, der andere als Kriegsfreiwilliger auf dem Schlachtfeld blieb. Früh verwitwet wie Bertha von Suttner, schöpft sie ihre Kraft aus der sozialistischen Bewegung, die auf Veränderung der Gesellschaft drängt: »Man kann nicht mit den gedrückten, unterernährten, kleinmütigen, vom Kindes- bis zum Greisenalter zur Unterwürfigkeit verurteilten Menschen eine sozialistische Gesellschaft aufrichten«, schreibt sie in ihrem Aufsatz *Die neue Frau*. Doch immer wieder sieht sie, gemessen an vergangenen Zeiten, auch den Fortschritt: »Vergegenwärtigen wir uns die Frau von damals in ihrer geistigen und körperlichen Erniedrigung! Und daneben die Frau von heute, die Frau mit dem Stimmzettel, die Frau als Abgeordnete, Ärztin und Rechtsanwalt... Mit Riesenschritten holt sie nach, was sie ohne ihre Schuld versäumt hat.«

Der Zusammenbruch der Arbeiterbewegung in Österreich im Jahre 1934 ist gleichzeitig der Zusammenbruch ihres Lebenswerkes. Aber noch keimt schwache Hoffnung in ihr. Der Tod bewahrt sie vor weiteren Enttäuschungen. Sie stirbt am 9. März 1939 an den Folgen eines Schlaganfalles. Keine Zeitung widmet ihr einen Nachruf. Trotzdem wirken ihre Gedanken weiter. Erst vor kurzem wurde der Roman einer Wiener Arbeiterdichterin wiederentdeckt, der 1924 als Fortsetzungsdruck in der Wiener Arbeiterzeitung, dem Wirkungsbereich Adelheid Popps, erschien. Die jüdische Autorin Else Feldmann wurde 1942 ins Vernichtungslager Sobibor deportiert, wo sich ihre Spur, wie die so vieler, verliert. Hätte sie Adelheid Popps Lebenswerk weiterführen können?

Noch ein anderes Schicksal zeugt vom damaligen Aufbruch der Wiener Arbeiterinnen: Rosa Jochmann, im Januar 1994 mit 92 verstorben, hat als ehemalige Fabrikarbeiterin und spätere Nationalratsabgeordnete die Ziele Adelheid Popps in der Politik mit mühsamen kleinen Schritten umsetzen helfen. Auch sie wurde von der Gestapo 1939 verhaftet und verschleppt. Sie hat das Konzentrationslager Ravensbrück, wo sie vielen Frauen zur Leitfigur wurde, wie durch ein Wunder überlebt.

Vergessene Zeitzeuginnen unseres wirren Jahrhunderts? Auch Adelheid Popp gehört zu ihnen, selbst wenn sie in der österreichischen Frauenbewegung und, durch August Bebel und Friedrich Engels, in der Geschichte der Arbeiterbewegung weiterlebt. Und Bertha von Suttner? Was wird von ihr bleiben außer dem griffigen Schlagwort »Die Waffen nieder«? Wer hat ihr Buch wirklich gelesen? Und wer kennt die Namen und Taten der späteren Trägerinnen des Friedensnobelpreises? Wie lange werden Mutter Teresa, Alva Myrdal und Rigoberta Menchú Tum im Gedächtnis der Weltöffentlichkeit bleiben?

Bertha von Suttner hat nicht mehr miterleben müssen, wie ihr Friedenswerk mit Füßen, mit Soldatenstiefeln, zertreten wurde. Sie starb am 21. Juni 1914, kurz bevor mit den Schüssen von Sarajewo der Erste Weltkrieg ausgelöst wurde. Und Adelheid Popps Tod noch vor Ausbruch des Zweiten Weltkrieges hat ihr erspart, den Traum von einer besseren sozialistischen Zukunft in Jahrzehnten langsam zerbröseln zu sehen.

Zwei Illusionistinnen? Ja. Aber wie nackt und kalt wäre die Welt ohne Illusionen. Wer die Vermächtnisse dieser beiden Rebellinnen liest, spürt, wie viele wichtige Impulse von ihnen ausgegangen sind. Bertha von Suttner, deren Nachlaß in der Bibliothek der Vereinten Nationen in Genf aufbewahrt wird, in einem letzten Appell an den Österreichischen Frauenkongreß in Wien im Mai 1914, an dem sie nicht mehr teilnehmen konnte: »Die Zeit rückt immer näher, da die Frauen im Rat der Völker, in der Lenkung politischer Dinge Sitz und Stimme besitzen werden, es wird ihnen daher möglich sein, gegen das, was sie als Kulturschäden erkannt haben, nicht lediglich zu protestieren, sondern an der Umwandlung der Zustände tätig und praktisch mitzuwirken.« Und Adelheid Popp, die am Widerstand und der Gleichgültigkeit männlicher und weiblicher Parteigenossen so oft gescheitert ist, wünscht sich für die Zukunft eine neue Frauengeneration, die »voll Würde und Selbstbewußtsein dem Mann gleichwertig zur Seite steht«.

Noch ist diese Zukunft nicht überall angebrochen. Noch scheint auch Bertha von Suttners Friedensgewißheit utopisch. In einem Brief an ihren Mann schreibt sie: »Das 20. Jahrhundert wird nicht zu Ende gehen, ohne daß die menschliche Gesellschaft die größte Geißel, den Krieg, als legale Institution abgeschafft haben wird.« – Nehmen wir ihre Zuversicht mit ins 21. Jahrhundert.

Der weibliche Kulturanspruch
Die Philosophin und Frauenrechtlerin
Rosa Mayreder
1858–1938

Ein Salonstück der späten zwanziger Jahre. Auf der Bühne zwei durch eine weit geöffnete Flügeltür verbundene Gesellschaftsräume. Großbürgerlich gediegenes Interieur noch im Makart-Stil: dunkle Bücherwände, altrosa Seidentapete, wuchtig gerahmte Ölgemälde, Bronzebüsten, Bedeutsamkeit. Aufgelockert durch kleine, weiß eingedeckte Teetischchen, durch üppige Blumengebinde, durch die Buntheit der einströmenden Gäste. Die Dame des Hauses, weißhaarige Heroine in schwarzem, langfließendem Gewand, nimmt Präsente und Komplimente entgegen – das eingespielte, liebenswürdige Ritual der Wiener Salongesellschaft, untermalt von dezenten Haydn-Adagios eines Stehgeigers.

Wir schreiben den 30. November 1928, und im Merkbüchlein, das die Damen der gehobenen Wiener Gesellschaft führen, steht: Geburtstagsempfang bei Professor Mayreder, obwohl mitnichten der Herr Professor, sondern seine Gattin, die auch eigene Verdienste aufzuweisen hat, siebzig wird. Die Zeitungen haben den runden Geburtstag zum Anlaß genommen, ihren Lesern – und vor allem ihren Leserinnen – Rosa Mayreders Wirken in Erinnerung zu rufen. Dabei werden bezeichnenderweise ihre literarischen Werke und ihr Engagement für die Ziele der Frauenbewegung in den bürgerlichen Blättern weniger hervorgehoben als ihre frühen Erfolge als Malerin und ihr

1928

Leben an der Seite des bekannten Architekturprofessors und zeitweiligen Rektors der Technischen Hochschule Karl Mayreder. Ein Leben, das lange Jahre überschattet ist von immer wieder auftretenden Nervenleiden ihres Mannes, denen kein Psychiater, auch nicht der berühmte Professor Freud, beikommen kann.

Daß Rosa Mayreder – abgesehen von akademischen und frauenbewegten Kreisen – in der breiteren Bevölkerung nicht bekannter ist, hängt auch mit ihrer öffentlichen »Unauffälligkeit« zusammen. Sie liefert im sensationsgewohnten Wien der zwanziger Jahre keine Schlagzeilen, obwohl der Inhalt ihrer Bücher reichlich Zündstoff böte. Aber sie ist eine Schreibtischfrau, keine Agitatorin. Sie formuliert ihre philosophischen – und oft genug ketzerischen – Gedanken in der Stille, vergleichbar der deutschen Frauenrechtlerin Hedwig Dohm, die mit spitzer Feder an ihrem Biedermeiertischchen männliche Eitelkeit und Überheblichkeit sezierte.

Der messerscharfe Sarkasmus einer Hedwig Dohm geht Rosa Mayreder ab, obgleich auch sie im Umgang mit Chauvinisten unerbittlich sein kann. Doch mit zunehmendem Alter wird ihr Spott milder. Aus dem frühreifen, von der eigenen Berufung überzeugten Mädchen, der wißbegierigen, mit kritischem Verstand begabten Kämpferin ist eine sich weise in ihr Leben fügende Denkerin geworden. Mit siebzig über den Dingen, aber noch mitten in der Welt stehend, an diesem Geburtstag, unter all den festlich gestimmten Menschen mehr denn je.

Die Stadt Wien hat ihr zu diesem Tage das Bürgerrecht verliehen, eine hohe Ehre, die sie zu würdigen weiß. Doch am meisten gefreut hat sie sich über die Gabe ihres Verlegers, einen in weißes Leder gebundenen Erinnerungsband mit Glückwunschschreiben von Weggefährtinnen und vielen ihr nahestehenden oder von ihr verehrten Autoren. Sie ist gerührt. Es drängt sie, sich in dieser Runde zu bedanken. Vor ihr auf dem Schreibtisch der weiße Lederband, daneben abgegriffene Wachstuchhefte: alte Tagebücher.

Die Dankrede, die sie hält, ist nirgends aufgezeichnet. Rosa Mayreder pflegte frei und spontan zu sprechen, ihre Worte aus der Situation heraus zu formulieren und sie doch mühelos zu einem Gedankengefüge zusammenzufassen. Ihren Geburtstagsgästen könnte sie, neben Dankesworten, auch einige Einblicke in ihr Leben und ihre Reflexionen mit auf den Weg gegeben haben:

Liebe Freunde,
es wird allmählich eng in diesen Räumen, aber mit jedem neuen Gast, der eintritt, fühle ich in meinem Inneren mehr Weite. So viel Erinnerung bringen Sie mir ins Haus, so viel erlebte Gegenwart, soviel Zukunftshoffnung.

Siebzig zu werden ist kein Verdienst, auch wenn Sie mich an diesem Tage so reich beschenken und meine Heimatstadt Wien mich in den Kreis ihrer Bürger aufnimmt. – Siebzig Jahre Wien, immer nur Wien, und kein Überdruß an dieser Stadt. Denn zu allen Zeiten gab es Menschen, die mir das Leben hier zum Erlebnis gemacht haben. Etliche sitzen heute unter Ihnen, etliche sind in diesem weißen, kostbaren Band versammelt. Ich denke, ihre prägende Bedeutung für meine Entwicklung noch einmal in Erinnerung zu rufen, ist dieser Stunde angemessen.

Ich habe die alten, die uralten Tagebücher wieder vorgekramt und darin gelesen. Manchmal war ich mir dabei Altvertraute, manchmal habe ich mich nicht wiedererkannt. Sollte ich, die Gastwirtstochter Rosa Obermayer aus dem Winterbierhaus in der Landskrongasse, dieses altklug anmaßende Geschöpf gewesen sein? Da lese ich, eine der ersten Eintragungen, mit vierzehn und mit sicherer Hand geschrieben: »Eher will ich nichts werden, als nichts

Großes.« Woher nahm ich diese Gewißheit, etwas Besonderes zu sein im Kreis der elf Geschwister, von denen ich mich mehr und mehr isolierte? Mich zurückzog mit meinen verwegenen Gedanken in mein Sommerrefugium, das Dachbodenzimmer auf der Hohen Warte in Döbling, wo mir aus Büchern eine unsichtbare Welt heraufstieg, die ich als wahre Heimat empfand.

Wie ärgerte ich mich, kein Junge zu sein, die Zeit mit Mädchenkram verplempern zu müssen. Ich ertrotzte schließlich, am Latein- und Griechischunterricht meines Bruders teilnehmen zu dürfen. Der Seufzer vom 23. Januar 1874 kam gewiß aus tiefstem Herzen: »Oh Natur... warum ließest du mich nicht Mann werden, wenn du mir unweibliche Gefühle gabst?« Und einige Monate später die Erkenntnis: »Es ist immer die leidige Frauenfrage, die mich bewegt.« Da war ich sechzehn. Und bei der Frauenfrage bin ich bis heute geblieben.

Es gibt noch andere Kontinuitäten. Ich las damals Wagner, Schopenhauer, Nietzsche. Da ich es ja mehr mit den Männern hielt, werden mich Schopenhauers Merksätze über die läppischen und kurzsichtigen Frauen, die zeit ihres Lebens große Kinder blieben, nicht allzusehr getroffen haben. Auch nicht Nietzsches Vermutung, wenn ein Weib gelehrte Neigungen habe, sei mit seiner Geschlechtlichkeit etwas nicht in Ordnung. Oder sein markiger Spruch, die Peitsche nicht zu vergessen, wenn man zum Weibe gehe. Aber wer weiß, vielleicht haben mich solche Sätze unterschwellig doch geärgert. Meiner Liebe zur Philosophie haben sie keinen Abbruch getan. Diese Leidenschaft hat mich mein Leben lang begleitet, im Gegensatz zu einer andern, die ich nur in jungen Jahren als Berufung empfand: die Malerei.

Einige von Ihnen werden sich erinnern: Ich war damals das erste weibliche Mitglied im Wiener Aquarellistenclub.

Ich durfte zwar einige Male im Künstlerhaus ausstellen, habe auch an Ausstellungen im Ausland teilgenommen, aber unsäglich darunter gelitten, daß Frauen der Zugang zur »richtigen« Kunst, zu den Akademien, versperrt war. Meine Kunstkritiken über die Wiener Sezession schrieb ich unter dem männlichen Pseudonym Franz Arnold – welche Demütigung für eine junge, ehrgeizige Künstlerin!

Daß wir 1897 eine eigene Kunstschule für Frauen und Mädchen gründeten, war reine Notwehr. Marianne Hainisch, die Mitstreiterin für eine bessere Mädchenerziehung, wird dies bestätigen können. Sie hatte schon sehr früh, schon in den siebziger Jahren die schlechten Ausbildungschancen der Mädchen angeprangert und deren Zulassung zu Realgymnasien gefordert – ähnlich wie ihre deutsche Kollegin Helene Lange dies in Preußen tat. Daß man sie Pionierin oder Mutter der österreichischen Frauenbewegung nennt, hat seinen guten Grund. Schon zu Anfang dieses Jahrhunderts hat sie in der klaren Erkenntnis, daß Frauen nur vereint stark sind, den Bund Österreichischer Frauenvereine gegründet und trägt sich jetzt, mit beinahe neunzig, noch mit dem Gedanken an eine eigene Frauenpartei. Gemessen an diesem Elan nimmt sich mein Einsatz für die Belange der Frau sehr bescheiden aus.

Die organisatorische Arbeit in der Frauenbewegung war meine Sache ohnehin nie. Im Allgemeinen Österreichischen Frauenverein, dessen Vizepräsidentin ich lange Jahre war, übernahm die leider viel zu früh verstorbene Auguste Fickert diese Aufgabe, während ich für den theoretischen Unterbau, für die Formulierung der intellektuell-ethischen Ziele zuständig war. Wir setzten uns damals für Frauenwahlrecht und Gleichberechtigung, aber auch für sozialen Fortschritt ein: Wöchnerinnenschutz, Achtstundentag, Prostituiertenfrage, die natürlich eng mit der bequemen Doppelmoral vieler Männer zusammenhängt. Als dritte im Bunde sorgte Marie Lang für die Kontakte zur künstlerischen Welt – die Musen sind ja bekanntlich weiblichen Geschlechts. Gemeinsam gaben wir die Zeitschrift »Dokumente der Frauen« heraus, einige von Ihnen werden sie noch kennen. Wir setzten unsere Ansprüche hoch, zu hoch vielleicht, die Dokumente konnten sich leider nur kurze Zeit halten.

Durch Marie Lang, die freigeistige Künstler und Theosophen in der Grinzinger Villa Bellevue um sich versammelte, lernte ich Menschen kennen, die für meine geistige Entwicklung ungemein wichtig waren. Ich sehe etliche Köpfe hier in der Runde, die sich an diese Begegnungen – soll man sie »Salongespräche« nennen? – erinnern werden. Wien ist ja klein, man kennt sich, man sucht sich oder man geht sich aus dem Wege. In dieser Grinzinger Sommerkolonie, bei Gesprächen über Goethes Naturphilosophie, traf ich auf Rudolf Steiner, den unauffälligen und doch seltsam faszinierenden Querdenker. Seine anthroposophische Weltanschauung konnte ich nicht nachvollziehen, doch selbst im Widerspruch waren seine Denkanstöße fruchtbar. Als Mensch blieb er mir freundschaftlich verbunden.

Auch Hugo Wolf habe ich in diesem Kreis kennengelernt, sogar ein Opernlibretto für ihn geschrieben. Die Oper *Corregidor* fand aber weder bei der Uraufführung in Mannheim noch später in Wien Widerhall. Lag's an der Musik? Lag's an meinem Libretto? Unsere Freundschaft hat darunter nicht gelitten. Sie wissen wahrscheinlich, daß ich der Veröffentlichung seiner Briefe an mich erst spät und zögernd zugestimmt habe. Briefe sind sehr persönliche Dokumente, nicht für den Markt bestimmt, man gibt mit ihnen ein Stück Seele preis – wie mit allem Privaten, das öffentlich ausgeleuchtet wird. Immer werden dabei subtile innere Vorgänge vergröbert und in Klischees gepreßt. Ob Salonklatsch oder Boulevardpresse: Neugier und Neid, Sensationslüsternheit sind meist der Beweggrund, im Leben anderer zu wühlen. Ich möchte daran nicht teilhaben, weder als »Täterin«, noch als Opfer.

Es ist allein meine Sache, wie ich mich im Geflecht menschlicher Beziehungen behaupte oder verstricke. In jedem Leben, in jeder Ehe, gibt es Höhen und Tiefen, Phasen der Nähe und Phasen der Entfremdung. Wenn ich auf unser fünfzigjähriges Zusammenleben zurückblicke, erst in der Florianigasse, später in der Plößlgasse, dann in der Schönburgstraße, haben wir, glaube ich, einen Weg gefunden, in unserer Ehe gemeinsame und gegensätzliche Interessen zu verbinden und uns als zwei sich ergänzende Individuen zu sehen. Nie hat mein Mann meine selbständigen Wege mißbilligt oder gar behindert, ob mein Schreiben oder meine Arbeit in der Ethischen und in der Soziologischen Gesellschaft, in den Frauenkomitees und später in der Internationalen Frauenliga für Frieden und Freiheit. Dafür bin ich ihm dankbar. Wie viele Ehefrauen höre ich klagen, der Mann versuche sie auf Haus und Familie einzugrenzen, auf Klavierspielen und Teekonversation. Ich denke manchmal, die Frauenbewegung müßte sich erst einmal der Männer annehmen.

Wenn Sie bedenken, daß noch 1903 ein Otto Weininger in seinem vieldiskutierten Werk *Geschlecht und Gedanken* behaupten kann, künstlerisch hochstehende Leistungen von Frauen seien Ausfluß ihrer widernatürlichen Vermännlichung, die normale Frau habe weder die Fähigkeit und Kraft, noch das Bedürfnis, zu den Geisteshöhen des Mannes vorzustoßen, so braucht uns das gute Gewissen der Männer nicht zu wundern. Und wenn ich sehe, wie die Wiener dieses Buch kaufen und kaufen, 1922 in der dreiundzwanzigsten unveränderten Auflage, möchte ich am Erfolg aller Emanzipationsbemühungen zweifeln. Da behauptet einer ungestraft, es sei mit der Emanzipation der Frauen wie mit der Emanzipation der Juden und Neger: An ihrer Behandlung als Sklaven trage ihre knechtische Veranlagung die Hauptschuld. Und natürlich dürfe man ihnen nicht, sowenig wie Kindern, Schwachsinnigen und Verbrechern, das Wahlrecht zugestehen, in Neuseeland habe man damit schlimmste Erfahrungen gemacht...

Ihnen verschlägt es den Atem? Wahrscheinlich gehören Sie zu der Minderheit, die Weininger nie gelesen hat, die eines solchen Nervenkitzels nicht bedarf. Ich nehme auch nicht an, daß Sie sich in das Werk des Leipziger Arztes Dr. Möbius *Über den physiologischen Schwachsinn des Weibes* versenkt haben oder die Thesen des Münchner Anatoms Prof. Bischoff kennen, wonach Frauen wegen ihres geringeren Gehirnvolumens zum Studium völlig ungeeignet sind?

Diese männliche Arroganz, wissenschaftlich verbrämt, hat mich zeit meines Lebens geärgert. Ich habe versucht, dagegen anzuschreiben, Frauen die Augen zu öffnen – für Männer ist das Thema leider kein Thema – ob es mir gelungen ist? Der Erfolg meiner Bücher, wenn er auch gemessen an dem Weiningerschen bescheiden ist, läßt mich hoffen. In meinen Essaysammlungen *Zur Kritik der Weiblichkeit* und *Geschlecht und Kultur* habe ich den zementierten und nie in Frage gestellten Männerwerten andere, wenn Sie so wollen weibliche Lebenswerte, eine weibliche Kultur, zur Seite gestellt und so die Schieflage der Geschlechterdiskussion etwas ins Lot zu rücken versucht. Es ging mir dabei nicht – wer mich kennt, weiß dies – um Mißachtung männlicher Denkgefüge, es ging mir um das Aufbrechen starrer Positionen und polarer Geschlechterrollen, um eine Kultur, die schließlich Schranken von Weiblichkeit oder Männlichkeit übersteigt. Es ging mir – kurz gesagt – um den Menschen.

Zur Kritik der Weiblichkeit ist 1905 erschienen, zwei Jahre nach Weiningers Pamphlet, und Sie können das Buch durchaus als eine, als *meine* Antwort auf ein unqualifiziertes, dem Geschlechterdialog abträgliches Machwerk nehmen. – Die Geschlechterfrage spielt auch bei der Diskussion um das Wesen der Frauenbewegung eine zentrale Rolle. Es geht um die Selbstdefinition einer der wichtigsten Strömungen unserer Zeit. Die Frauenbewegung hat verschiedene Wurzeln: eine ökonomische, eine soziale, eine ethisch-psychologische. Mein Interesse galt immer der letzteren. Ich habe Weiblichkeit zwar nie als eigene Wesensart gesehen, aber doch als prägende Wesensform. Während ich in der *Kritik der Weiblichkeit* danach fragte, was das Weib seiner Natur nach *ist*, stellt sich mir in meinem späteren, erst 1923 erschienenen Werk *Geschlecht und Kultur* vor allem die Frage, was das Weib seiner Natur nach *sein soll* – eine Frage, die natürlich nie generell beantwortet werden kann. Wer dürfte sich schon anmaßen, neue, gültige Normen aufzustellen?

Die Konservativen wollen das Erprobte und Gediegene erhalten, die Radikalen es um seiner Mängel willen gewaltsam ausrotten. Ich glaube, daß nichts verlorengeht, was einmal Kulturbesitz war, aber ich glaube auch, daß es in einem evolutionären Prozeß in immer anderer Gestalt wieder auftaucht, daß wir uns offenhalten müssen für das Neue, das noch nicht Gedachte – auch in der Beziehung zwischen den Geschlechtern. Die Freiheit der Selbstbestimmung ist der eine Pol der Entwicklung, die kulturelle Lebensformung der andere. Individualität und Gesellschaft – beides läßt sich nicht spannungslos verbinden, das ist mir heute stärker bewußt als früher, aber in dieser Polarität liegt auch das Aufregende unseres Lebens.

Sie sehen, wenn es um Fragen der Geschlechtlichkeit geht, die ja einen nicht unwesentlichen Teil unseres Lebens ausmacht, kann ich mich noch immer echauffieren. Verzeihen Sie mir den langen Exkurs – aber diese beiden Bücher, auf die ich soviel kostbare Lebenszeit verwendet habe, sind gewissermaßen die Quintessenz meines Schaffens.

Bücher schreiben ist das eine, Bücher veröffentlichen ein anderes. Da bin ich einigen Menschen, die meine Manuskripte auf den Weg gebracht haben, zu großem Dank verpflichtet. Ich bin ja keine »gelernte« Schriftstellerin – falls man diesen Beruf überhaupt lernen kann. Meine ersten literarischen Aufzeichnungen waren, neben dem Tagebuch, Novellen. Rudolf Steiner hat mir damals geholfen, einen Verleger für diese mit Herzblut geschriebenen Texte zu finden. Daß meine soziologischen Arbeiten erscheinen konnten, habe ich meinem Freund Rudolf Goldscheid zu verdanken. Es sind Männer – radikale Feministinnen mögen dies nicht gerne hören –, die die entscheidenden Weichen meines Lebens gestellt haben. Zu ihnen gehört auch der Verleger Eugen Diederichs, der in alter Treue aus Jena angereist ist, um seine kostbare Geburtstagsgabe zu überbringen. Ich weiß das zu schätzen, waren unsere Kontakte doch keineswegs immer ungetrübt.

Ich habe noch einmal in den alten Tagebüchern geblättert, um mir diese von Hoffnungen und Enttäuschungen getragene Beziehung in Erinnerung zu rufen. Diederichs war es, der 1902 den Mut hatte, meine *Kritik der Weiblichkeit* zu verlegen, diesen von optimistischem Evolutionsglauben getragenen weiblichen Diskurs. Das Wagnis hat sich, glaube ich, gelohnt, für ihn und für mich. Dann versuchte ich ihn für meine *Fabeleien* zu gewinnen – er lehnte, nach einem Besuch in Wien, ab. Ein »Frauenmann« sei er, habe ich damals im Tagebuch notiert, Frauen gegenüber zugänglich, während mein Mann ihn »breit und ruhig wie die deutsche Ackererde« empfand. Im Juli 1922 schickte ich ihm das Manuskript von *Geschlecht und Kultur*, im September 1923 erhielt ich die erste Verlagsabrechnung: fünfzehneinhalb Millionen Mark – nicht einmal ein Laib Brot! Allerdings machte das in österreichischer Währung immerhin 75 000 Kronen, dafür konnte ich mir zwei Monate lang Brot kaufen – wenn ich mich denn mit Wasser und Brot begnügte. Am 13. November besuchte uns Eugen Diederichs wieder. Ich bewunderte seine Ruhe und Fassung, die er inmitten dieser krisengeschüttelten Weimarer Republik bewahrte, und notierte im Tagebuch: »Dieser ehemals so reiche und angesehene Mann sagte, er könne sich jetzt kein Paar Stiefel neu besohlen lassen.« – Verlegertaktik, um weitere Manuskripte abzuwimmeln?

Sei's drum. Das Buch, das ich hier in Händen halte, entschädigt mich für alle vergangenen Enttäuschungen. Dieser weiße Lederband, zusammengestellt von meiner Freundin Käthe Braun-Prager, wird mich ins nächste Jahrzehnt und vielleicht darüber hinaus begleiten. Die Geburtstagswünsche der vielen Freunde und von mir verehrten Dichter machen mich glücklich und beschämen mich zugleich. Habe ich diese Ehre verdient? Diese warmen Worte Stefan Zweigs, Selma Lagerlöfs oder Lou Andreas-Salomés? All die solidarischen Glückwünsche meiner Mitstreiterinnen aus der Frauenbewegung? Wieviel gemeinsam durchlittene Niederlagen, wieviel Hoffnung und Aufbruch verbinden sich mit den Namen Anita Augspurg, Lida Gustava Heymann, Gertrud Bäumer, Marianne Hainisch, Helene Stöcker...

Und wie rührt es mich, zu lesen, welche Rolle ich, ohne es zu ahnen, im Leben der begnadeten Erzieherin Eugénie Schwarzwald gespielt habe. Auf ihrem Schreibtisch lag jahrelang ein Zettel mit meinem eigentlich kontraproduktiven Satz: »Damit ein Mensch ganz er selbst werde, muß er vor allem die Einflüsse seiner Erziehung überwinden.«

Und sie schreibt dazu: »So haben viele Tausende von Wiener Kindern auf diesem Umweg Ihnen... eine unbeschwerte Jugend und eine ungestörte Entwicklung zu verdanken...« – Wenn dem so ist, so hoffe ich, daß diese unbeschwerte Jugend dereinst die Botschaft der Frauenbewegung und auch der Friedensbewegung weitertragen wird.

In diesem Sinne, liebe Freunde, wollen wir unser Glas heben und anstoßen auf das nächste Jahrzehnt. Es möge uns Entfaltung all unserer Kräfte und ein friedliches Zusammenleben der Geschlechter, der Klassen und der Nationen bringen!

Der Traum vom friedlichen Zusammenleben der Völker war ein Jahrzehnt später mit dem Einmarsch Hitlers in die Nachbarländer ausgeträumt. Auch Rosa Mayreders persönliches Leben gestaltet sich nicht so, wie sie sich den Lebensabend gern vorgestellt hätte. Zwar kann sie, nachdem sie sich aus ihren ehrenamtlichen Tätigkeiten mehr und mehr zurückgezogen hat, nun ihre Zeit ausschließlich an dem Ort verbringen, der ihr der liebste ist: am Schreibtisch – aber ihre Arbeiten finden in der Öffentlichkeit nicht mehr die Resonanz ihrer früheren Werke. Hat sie sich überlebt?

Ihre Tagebucheintragungen lassen keine Selbstzweifel aufscheinen. Am 4. 12. 1928 schreibt sie: »Ich weiß mein Alter nur durch den Verstand, denn meine Leistungsfähigkeit ist mit den Jahren eher gewachsen.« Am 30. Oktober 1929, nach der feierlichen Überreichung des Bürgerdiploms im Wiener Rathaus: »Ich sollte mir den Weg lebhafter vorstellen, den ich von meinem einsamen Bodenzimmer bis zu dieser festlich beleuchteten Treppe in den Senatssaal des Rathauses gegangen bin, und mir sagen, daß ich alles erreicht habe, was ich damals träumte.«

Daß sie doch nicht alles erreicht hat, wird ihr im Januar 1930 bewußt: Diederichs lehnt ihr in langen Jahren erarbeitetes Drama *Anda Renata* ab, weil es ein Werk ohne Publikum sei. Das trifft sie tief. Das in Blankversen geschriebene, an Metaphorik überreiche Mysterium, als weibliches Gegenstück zum *Faust* gedacht, sollte ihr eigentliches Lebenswerk werden. Aber sie läßt sich nicht entmutigen. Am 31. 12. 1930, zum Jahresabschluß, schreibt sie euphorisch: »Nie im Leben war es mir gegeben, so ausdauernd bei einer Arbeit auszuharren; und obwohl sie peinlich langsam vorwärts geht, weiß ich doch, daß ich nie im Leben so glücklich sein werde wie jetzt.« Das Manuskript, an dem sie arbeitet, heißt *Der letzte Gott*. Sie ahnt schon voraus, daß der Verlag es ablehnen wird.

Ihre Stimmung schlägt um. Am 28. Mai 1935 notiert sie: »Ich habe mich für diese Woche ganz zurückgezogen, menschenmüde, vielleicht auch weltmüde... Sterben lernen, das heißt, sich vor der Welt verschließen, keinen Anteil mehr an ihr nehmen, sich selbst als etwas Vergangenes betrachten, aber mit Seelenruhe, ohne Melancholie.« Am 10. September stirbt ihr Mann – Abschied von einem langen gemeinsamen Leben, das für beide mehr und mehr zur quälenden Belastung wurde.

Die stets von Plänen erfüllte, kinderlose Frau, deren Tatendrang durch die Krankheit des Mannes stark eingeschränkt war, spürt nun eine nie gekannte Leere in sich und Einsamkeit um sich. Eintragung am 27. September 1935: »Während der langen Leidensjahre habe ich mir oft wieder eine normale Lebensführung gewünscht – und nun sie mir freisteht, sehe ich erst, wie schal das normale Leben ohne Aufgabe ist... es wird schwer für mich sein, in meinem Alter noch eine Aufgabe zu finden.«

Sie beginnt wieder, an alte Ausdrucksformen anknüpfend, Sonette zu schreiben. *Aschmedais Sonette an den*

Menschen nennt sie das schmale, in wenigen Monaten entstandene Werk, das sie auf eigene Kosten verlegt. Es hilft ihr nur kurze Zeit über Verzweiflung und Resignation hinweg. Die Vorstellung, mit ihrem Werk in der Nachwelt fortzuleben, schlägt um in Verbitterung: »Kann uns denn die Nachwelt ersetzen, was die Mitwelt uns schuldig geblieben ist?« fragt sie im April 1937 – doch gleichzeitig sucht sie nach einem Hoffnungsanker: »Aber in einer öden Gegenwart fühlt man erst ganz, was man der Vergangenheit verdankt, und so darf man annehmen, daß die Zukünftigen uns gegenüber ähnlich empfinden werden. Das, was man für sein Bestes im Leben gehalten hat, die Mission, als deren Träger man vor sich selber galt, bleibt also bestehen.«

Bleibt sie bestehen? Die am 19. Januar 1938 verstorbene Kulturphilosophin, die der österreichischen Frauenbewegung entscheidende Impulse gegeben hat, muß nicht mehr erleben, wie ihr Nachlaß im April 1938 im Wiener Dorotheum auseinandergerissen und versteigert wird. Lediglich die Tagebücher und Manuskripte gehen an ihre engste Freundin Käthe Braun-Prager. Sie werden 1956 von der Wiener Stadt- und Landesbibliothek aufgekauft – ein später Akt der Wiedergutmachung?

In einem Stammbuchblatt von 1908 hat Rosa Mayreder als Berufsbezeichnung »Vorkämpferin« eingetragen. Vorkämpferin ist sie geblieben – und viele ihrer Postulate haben ihre Gültigkeit auch in unserer Zeit behalten. Den heutigen Frauen ins Stammbuch:

»Die Aufgabe, in einer künftigen Gesellschaftsordnung dem weiblichen Geschlechte eine andere Stellung zu erobern, muß von den Frauen selbst gelöst werden.« (Rosa Mayreder, *Zur Kritik der Weiblichkeit*)

Mehr als Klimts Modell
Die Modeschöpferin *Emilie Flöge*
1874–1952

Szenenbild: Modenschau im Salon Flöge, um 1910
Ein langgestreckter, eleganter Salon in frühem Jugendstil: weiße Schleiflackwände, schwarz umrandet, Fußboden und Laufsteg mit hellgrauem Filz ausgelegt, im Hintergrund – als raffinierter Kontrast zur kühlen Eleganz des Raumes – Vitrinen mit bunter Volkskunst aus östlichen Gegenden. Die röhrenförmigen Lampen, die Drehspiegel, alles fügt sich zum bewußt gestalteten Gesamtkunstwerk – auch die Damen der Wiener Hautevolee auf den unbequemen hochlehnigen Stühlen. Sie tragen, wie die vorbeidefilierenden Mannequins, lange, fließende Gewänder, inspiriert von Empire oder Antike.

Die Regiefäden dieser Inszenierung laufen bei einer jungen Frau mit beinahe kindlichen Gesichtszügen zusammen: Emilie Flöge. Ihr naiv wirkender Charme ist gepaart mit einem scharfen, alles erfassenden Blick und sicheren Bewegungen. In sanfter Lässigkeit stellt sie die aus Paris mitgebrachten Modelle vor und auch die Eigenkreationen, die sie nach Entwürfen ihres Gefährten Gustav Klimt angefertigt hat. Die Damen auf den künstlerisch gestalteten Marterstühlen heißen Rothschild oder Wiesenthal, Primaveri oder Guttmann. Sie gehören nicht dem Hochadel an, aber der zweiten Gesellschaftsschicht, dem Beamten- und Militäradel, dem Kreis der »Kohlenbarone«, der jüdischen Finanz- und Geschäftswelt und der in Wien mehr als anderswo hofierten Theaterszene.

Alle haben sie das – im wahrsten Sinne des Wortes – einschnürende Modediktat des späten 19. Jahrhunderts hinter sich gelassen: das enggezurrte Fischbeinkorsett, das die Atmung erschwerte, die inneren Organe in einer Wespentaille zusammenpreßte und den weiblichen Körper zum männeraufreizenden »Kunstkörper« deformierte. Dazu die unhygienischen, schweren Kleiderschleppen, die Wagenradhüte und das viel zu enge Schuhwerk, das jeden Spaziergang zur Tortur machte. Dankbar nehmen diese ehemaligen Schönheitsopfer die bequemen Reformgewänder an, die Emilie Flöge für sie nach Pariser Anregungen gestaltet und vorführt.

Der Salon der Schwestern Flöge an der Ecke der Mariahilfer Straße gehört zu den vornehmen Modehäusern Wiens. Was diesen Salon von anderen unterscheidet, ist die Verbindung von gediegener Eleganz mit avantgardistischen, die übliche Modeklientel verunsichernden Entwürfen. Einmalig ist auch die über Kleidermode hinausgreifende Gesamtkonzeption des Unternehmens. Das mit erlesenen Möbeln ausgestattete Interieur wurde von Josef Hoffmann und Kolo Moser, den führenden Architekten der Wiener Werkstätte, entworfen. Im Salon Flöge werden Modenschauen zelebriert wie Kunstvernissagen. – Es sind ja auch Kunstwerke, die von den Mannequins in einer Mischung aus knabenhafter Saloppheit und distinguierter Noblesse vorgeführt werden.

Die apartesten Entwürfe stammen von Gustav Klimt – nicht für den Verkauf, sondern für Emilie Flöge persönlich bestimmt. Klimt hat sich mit seinen Frauenbildnissen und seiner Goldornamentik, aber auch als Präsident der gegen das Establishment revoltierenden Wiener Sezession einen Namen über Österreich hinaus gemacht – was den Kritiker Karl Kraus sarkastisch bemerken läßt, die Salons der Goldprotzen würden nun von Olbrich oder Hoffmann eingerichtet mit den neuesten Schöpfungen von Klimt… Kraus mag recht haben – doch ein Glücksfall für die Wiener Haute Couture und für die angewandte Kunst ist das Duo Klimt/Flöge in seiner Verbindung von Solidität und Wagnis trotzdem. Klimt hat das Reformkleid zum Künstlerkleid entwickelt, die Flöge, hochgewachsen und grazil, trägt die taillenlosen Gewänder mit einer Selbstverständlichkeit, als ob es nie eine Küraßtaille und einen Cul de Paris gegeben hätte.

Das künstlerische Wien des Fin de siècle ist der ideale Nährboden für eine nach ästhetischen Gesichtspunkten entworfene Reformmode. Weltschmerz und gleichzeitig Aufbruchstimmung haben zu Beginn unseres Jahrhunderts allenthalben, nicht nur in Österreich, Reformbewegungen der verschiedensten Art aufkommen lassen: Schulreformen, Lebensreformen, Freigeist- und Freikörperkultur, Wandervogel, Arbeiterbewegung und Frauenbewegung, in deren Sog die Frauen gutbürgerlicher Kreise der Kleiderreform zum Durchbruch verhalfen. Einer Reform der Vernunft, gegen Modeauswüchse, wie sie Joseph Roth in seinem Roman *Radetzkymarsch* ironisch beschreibt: Die Damen der Wiener Gesellschaft »trugen sommerliche Kleider über steifen Miedern und rädergroße Hüte, auf denen ausgestopfte Vögel nisteten…«.

Längst schon hatten in den skandinavischen Ländern, in Deutschland und Frankreich, auch in Amerika Ärzte vor den verheerenden Folgen der Modeunvernunft gewarnt. Gesunde Kleidung wurde zu einem Thema der bürgerlichen Frauenbewegung. Die Frauen sollten sich nach eigenem Geschmack und Wohlbefinden kleiden, nicht als »Lustobjekte« von Männerphantasien, mit Gesäßpolstern und engen, aufreizenden Miedern. In Berlin zog ein »Verein zur Verbesserung der Frauenkleidung« gegen das Korsett zu Felde. Namhafte Künstler wie der

Architekt van de Velde und der Maler Mohrbutter entwarfen eine an antiken Vorbildern orientierte und von den Ideen Paul Schultze-Naumburgs ideologisch unterfütterte Reformmode: lose von den Schultern hängende, nirgends einschneidende bodenlange Gewänder. In Paris entwickelte Paul Poiret aus der Empiremode ein nur leicht tailliertes Frauengewand, das ohne Korsett zu tragen war.

In Wien veröffentlichte die Zeitschrift *Wiener Mode* 1902 die ersten gemäßigten Reformkleider. Allerdings hatte hier die Frauenrechtlerin Rosa Mayreder, der Mode um ein Vierteljahrhundert voraus, schon 1877, mit achtzehn, das Korsett aus ihrer Garderobe verbannt – was darauf hinweist, daß auch in Wien heranwachsenden Mädchen der besseren Stände Fischbeinmieder verpaßt wurden, um den Wildwuchs des Körpers in männergefällige Formen zu pressen.

Daß auch Reformgewänder männergefällig sein können, zeigen die Frauenbildnisse Gustav Klimts, allen voran das auf dem Umschlag dieses Buches wiedergegebene Bildnis der Emilie Flöge im blauen Spiralmusterkleid, das allerdings Klimts Mutter gar nicht gefiel. Es »macht zu wenig her«. Mode ist für weite Kreise nach wie vor Repräsentation, nicht individuelle Ausdrucksmöglichkeit, wie sie Emilie Flöge sich wünscht.

Während die eher biedere deutsche Reformmode den Hauptakzent auf Gesundheit setzt und die französische es mit der Miederfreiheit doch nicht so genau nimmt, versucht Emilie Flöge einen Mittelweg zu gehen, deutsches Gesundheitsbewußtsein mit französischem Charme zu koppeln. Ihre Melange von bequem Tragbarem und doch Adrettem kommt bei den Klientinnen an und verkauft sich gut. Der Salon der Schwestern Flöge – obwohl nicht im vornehmen 1. Bezirk gelegen – ist *die* Adresse für moderne Mode. Treibende Kraft des Unternehmens ist Emilie, die jüngste der drei Flöge-Schwestern. Ihr zur Seite steht die um drei Jahre ältere Helene, die einen Bruder Gustav Klimts geheiratet hat, der früh verstarb und ihr eine Tochter hinterließ. Pauline, die älteste der Schwestern, ist wie Emilie unverheiratet.

Helene und Pauline haben den Betrieb im Griff, wenn Emilie auf Auslandsreisen ist, um Stoffe und Accessoires einzukaufen. In der Werkstatt arbeiten in den besten Zeiten achtzig Näherinnen und Zuschneiderinnen. Es gibt eine englische Abteilung für Mäntel und Kostüme und eine französische für Gesellschaftskleider und Abendroben. Zweimal im Jahr fährt Emilie zu den Modenschauen der großen Häuser nach Paris – ohne Skizzenblock. Ihr glänzendes visuelles Gedächtnis speichert alle interessanten Entwürfe und Details. Selbstbewußt behauptet sie ihren Platz unter den Modeschöpfern, noch bevor Coco Chanel und die junge Elsa Schiaparelli, ihre späteren Geschäftspartnerinnen, eigene Salons einrichten. Mode ist, selbst in Paris, eine Männerdomäne. Um so erstaunlicher, mit welcher Souveränität sich Madame Flöge in diesen Kreisen bewegt, obwohl ihr Französisch nicht das perfekteste ist.

Im Wiener Atelier werden die Pariser Modelle auf die Maße der molligeren Wienerinnen umgearbeitet – an Kleiderpuppen oder an Mannequins. Emilie macht es Spaß, die Kleider selbst abzustecken, sie ist handwerklich sehr geschickt. Anregend sind für sie die Ideen der 1903 gegründeten Wiener Werkstätte, die, ähnlich dem Deutschen Werkbund, die künstlerische Durchgestaltung des Alltags anstrebt. Möbel, Gebrauchsgegenstände, Textilien, Kleider – alles aufeinander abgestimmt. Die Architekten Hoffmann und Moser haben der Wiener Werkstätte eine eigene Textilabteilung, später auch eine Modeabteilung angegliedert, die diese Gedanken in die Praxis umsetzen.

Leben als Gesamtkunstwerk. Leben auf einer exquisiten Bühne, abgehoben vom unruhig in die Rezession hineinschlitternden Volk, das sich gegen eine Klassengesellschaft, gegen die *happy few* immer grimmiger auflehnt. Während Klimt seine Bilder mit Goldornamenten verziert, liefern streikende Arbeiter vor Fabriktoren das Gegenbild – und in Wien gibt es keine Käthe Kollwitz, die mit hartem Kohlestrich das Hinterhofelend, die Kehrseite der Zweimillionenstadt, festhält. Nur der Maler Egon Schiele und der frühe Kokoschka zeigen in schrillen Farben die Deformationen dieser Gesellschaft auf, an der Klimts symbolreiche Jugendstilästhetik abprallt.

Doch Klimt beherrscht die Wiener Szene, ihn umgibt eine fast weihevolle Aura. Als halb Franz von Assisi und halb Rasputin charakterisiert ihn der Biograph Kirk Varnedoe. Und Berta Zuckerkandl, die scharfzüngige Gesellschaftschronistin, sieht ihn in *Österreich intim* als heiligen Petrus mit schütterem Haar, als Galionsfigur der revolutionären Kunstbewegung Europas: »Klimt, der Anführer, der Wegweiser, das von allen anerkannte Genie. Er, der keinen Vorgänger gehabt hat und keinen Nachfolger haben wird. Ein Einmaliger, Einsamer, aufgetaucht aus dem Urgrund eines Stammes, eines Volkes. Primitiv und raffiniert, einfach und kompliziert, immer aber beseelt.«

Der zum heiligen Petrus Hochstilisierte gefällt sich in der Rolle des wilden und doch sensiblen Außenseiters. Als Schöpfer einer lasziven, von Goldornamenten umrahmten *Judith* und eines perlmuttschimmernden *Beethovenfrieses* rührt er an erotische Tabus, deckt Tiefenschichten und menschliche Sehnsüchte auf, wie dies, einige Bezirke weiter, Sigmund Freud mit seinen Vorstößen ins Unterbewußte tut.

Während Klimt im Blattgold seiner gemalten Prachtgewänder schwelgt, bevorzugt er für seine eigene Kleidung, dem männlichen Part der Kleiderreform entsprechend, einfache Leinenkittel: weg vom Vatermörderkragen und steifen Manschetten zu Kaftan und Bauernkittel als Symbol schlichten, antibürgerlichen Lebens, wie es von Künstlern und Aussteigern auf dem Monte Verità bei Ascona vorgelebt wird. Eine lustvolle Selbstinszenierung, ein Stück auf fremder Bühne.

Klimt stammt aus eher kleinbürgerlichen Verhältnissen. 1862 als Sohn eines Goldschmieds geboren, wohnt er zeitlebens in einer bescheidenen Wohnung im 7. Bezirk bei seiner Mutter und den beiden unverheirateten Schwestern, die ihn umsorgen. Nur Bett und Tisch und Kasten stehen in seiner Kammer, aber die Schuhe werden geputzt, die Hemden gebügelt, für eine Versorgungsheirat gibt es keine Notwendigkeit. Ob die Mutter, die Schwestern von seinem recht unsteten Leben außerhalb seiner Arbeit im Atelier an der Feldmühlgasse wissen? Ob Emilie Flöge, die ewige Freundin, davon weiß? Drei uneheliche Kinder sind ordnungsgemäß registriert, vierzehn melden nach seinem Tod berechtigte oder unberechtigte Versorgungsansprüche an. Ein frühes Liebesabenteuer in Venedig mit Alma Mahler-Werfel scheitert. »Meine sogenannte gute Erziehung hat mein erstes Liebeswunder vernichtet«, schreibt die auf Klimts leidenschaftliche Werbung nicht eingehende Alma später bedauernd, obwohl sie ihn zu durchschauen glaubt: »Er spielte gewohnheitsmäßig mit menschlichem Empfinden ... Er hatte niemand um sich als wertlose Frauenzimmer ...«

Emilie Flöge, die mit achtzehn dem zwölf Jahre älteren Klimt zum ersten Mal begegnet, gehört nicht zu diesen »Frauenzimmern«, hat nichts mit dem »Milieu« zu tun. Bei einem gemeinsamen Urlaub im Haus der Schwestern Flöge am Attersee ist Klimt ängstlich bemüht, Briefe einer Alimente einfordernden Kindsmutter vor Emilie zu verbergen. Er schätzt die gastliche Atmosphäre des Hauses, schätzt eine Verbindung ohne verpflichtende Bindung. Bindungsangst und gleichzeitig Bindungssehnsucht bescheinigt Alma Mahler-Werfel dem Unsteten, der nie eine Ehe eingehen wird, auch eine Ehe mit der ihm treu ergebenen Emilie wohl nie in Erwägung gezogen hat.

Was fasziniert ihn an Emilie? Was bewegt sie, dem immer wieder Ausschweifenden die Treue zu halten? Leider gibt es keine Aufzeichnungen von Emilie, Briefe wurden entweder nie geschrieben oder später vernichtet. Sie ist sein Modell und seine Muse, die ihn zu Bildallegorien und Gewandorgien inspiriert – verewigt im berühmten Gemälde *Der Kuß* oder in der Deckenmalerei des Burgtheaters. Aber sie ist ihm noch mehr: engste Gefährtin über zwanzig Jahre. Seine letzten Worte, als er im Januar 1918 nach einem Schlaganfall in seiner Wohnung zusammenbricht, gelten ihr: »Emilie soll kommen!« Er stirbt im Monat darauf, am 6. Februar 1918, und der Dichter Peter Altenberg bringt seinen Nachruf auf den Satz: »Gustav Klimt, Du warst ein Mensch!!!«

Auch die in fest verschnürten Bündeln erst lange nach Emiliens Tod in ihrem Nachlaß gefundenen vierhundert Briefe und Karten Klimts geben keine Anhaltspunkte über das tatsächliche Verhältnis der beiden. Es sind Zeugnisse alltäglicher Lebensbewältigung. Da ist von Arbeitsbedingungen und Unpäßlichkeiten, vom Wetter oder von der Landschaft die Rede, aber nie von Liebe, nie von Leidenschaft, auch wenn Klimt oft mehrere Karten an einem Tag schreibt. Hat die zurückhaltende, vielleicht sogar prüde Emilie Belege der weniger unverbindlichen Art verschwinden lassen oder dokumentiert sich auch hier des Meisters Angst vor Festlegungen? Die beiden seien nie ein Liebespaar gewesen, behauptet eine Nachbarin, die über Jahre Einblick in den Flöge-Haushalt hatte.

Für eine Würdigung der Leistung beider ist das auch nicht entscheidend. Klimt ist als Impulsgeber einer neuen Kunstrichtung, eines neuen Lebensgefühls in die Kunstgeschichte eingegangen, seine Werke, wie immer man sie gewichtet, werden unser Jahrhundert überleben. Und Emilie Flöge? Läßt sie sich, wie viele Musen bedeutender Männer, nur über ihn definieren? Mitnichten. Als tüchtige und einfallsreiche Chefin eines mittleren Unternehmens, als geschickte Inszeniererin von zeitgemäßem Modestil hätte sie durchaus ohne Klimt existieren können – vielleicht mit etwas weniger ausgefallenen, aber dafür umsatzträchtigeren Kreationen. Als »Muse der Wiener Werkstätte«, als »Coco Chanel Wiens« wird sie in der österreichischen Modegeschichte nicht vergessen werden.

Ganz eigene Elemente hat sie in die Textilkunst eingebracht, angeregt durch ihre reichhaltige Sammlung von Volkstrachten und Gebrauchsgegenständen vor allem aus östlichen Ländern, die sie in Vitrinen in ihrem Salon ausgestellt hat. Diese Spurensuche in bäuerlicher Vergangenheit kommt der Sehnsucht nach einfachem, ursprünglichem Leben in den ersten Jahrzehnten unseres Jahrhunderts sehr entgegen. Ihre Stilsicherheit bei der Zusammenstellung der volkskundlichen Sammelstücke überrascht um so mehr, als sie über keinerlei ethnologische oder historische Bildung verfügt. Emilie Flöge ist, auf allen Gebieten, Autodidaktin.

Wo hätte sie sich Wissen und Erfahrung für ihren Beruf herholen können in einer Gesellschaft, in der Frauen als Unternehmerinnen oder gestaltende Künstlerinnen gar nicht vorgesehen sind? In der der Psychoanalytiker C. G. Jung schreiben kann: »Die Frau ist weder politisch, noch geistig, noch ökonomisch ein sichtbarer Faktor von irgendwelcher Tragweite.« Oder noch drastischer der berühmt-berüchtigte Weininger, im Jahre 1903: »Das Weib ist nichts, es ist nur Materie. Der Wille des Mannes schafft erst die Frau.« An anderer Stelle seines Werks *Geschlecht und Charakter* schreibt er, Logik, Ethik und auch Ästhetik seien dem Manne vorbehalten und könnten nach Kant nur in Freiheit ausgeübt werden. »Das Weib aber besitzt keinen freien Willen, und so kann ihm auch nicht die Fähigkeit verliehen sein, Schönheit in den Raum zu projizieren.«

Weininger hat sich 1903 in Beethovens Todeszimmer erschossen, aber seine Gedanken wirken weiter, säen, auch in Künstlerkreisen, Zweifel an der Eigenkreativität der Frau: Ist die Flöge nicht ein Beispiel für »geborgte« künstlerische Gestaltungskraft? Haben ihre Entwürfe nach dem Tod Klimts nicht ihren Glanz und ihre Originalität verloren? Gewiß – aber dabei müssen auch die Begleitumstände berücksichtigt werden. Der Aufbruch an der Jahrhundertwende, der Reformbewegungen aller Art wie auf einer Woge hochspülte, war verebbt. Reformkleider waren keine Botschaft mehr, hingen, längst nicht mehr exklusiv, in den Warenhäusern und Provinzgeschäften. Zwar fertigte der Salon Flöge nach wie vor exquisite Modelle an, aber die spritzige Herausforderung aus Paris fehlte. Französische Stoffe, französische Schnitte waren mehr und mehr verpönt, die Politik holte die Mode ein. Vorbei die erst wenige Jahre zurückliegenden Auftritte Paul Poirets mit seinem »Modezirkus« in Wien. Das Defilee seiner Mannequins in der Kärntner Straße in ungewohnten Hosenröcken, die für ein Verkehrschaos sorgten...

Verspielte, verführerische Modelle verschwanden aus den Schaufenstern, solide deutsche Reformgewänder hingen nun an den Wiener Kleiderständern, und die einheimische Schneiderinnung freute sich, die lästige französische Konkurrenz endlich los zu sein: »So wie unter furchtbaren Schlägen der deutschen und der österreichisch-ungarischen Millionenheere das französische und englische Prestige auf's jämmerlichste zusammengebrochen und der stolze Übermut dieser beiden Nationen auf Jahrzehnte hinaus gedemütigt ist, so ist auch der dominierende Einfluß der französischen und englischen Mode durch den Weltkrieg, so Gott will, definitiv vernichtet worden... aus dem Publikum selbst schallt der tausendstimmige Ruf: Los von Paris! Los von London!«

England und Frankreich sind zwar nach 1918, nach dem Zusammenbruch der Donaumonarchie, mitnichten auf Jahrzehnte gedemütigt, wie die österreichischen Schneider hofften, aber mit der ausländischen Haute Couture ist es trotzdem vorbei. Man hat andere Sorgen als die Mode im republikanischen Rumpfösterreich. Wer kann noch 400 Schilling für ein Modellkleid bezahlen – den Monatslohn eines höheren Beamten? Die Weltwirtschaftskrise, der Zusammenbruch von Banken und Unternehmen hinterlassen Spuren, auch der Februarputsch von 1934, die steigenden Arbeitslosenzahlen. Industriellengattinnen können sich keine teure Garderobe mehr leisten, jüdische Kundinnen haben ihr Vermögen verloren, gehen in die Emigration. Daß sich der Salon Flöge, allerdings mit stark geschrumpfter Belegschaft, bis 1938 halten kann, liegt in erster Linie am Improvisationsgeschick der Chefin. Aber das nützt ihr nach dem Einmarsch Hitlers auch nichts mehr. Anfang Juli 1938 wird das letzte Mannequin entlassen, »infolge zeitbedingter Stillegung des Betriebs«, wie es im Kündigungsschreiben lapidar heißt.

Dieses Mannequin, Elisabeth Schironi, erinnert sich viel später an die Jahre im Salon Flöge: Emilie Flöge, die mit dem Älterwerden sich immer mehr in sich selbst zurückzog, hatte dem jungen Mädchen die Verwaltung des stets verschlossenen »Klimt-Zimmers« anvertraut, das seit Klimts Tod unverändert geblieben war. Das »Allerheiligste« enthielt Glasschränke mit Klimt-Zeichnungen, chinesischen und japanischen Seidengewändern, seine Staffelei und eine Schneiderpuppe mit seinem Lieblingsgewand, einem roteingefaßten Leinenkittel. Während das Mädchen Staub wischte und lüftete, ließ Emilie Flöge versonnen einzelne Stücke durch ihre Hände gleiten – Gesten, die eine enge Verbundenheit über den Tod hinaus vermuten lassen. War sie sich der Bedeutung des Klimtschen Nachlasses bewußt?

1938 war dieser Nachlaß nichts wert, ebensowenig wie die ganze kostbare Einrichtung des Flöge-Salons aus der Wiener Werkstätte. Jugendstil paßte nicht ins heroische Kunstkonzept der Nationalsozialisten. Möbel der Jahrhundertwende gab es ohnehin im Überfluß – die Nachlässe jüdischer Emigranten wurden im Dorotheum zu Schleuderpreisen versteigert. Nur einen kleinen Teil des Mobiliars konnten die Flöge-Schwestern in die neue, viel engere Wohnung in der Ungargasse mitnehmen.

Die Kriegsjahre verbrachten die Schwestern abgeschieden von der Welt und unter körperlichen Entbehrungen in ihrem Haus am Attersee. Noch in den letzten Kriegstagen wurde ihre verlassene Wohnung in der Ungargasse durch Brand zerstört und mit ihr wichtiges Material aus dem Klimt-Nachlaß. Erhalten geblieben ist – neben Briefen, Schmuck der Wiener Werkstätte und Volkskunst – ein wertvolles Album mit Modefotografien: Emilie als Modell in wechselnden Kleiderentwürfen Klimts, die ihre aparte Erscheinung, Mischung aus charmanter Mannequinfigur und eigenwillig selbstbewußter Unternehmerin, noch einmal voll zur Geltung bringen. Sie sei angebetet worden wie eine Königin, erinnert sich ein ehemaliges Lehrmädchen.

Die Fotos lassen nicht ahnen, welch weiten und konsequent gegangenen Weg diese Frau zurückgelegt hat, die im langen Teekleid, lässig an eine Säule gelehnt, für den Fotografen Gesellschaftsdame mimt. Als Tochter eines

Drechslermeisters hat sie zwar Französisch und Klavierspielen gelernt, auch einen Nähkurs besucht, aber keine höhere Schule und auch keine Berufsausbildung absolviert. Der Vater hat durch gute Beziehungen zur Handelskammer seinen Töchtern einen Gewerbeschein besorgt, ohne daß sie ihr Handwerk in einer Schneiderwerkstatt lernen und eine Meisterprüfung ablegen mußten. Eine Fachschule für Modeberufe gab es noch nicht, und wenn es sie gegeben hätte, auch für Mädchen, hätte Drechslermeister Flöge seine Tochter bestimmt zu »etwas Soliderem« gedrängt.

Die spät entdeckten Fotos sagen auch nichts aus über die persönliche Beziehung des Paares, das gemeinsam Französisch lernte, reiste, die Oper besuchte, an Modeentwürfen arbeitete, aber stets auf Distanz hielt. Sie zeigen Emilie, die 1952, mit 78, an einem Nierenversagen starb, ein halbes Jahrhundert früher, in der wohl glücklichsten Phase ihres Lebens, der Zeit mit Klimt. Eine Verbindung, die Biographen nicht auf einen Nenner bringen können: eine Frau, die – zeituntypisch – ihren Lebensunterhalt völlig selbständig verdient, die ein Sportcabriolet fährt und die Geschwindigkeit und Unabhängigkeit liebt und die sich doch freiwillig und bereitwillig in Abhängigkeit begibt, für einen Mann lebt, der nicht daran denkt, sich ganz an sie zu binden, seine Freiheit aufzugeben.

Emilie Flöge hat mit Sicherheit weder Weininger noch Nietzsche gelesen, konnte nicht wissen, was die von Männern definierte »natürliche Bestimmung des Weibes« sei, kannte auch Rosa Mayreders Forderung an die fortschrittliche Frau nicht, das sinnliche Leben »in seiner ursprünglichen Kraft und Schönheit zu erkennen«. Sie hat nur wenig von Schnitzlers »süßem Mädel«, noch weniger von einer Femme fatale an sich. Sie ist Emilie Flöge. In immer wechselnden Gewändern und Inszenierungen: Emilie Flöge.

Denkmäler werfen Schatten

Die Komponistin
Alma Mahler-Werfel
1879 – 1964

Eine Performance, wie sie die Tanzkünstlerin Susanne Hajdu für eine Wiener Avantgarde-Aufführung gestaltet haben könnte:

Auf kalt ausgeleuchteter Bühne vor weißem Hintergrund fünf marmorierte Säulen aus Pappe, jede gekrönt von einem goldglänzenden Pappmachékopf mit markanten Gesichtszügen. Das Publikum, mit der Wiener Künstlerszene vertraut, erkennt die Köpfe an ihren charakteristischen Details sofort: ganz links der Sezessionsmaler Gustav Klimt, Rundschädel, Vollbart, Haartolle auf sonst kahler Stirn. Daneben, schmalgesichtig intellektuell, mit scharfem Blick hinter randlosen Brillengläsern Hofoperndirektor Gustav Mahler. In der Mitte, hager hohlwangig, der junge Wilde unter den Malern, Oskar Kokoschka. Ihm zur Rechten als Kontrast der Architekt Walter Gropius, mit dezentem Schnurrbart über verschlossenem und entschlossenem Mund. Rechts außen wieder ein Rundkopf mit weichen Konturen, krausem Nackenhaar und Doppelkinn, der Dichter Franz Werfel.

Eine illustre Säulenreihe. Statisch. Unverrückbar. – Oder doch nicht? Eine Frauengestalt im schwarzen Trikot huscht auf die Bühne. Tanzt – zu Mahlers Zweiter Symphonie – zwischen den Säulen, bleibt stehen, scheint mit der Plazierung der Köpfe unzufrieden. Fängt an, die wuchtigen Säulen mit leichter Hand zu verschieben, vor, zurück, nach rechts, nach links. Betrachtet ihr Werk aus dem Abstand von der Bühnenrampe aus. Beobachtet die Schatten, die jede Säule wirft, längere, kürzere, je nach Standort. Richtet sich darin ein. Wechselt die Stellung in immer hektischerem Schattenspiel. Sinkt schließlich hinter der letzten Säule erschöpft zusammen, das Gesicht dem Publikum zugewandt: Alma Mahler-Werfel. Gefährtin berühmter Männer. Sie steht mit ihnen im Rampenlicht – ein gewagtes Spiel mit Licht und Schatten, mit den Heroen auf den Säulenkapitellen. Geben sie mehr Licht oder werfen sie mehr Schatten?

In der Realität lassen sie sich nicht hin und her schieben wie auf der Bühne. In der Realität sind die Säulen aus Granit, fest im Fundament verankert, Wege, Zukunft markierend. Davor müßte eigentlich noch eine Säule stehen: »Ich bin die Tochter eines großen Monuments, gewissermaßen«, schreibt Alma Mahler-Werfel in ihren Erinnerungen. Das große Monument ist der Wiener Landschaftsmaler Emil J. Schindler, ein Atelierkollege Hans Makarts. Die Tochter verklärt den Frühverstorbenen zur Lichtgestalt ihrer Jugend. Seine Schulden, sein Leben auf zu großem Fuße entschuldigt sie mit seiner Genialität. Ihre Musikbegabung hat sie selbstverständlich von ihm, nicht von der aus kleinbürgerlichen Verhältnissen Hamburgs stammenden Mutter. Nicht ihm, sondern der Mutter lastet sie ihre lückenhafte Schulbildung an.

Der Vater bereist im Regierungsauftrag die Adria, um die Küstenstädte von Dalmatien in Tuschzeichnungen festzuhalten. Seine Familie begleitet ihn von Ort zu Ort – an einen geregelten Schulbesuch für Alma und ihre Schwester ist dabei nicht zu denken. Die Mädchen werden von häufig wechselnden Hauslehrern und von der pädagogisch ahnungslosen, aber lebenspraktischen Mutter unterrichtet. Immerhin wird für die musikalische Alma auf

Korfu ein Pianino besorgt. Daß geeignete Noten fehlen, ist nicht von Nachteil für Almas künstlerische Entwicklung, sie denkt sich eigene Kompositionen aus.

Als der Vater im Sommer 1892 während eines Aufenthaltes auf Sylt plötzlich stirbt, ändert sich das unstete Leben, Wien wird nun zum Lebensmittelpunkt der Familie. Die nicht nur auf musikalischem Gebiet frühreife Alma baut sich mit fünfzehn eine eigene Bibliothek auf, indem sie ihre Kinderbücher heimlich in Antiquariaten gegen Dehmel, Rilke und Liliencron eintauscht. In der Familie findet sie keinerlei Unterstützung ihrer literarischen Interessen, so hält sie sich an Freunde ihres verstorbenen Vaters, ältere gebildete Herren, die sich vom Wissensdurst und auch vom Charme des jungen Mädchens beeindrucken lassen. Max Burckhard, der spätere Burgtheaterdirektor, verliebt sich in die Siebzehnjährige und versorgt sie – von der Mutter argwöhnisch beobachtet – waschkörbeweise mit klassischer Literatur. »Max Burckhard war der erste, der sich meines irrlichternden Geistes annahm«, schreibt sie. »Aber er gefiel mir als Mann nicht, und seine große Verliebtheit löste Widerwillen in mir aus. Wir waren immer einer Meinung, und das langweilte mich auf die Dauer.«

Ihrer besonderen Wirkung auf das männliche Geschlecht ist sich Alma früh bewußt, sie äußert ihre Gefühle kindlich unbekümmert und ungestüm – auch ihrem Kompositionslehrer Alexander von Zemlinsky gegenüber, der sie in ihren musikalischen Ambitionen bestärkt und sie so beflügelt, daß sie über Nacht ganze Sonatensätze zu Papier bringt. Einen scheußlichen Gnom nennt sie ihn zwar, doch gleichzeitig läßt sie sich faszinieren von seiner Gedankenschärfe und erwägt sogar, ihn, der auch der Lehrer Arnold Schönbergs ist, zu heiraten. Eine Backfischschwärmerei in den Augen der Mutter.

Eine ernstere Gefährdung der Moral ihrer nun achtzehnjährigen Tochter sieht die Mutter – wohl nicht zu Unrecht – in einem wesentlich älteren, stürmischen Verehrer: Gustav Klimt. Der 35jährige schon berühmte Künstler fährt Alma und deren Familie nach Italien hinterher und heftet sich hartnäckig an ihre Fersen. Sein lockerer Lebenswandel und seine unehelichen Kinder sind der Mutter Grund genug, jede Begegnung zu unterbinden und heimlich in Almas Tagebuch nach Beweisen verbotener Liebesbezeugungen zu suchen. Diesen Vertrauensbruch wird ihr die Tochter nie verzeihen.

Alma hat Klimt im elterlichen Haus kennengelernt. Ihr Stiefvater Carl Moll gehört zu den Gründern der Wiener Sezession, jenem rebellischen Kreis von Architekten und Malern, die sich vom alten Künstlerhaus losgesagt haben und neue, zukunftsweisende Wege gehen wollen. Die ersten geheimen »Katakombensitzungen« finden im Moll-schen Hause unter Anführung Gustav Klimts statt. Diese konspirative Atmosphäre beflügelt die Phantasie Almas, die sich in ihren Träumen mit dem Rebellen vereint sieht. »Seine Schönheit und meine frische Jugend, seine Genialität, meine Talente, unser beider tiefste Lebensmusikalität stimmten uns auf gleichen Ton«, schreibt sie emphatisch und vermerkt wenig später verbittert, ihre sogenannte gute Erziehung habe ihr erstes Liebeswunder vernichtet. Sie hegt Selbstmordgedanken. Aber ihr Lebenswille ist stärker, ihre Wut auf die Mutter vor allem. Sie beginnt wieder zu komponieren, ihren Schmerz in Töne umzusetzen, überzeugt, daß Klimt ihre ›Erweckung‹ bewirkt habe.

Insgeheim fühlt sie sich ihm verlobt, wohl ahnend, daß er nie ihr allein gehören würde. Sie sieht sein künstlerisches Schaffen, seine »Flitterkrambilder«, seine Liebesaffären mit kritischem Blick und der trügerischen Hoffnung, Klimt könnte sich durch sie auf den richtigen Weg bringen lassen: »...und darum suchte er mich, weil er fühlte, daß ich ihm hätte helfen können.« – Wunschtraum einer übersteigerten Jungmädchenphantasie, diese Rolle zwischen Geliebter und fürsorglicher Freundin? – Jahre später noch übt Klimts Erscheinung einen magischen Zauber auf sie aus.

Der Mann, der dann ihr weiteres Leben bestimmen wird, sieht ihrem Wunschbild in keiner Weise ähnlich. Er hat nicht die pralle Lebensfülle Klimts, nicht die große Pose, er wirkt abweisend, in sich gekehrt, intellektuell: Gustav Mahler. Die Zwanzigjährige hat den um neunzehn Jahre älteren Hofoperndirektor im Herbst 1901 bei Berta Zuckerkandl, in deren Salon ›tout Wien‹ verkehrt, kennengelernt – zornentflammt. Der große Meister hat ein Werk ihres Lehrers Zemlinsky ein Jahr in der Schublade liegen lassen, sie stellt ihn deswegen zur Rede. Mahler, verblüfft über die Courage des jungen Frauenzimmers, lenkt ein, lädt die Empörte zur Generalprobe von *Hoffmanns Erzählungen* ein. Kurz darauf macht der eingefleischte Junggeselle seinen Antrittsbesuch bei Almas Mutter, drei Wochen später ist das ungleiche Paar verlobt.

Liebe auf den ersten Blick war es nicht bei Alma, wohl eher die Hochachtung vor dem berühmten Komponisten und entschlossenen Opernreformer. Mahler ist eine umstrittene Persönlichkeit im Wiener Kulturleben. Seine Absage an den vertrauten Belcanto-Stil, seine eiserne Probendisziplin, seine Anforderungen an Musiker und Publikum lassen die Oper sich zu großer Form entfalten, aber die gemütliche Atmosphäre im Parkett ist dahin. Berta Zuckerkandl, die kritisch beobachtende Kennerin der Musikszene, beschreibt die Spannung, wenn Mahler den Orchesterraum betritt und sich ans Dirigentenpult schwingt: »Wie Napoleon bei der Truppenschau läßt er seinen Blick über die Menschen im Parkett, in den Logen, auf den Galerien gleiten. Es herrscht atemlose Stille. Die Magie dieser Erscheinung, dieses eisernen Willens, dieses befehlenden Geistes bannt die Versammelten. Wehe, wenn einer dieser unverschämten Theaterhuster die Stille entweiht oder ein Operngucker tückisch zu Boden fällt! Da blitzen die Brillengläser des Allfordernden in teuflischem Hohn. Jeder fühlt sich zerknirscht, mitschuldig.«

Gustav Mahler führt die Verdunklung des Zuschauerraumes zu Beginn der Aufführung ein, um die Konzentration auf das musikalische Geschehen zu lenken. Das Wiener Publikum, das den Blick gern in die Runde schweifen läßt, gewöhnt sich nur murrend an diese Disziplinierung, die bald auch in anderen Konzertsälen Europas Schule macht.

Diktatorische Anordnungen trifft Mahler nicht nur in der Oper, sondern – in den Augen seiner Verlobten – auch im privaten Leben. Er untersagt ihr weiteren Kompositionsunterricht bei Zemlinsky, hält nichts von ihrem Komponieren: »Du hast von nun an nur *einen* Beruf: mich glücklich zu machen!« Und er präzisiert seine Forderungen in dem Brautbrief, den er von einer Gastspielreise nach Wien schickt: »Du mußt Dich mir *bedingungslos* zu Eigen geben. – die Gestaltung Deines zukünftigen Lebens in allen Einzelheiten innerlich von meinen Bedürfnissen abhängig machen, und nichts dafür wünschen als meine LIEBE!«

Immer wieder führt er seiner Braut, offenbar verärgert über deren Widerspenstigkeit, die Schreckensvision einer komponierenden Ehefrau vor Augen: »Hast Du eine Ahnung, wie lächerlich und später herabziehend vor uns selbst, so ein eigentümliches Rivalitätsverhältnis werden muß?« Und er stellt ihr die Schicksalsfrage: »Bedeutet dies für Dich einen Abbruch Deines Lebens, und glaubst Du auf einen Dir unentbehrlichen Höhepunkt des Seins verzichten zu müssen, wenn Du Deine Musik ganz aufgibst, um die Meine zu besitzen, und auch zu sein?« Ganz selbstverständlich fordert er, »daß Du so werden mußt, wie ich es brauche, wenn wir glücklich werden sollen«.

Und Alma? Läßt sie sich abschrecken von diesen Besitzansprüchen? Ist ihr die künstlerische Eigenexistenz so viel wert, auf Mahler zu verzichten? – Nein. Sie heiratet ihn, gegen den Rat ihrer Mutter. Am 9. März 1902 findet die Trauung in der Wiener Karlskirche statt. Später, in ihrem Lebensrückblick, versucht sie sich selbstbedauernd Rechenschaft zu geben über diesen »Anfang einer harten Leidenszeit«, über ihr nur von seinen Gedanken bestimmtes Leben, über den Verlust all ihrer alten Freunde durch Mahlers Eifersucht. Vom Augenblick ihrer Verlobung an habe er seinen Tonfall ihr gegenüber geändert, vom werbend Liebenden zum strengen Meister, dem sie alle Unannehmlichkeiten, alle Alltagsgeschäfte vom Leib zu halten habe.

Sie sitzt nun Tag für Tag über Notenblättern und kopiert hektisch Partituren – nicht die eigenen, sondern Mahlers 5. Symphonie. Da er immer nur eine Stimme ausschreibt, muß sie als gelehrige Kompositionsschülerin die anderen Stimmen in den verschiedenen Schlüsseln ausfüllen. Sie kommt sich vor, als ob ihre Flügel beschnitten seien. »Gustav, warum hast du mich flugfrohen, farbfrohen Vogel an dich gekettet«, fragt sie anklagend – und beteuert gleichzeitig, nur ein Ziel zu haben: »mein Glück für das eines andern zu opfern und vielleicht dadurch selber glücklich zu werden«.

Ist diese unverhoffte Opferhaltung nur ein Lippenbekenntnis oder versucht sie, sich in ihre Lage zu fügen, wohl wissend, daß sie die Musik, die sie wieder in ihrem Inneren »webt«, für sich behalten muß, daß ihm ihre Kompositionskenntnis nur so lange erwünscht ist, wie sie seinem Werk zugute kommt: »Gustav lebt sein Leben und ich habe auch das seine zu leben.«

Resignation. Aber dann wieder höchster Überschwang: »Ich bin tief erfüllt von meiner Mission, diesem Genie die Steine aus dem Weg zu räumen!« schreibt sie, und dies ist durchaus nicht ironisch gemeint wie der ganz ähnliche Satz in den Erinnerungen von Tolstojs Frau. Die heftigen Gemütsschwankungen können mit ihrer Schwangerschaft zusammenhängen, die ihr schwer zu schaffen macht. Ein Rückert-Gedicht, das Gustav Mahler für sie vertont, rührt sie und verstört sie zugleich: »wie wenig ich bin und habe im Vergleich zu seinem Reichtum...«

Im November 1902 wird die Tochter Maria geboren. Die junge Mutter kann für dieses Kind keine spontane Liebe empfinden, die Beschäftigung mit dem Säugling füllt sie nicht aus. Sie lernt Griechisch, übersetzt Paulus Nikaios und sehnt sich nach einem Gegenüber, mit dem sie reden kann. Mit ihrem Mann ist dies, wie sie glaubt, nicht möglich, »er hat alles zu tief innen, als daß es im Leben ans Licht könnte«. Ihr graut vor diesem Ehegefährten, der »in der Welt draußen das Pfauenrad zu schlagen hat«, während sie ihn zu Hause nur müde und abgespannt erlebt: »Ach, wenn er doch jünger wäre! Im Genießen, im Erleben jünger!« Und sie denkt das Undenkbare: »Wenn er doch nicht mehr nach Hause käme...«

Sie hat alle Lust am Leben verloren, das sie als Scheinleben, als Unterdrückung empfindet: »Mein Schiff ist im Hafen. Aber leck.« Sie tröstet sich mit der Einsicht, daß Mahlers Egozentrik offenbar zum Künstlertum gehört: »Die Frau wird neben einem bedeutenden Künstler immer zu kurz kommen. Er empfindet sich, wie auch sie, nur als Instrument, um seine Art von Herrschsucht durchzusetzen und auslebend zu gestalten, nämlich seine Kunst.« Die Musik soll ihr über die Lebensenttäuschung hinweghelfen. Sie holt heimlich ihre alten Kompositionen hervor, ihre Lieder, ihre unvollendete Klaviersonate. Aber sie kommt nicht weiter, brauchte Hilfe: ihren früheren Lehrer Zemlinsky. Doch da ist Mahlers Eifersucht, die sie fürchtet. Sie wagt nicht, die Klavierstunden bei Zemlinsky wieder aufzunehmen.

Im Juni 1904 wird Anna, das zweite Kind, geboren. Alma fühlt sich überfordert: Der Haushalt wird, trotz Hilfen, kopmplizierter. Die Kinder brauchen sie. Ihr Mann braucht sie – und sie braucht ihn. Die Begründung hört sich allerdings ziemlich ernüchternd an: »Er hat mir so viel genommen, daß seine Gegenwart jetzt meine einzige Stütze ist.« Eine weitere Stütze könnte ihr der in ihrem gastlichen Haus verkehrende Musiker Hans Pfitzner sein, doch wieder beklagt sie sich über Mahlers – berechtigte oder unberechtigte? – Eifersucht. Zeit für Frau und Kinder nimmt sich Mahler allerdings kaum. In manischer Hektik schreibt er in der knappen Freizeit, die ihm der Opernbetrieb läßt, seine großen Symphonien.

Seine Stellung als Direktor der Wiener Hofoper ist nicht unangefochten. Es gibt Widerstand im Hause, Neider seines Erfolges, Intrigen, die ihm zusetzen. Der Arzt stellt ein Herzleiden fest: die Belastungen, auch die familiären, haben ihre Spuren hinterlassen. Während eines Urlaubs am Wörthersee in diesem Unglückssommer 1907 erkrankt die fünfjährige Tochter Maria an Scharlach und Diphtherie. Ein unter primitiven Umständen vorgenommener Kehlkopfschnitt mißlingt, das Kind stirbt qualvoll.

Gustav Mahler entzieht sich der Verzweiflung, der häuslichen Misere, auch den Schwierigkeiten in der Oper durch ein Engagement in New York. Trotz seiner ständigen Herzbeschwerden unterzeichnet er einen mehrjährigen Vertrag mit der Metropolitan Opera. Die Arbeitsbedingungen sind hier besser als in Wien, er hat die

Möglichkeit, ein eigenes Orchester aufzubauen, die Konzertsaison dauert nur – allerdings mörderische – drei bis vier Monate, die übrige Zeit kann er ganz seiner Kompositionsarbeit widmen. Und er nutzt diese Zeit: In kurzer Folge entstehen seine 7., 8. und 9. Symphonie, die Skizzen zur 10. und *Das Lied von der Erde*. Er arbeitet mit einer Intensität und Unrast, die keine Zerstreuung, kein Familienleben dulden, sucht dem Leben abzutrotzen, was sein krankes Herz noch hergibt – und flieht gleichzeitig vor den Ansprüchen seiner jungen Frau, der er von seinen Konzertreisen allerdings lange Liebesbriefe schreibt. Er habe Angst, sie zu verlieren, gesteht er Sigmund Freud in einem therapeutischen Gespräch. Alma Mahler schreibt dazu: »Er war ein Zölibatär und fürchtete das Weib. Seine Angst, ›heruntergezogen‹ zu werden, war grenzenlos, und so mied er das Leben... also das Weibliche.«

Dafür widmet er ihr in einem nächtlichen Gespräch seine 8. Symphonie, die im September 1910 in München zum ersten Mal aufgeführt wird – in einer gigantischen Inszenierung, mit tausend Mitwirkenden und verstärkten Chören aus Wien und Leipzig und einer fast halbstündigen Ovation der Konzertbesucher. Alma Mahler erlebt den Triumph ihres Mannes von der Loge aus mit. Mahler auf dem Höhepunkt seiner Laufbahn. Sie weiß: Er wird nicht mehr lange durchhalten. Die Angina-pectoris-Anfälle häufen sich. Aber er macht kühne Pläne für die Zukunft, kauft ein Grundstück im Semmering, hier soll seine neue Arbeitsstätte entstehen. Er arbeitet rastlos, pausenlos, in Amerika geht die Hektik weiter: 65 Aufführungen in einer kurzen Saison. Und auch hier Mißstimmigkeiten. Seine kompromißlose Art stößt auf Ablehnung, auch wenn seine Genialität stärker als in Wien anerkannt wird.

Der mörderische Konzertbetrieb richtet ihn zugrunde – aber vielleicht mehr noch die Ahnung oder Gewißheit von der Untreue seiner Frau. Sein Zusammenbruch war vorauszusehen. Eine Serumbehandlung in Paris bringt nicht die erhoffte Rettung. Am 18. Mai 1911 stirbt Gustav Mahler, noch nicht 51, in seiner Heimatstadt Wien, die sich nun plötzlich ihres großen Sohnes erinnert. Er wird auf dem Grinzinger Friedhof in Döbling bestattet. Hier wird mehr als ein halbes Jahrhundert später auch Alma Mahler ihre letzte Ruhestätte finden nach einem bewegten Leben, das erst am 11. Dezember 1964 in New York, ihrem letzten Domizil, endet. Fünfundachtzig Jahre alt ist sie geworden, umgeben von den Erinnerungen an ihre großen Zeiten.

Nach Mahlers Tod ist sie wenig über dreißig, eine attraktive Witwe, die sich nicht in Trauer vergräbt. Da bleiben Verehrer nicht aus: der Arzt Joseph Fraenkel, der den schwerkranken Mahler in New York betreut und für seine Rückkehr nach Europa gesorgt hat. Der Komponist Franz Schreker, der Biologe Paul Kammerer – sie kommen nicht an gegen den eruptiven jungen Kokoschka, den »Oberwildling« und Gesellschaftsschreck, der sich im April 1912 in die sieben Jahre ältere Witwe verliebt, ja ihr ganz und gar verfällt. Statt sie am Flügel zu porträtieren, gesteht er ihr seine Leidenschaft, fleht sie in einem ungestümen Liebesbrief an: »...bringen Sie mir ein wirkliches Opfer und werden Sie meine Frau: im Geheimen, so lange ich arm bin. Ich werde Ihnen danken als meiner Trösterin, wenn ich mich nicht mehr verstecken muß... Schreiben Sie mir, daß ich zu Ihnen kommen darf, und ich will es für Ihre Einwilligung halten.«

Der junge Maler mit der großen Emphase und dem bescheidenen Atelier am Stubenring geht aufs Ganze. Wie wird die Angebetete reagieren? Sein Äußeres scheint sie nicht zu faszinieren: »Seine Ohren, obwohl klein und fein-ziseliert, stehen vom Kopf ab. Seine Nase ist etwas breit und schwillt leicht an. Der Mund groß, der untere Teil und das Kinn vorgebaut. Die Augen stehen etwas schief; dadurch bekommt sein Ausdruck etwas Lauerndes.« Kokoschka gehört nicht zur guten Wiener Gesellschaft, auch wenn einflußreiche Meinungsmacher auf ihn und seine künstlerische Zukunft setzen. Karl Kraus charakterisiert den Feuerkopf mit einem plastischen Bild: »Wenn's brennt, hat er noch die Geistesgegenwart, das Sprungtuch in die Flammen zu werfen.« – Irrationale Handlungen in einer scheinrationalen Welt. Gegen die Zeitströmung des Materialismus und des sich zuspitzenden Nationalismus malt der dünnhäutige Wilde mit dem Röntgenblick seine – wie er sie nennt – nervenirrsinnigen Porträts. Sein Blick ist an Freud geschult, er sieht hinter die Dinge, löst Wohlgefügtes in seine Bestandteile auf und will dabei »das Menschliche« wiedergewinnen.

Der Schüler Klimts läßt die Ornamentik des Jugendstils hinter sich und stößt mit aggressiven Pinselstrichen vor in die ekstatische, gewalterfüllte Szene des frühen Expressionismus, ohne daß er sich in eine Strömung wie die Dresdner *Brücke* oder den Münchner *Blauen Reiter* einbinden ließe. Er ist ein Wiener Solitärgewächs, von den Wienern mitnichten gehegt. »Ich will mich nicht begraben lassen, wie alle Menschen, die was wert waren, von den Wienern begraben werden bei lebendigem Leib«, schreibt er später von Dresden aus an seine Eltern. Und noch viel später, in der Zeit des Nationalsozialismus, vermerkt er über die Wiener Gesellschaft, von der er sich ausgestoßen fühlt: »Ich werde noch mehr verfemt wie in Deutschland, hier aus Schadenfreude, weil es Gesellschaftssitte ist, von Beethoven und Mozarts Zeiten her über den Geistigen zu grinsen und sich nachher im Kulturausverkauf an seinem Werke zu bereichern.«

Oskar Kokoschka greift hoch in seinen Vergleichen, er ist sich seines Stellenwerts bewußt und er erwartet dies auch von Alma Mahler, die für ihn »Mädel, Mutter, Geliebte und einziger Freund« ist. Das Wort ›Femme fatale‹ fällt nicht, obwohl er sich wie ein Besessener in dieser Beziehung verliert, die sein Leben und Werk beherrscht. Sie sieht ihn, nüchterner, als Kind und als Künstler: »Ich liebte dieses Genie und das ungezogene, störrische Kind in ihm.«

1914 malt er wie in Ekstase das Doppelporträt *Die Windsbraut*, ein luftiges Gehäuse »aus Sturm und Wellen«, das ihn und seine Geliebte in trügerischer Geborgenheit umschließt, abgehoben von der Welt: »Jeder Tag soll uns näherbringen, bis wir die andere Welt vollkommen verloren haben und unser Anfang und Ende selbst sind«, schreibt er seiner Windsbraut in einem der vierhundert liebestrunkenen Briefe, die sie wohlgefällig, aber auch verunsichert entgegennimmt: Wieder wird sie vereinnahmt und läßt es geschehen.

Die Briefe enthalten auch apodiktische Warnungen. Warnungen wie: »Ich dulde keine fremden Götter neben mir.« Nicht einmal eine von Rodin geschaffene Büste Gustav Mahlers kann Kokoschka in seiner Nähe ertragen. Seine Eifersucht ist grenzenlos. Nachts schleicht er mißtrauisch um Almas Haus, um sicherzugehen, daß kein »Kerl« sich bei ihr einfindet. Nur hochgeschlossene Kleider mit züchtigen Ärmeln darf sie tragen – ganz grundlos wird seine Abschirmungsstrategie, der sich die Umworbene zu entziehen versucht, nicht sein. In ihrer – zuweilen etwas frei erinnerten – Biographie beschreibt sie, wie Kokoschka eine Heirat erzwingen will, indem er Fakten schafft und beide heimlich im Gemeindehaus von Döbling zur standesamtlichen Trauung aufbieten läßt. Die genötigte Braut entflieht nach Franzensbad, bis der vorgesehene Heiratstermin verstrichen ist.

Über ihre drei Jahre währende aufregende und aufreibende Liaison mit Kokoschka schreibt sie rückblickend:

»Niemals zuvor habe ich soviel Krampf, soviel Hölle, soviel Paradies gekostet.« In dieser Zeit ist nicht nur die *Windsbraut* entstanden, sondern auch eine auf sieben Fächer gemalte mythische Liebesgeschichte, die Kokoschka *Liebesbriefe in Bildersprache* nennt und Alma widmet. Sechs dieser Fächer haben die stürmischen Zeiten überdauert und werden heute im Hamburger Museum für Kunst und Gewerbe aufbewahrt, den siebten hat angeblich der eifersüchtige Nachfolger Kokoschkas ins Feuer geworfen.

Oskar Kokoschka entflieht dem zermürbenden Liebeskampf an die Front. Auf einem Pferd, das er sich aus dem Erlös der *Windsbraut* gekauft hat, zieht er mit einem Dragonerregiment gegen Osten, wird im Sommer 1915 und zum zweiten Mal 1916 schwer verwundet und kommt schließlich, endgültig kriegsuntauglich, in ein Dresdner Sanatorium. Über den Verlust der Geliebten ist er weder durch die Schockerlebnisse des Krieges noch durch seine Arbeit an expressionistischen Dramen hinweggekommen, die so bezeichnende Titel tragen wie *Mörder, Hoffnung der Frauen* oder *Orpheus und Eurydike*.

In seiner Verzweiflung ersinnt Kokoschka ein groteskes Trostmittel: Von der Münchner Puppenmacherin Hermine Moos läßt er – *Hoffmanns Erzählungen* im Hinterkopf – eine lebensgroße Puppe anfertigen, die ihm die verlorene Geliebte ersetzen soll. Ein Sehnsuchtsgeschöpf, das Almas Körper nachgebildet ist und nach seinen genauen Anweisungen entsteht: »Bitte machen Sie es dem Tastgefühl möglich, sich an den Stellen zu erfreuen, wo die Fett- und Muskelschichten plötzlich einer sehnigen Hautdecke weichen ... auch müssen Sie damit rechnen, daß Hand und Fuß auch noch nackt etwas Anziehendes hat, lebendiges, und nicht klumpig wirkt ... ist der Mund zum öffnen? Und sind auch Zähne und Zunge drinnen? Ich wäre glücklich!« Er empfiehlt dem honorigen Fräulein Moos, die Aktzeichnungen von Nikolas Deutsch, Baldung Grien und Grünewald zu studieren, und er wünscht sich die Haut »pfirsichähnlich im Angreifen« und ohne Nähte »an Stellen, wo Sie denken, daß es mir weh tut und mich daran erinnert, daß der Fetisch ein elender Fetzenbalg ist«. Und schließlich der letzte, ihm peinliche Wunsch: »es müssen die parties honteuses auch vollkommen und üppig ausgeführt werden und mit Haaren besetzt sein, sonst wird es kein Weib, sondern ein Monstrum.«

Es wird ein Monstrum. Ein Drahtgestell mit plumpen, sägemehlgefüllten Gliedern und einer Haut aus Eisbärfell – ernüchternd und geschmacklos. Und doch begleitet der Fetzenbalg Kokoschka drei Jahre lang. Sitzt auf dem Sofa, wenn der an die Kunstakademie Dresden berufene Meister seine Studenten einlädt, wird von einer Bedienerin angezogen, wenn er sie in die Oper ausführt, bis er schließlich dem grausamen Spiel ein Ende macht, sie im Rausch mit Rotwein übergießt und enthauptet. Von der Monsterpuppe hat er sich freigemalt in den Bildern *Selbstbildnis mit Puppe* und *Frau in Blau* – von der Geliebten gelingt ihm diese Befreiung nie. Noch vierzig Jahre später schreibt er ihr zum 70. Geburtstag: »Wir zwei werden immer auf der Bühne des Lebens sein, wenn widerliche Banalität, das triviale Bild der zeitgenössischen Welt, einer aus Leidenschaft geborenen Pracht weichen muß.«

Alma Mahler bleibt auf der Bühne des Lebens. Aber sie ist nicht die Frau, die es mit Kokoschka auf Dauer ausgehalten hätte, die, wie Kokoschkas spätere Ehefrau Olda, ohne emanzipatorische Ansprüche hätte schreiben können: »Ich habe wohl begriffen, daß man ihn nicht okkupieren darf, daß man immer dasein muß, aber im Hintergrund.« – Alma, die, mit 34 auf sich allein gestellt, ihr Leben nun neu ordnen muß, schreibt: »Oskar Kokoschka hatte mein Leben erfüllt und zerstört, zur gleichen Zeit.« Sie zieht in ihr noch von Mahler geplantes Landhaus auf dem Semmering, ein Haus mit einem riesigen Natursteinkamin und Kokoschka-Fresken im Zentrum.

Anfang 1915 fährt Alma Mahler für vierzehn Tage nach Berlin, um den verwundeten, aus dem Feldlazarett entlassenen Freund Walter Gropius zu besuchen. »Er war unter Toten verschüttet und hat einen schweren Nervenschock«, schreibt sie, und am 18. Mai hält sie im Tagebuch fest: »Sterbetag Gustav Mahlers und zugleich Geburtstag von Walter Gropius. Sind das Zufälle?« Dann, einige Monate später, die nüchterne Notiz: »Am 18. August habe ich Walter Gropius geheiratet...«

Leutnant Gropius kehrt nach dem Heimat- und Heiratsurlaub zu seiner Truppe zurück, und Alma sinniert am 26. September: »Es ist die merkwürdigste Ehe, die sich denken läßt. So unverheiratet... so frei, und doch gebunden.« Die beiden halten ihre Ehe vorerst geheim. Keine wilden Eruptionen wie bei Kokoschka, alles ist wohlüberlegt, nur durch den Krieg unberechenbar. »Walter Gropius ist im Feld... manchmal habe ich Angst, daß wir einander fremd werden«, schreibt sie im Oktober 1916. Sie kann sich ein Zusammensein mit dem Architekten Gropius, dem »ungemein noblen Menschen«, gar nicht mehr vorstellen, ihre Verbindung auf Distanz nennt sie »eine müde Dämmerehe«. – »Eine große fremde Freude täte mir not!« notiert sie im Tagebuch.

Zwei Ereignisse holen sie aus ihrer Lethargie: die Geburt der Tochter Manon und das Gedicht *Der Erkennende* von Franz Werfel, das sie in einer Zeitschrift liest und das sie wie ein Blitz trifft. Es rührt Saiten an in ihr, die sie längst verstummt glaubte. Wann hat sie sich zum letzten Mal ans Klavier gesetzt und aus innerer Bewegung heraus einen Text vertont, wie sie es jetzt tut?

Im Sommer 1917 lernt sie Franz Werfel persönlich kennen, der Dichter Franz Blei bringt ihn mit in ihr gastfreies Haus. Ein Funke springt sofort über, Tagebuchaufzeichnungen bezeugen ihr Spiel mit dem Feuer: »Werfel ist ein untersetzter Mann, mit sinnlichen Lippen und wunderschönen großen blauen Augen unter einer Goetheschen Stirn. Er gewinnt, je mehr er sich gibt...« Werfel kommt wieder und wieder in ihren Salon, trägt im Kreis der Freunde seine Gedichte vor, singt mit wohlklingender Tenorstimme Opernpartien und Alma begleitet ihn, endlich wieder in Musik schwelgend, am Flügel. »...wir wußten von keiner Welt mehr«, schreibt sie ins Tagebuch. Werfel muß etwas Frauenbetörendes an sich gehabt haben. Die heimatlose Dichterin Else Lasker-Schüler verbringt einmal, sehnsuchtstrunken, eine ganze Nacht auf der Fußmatte vor seinem Zürcher Hotelzimmer. Von ihr stammen die Verse: »... auf seiner Lippe/ ist eine Nachtigall gemalt/ Mein Garten singt,/ wenn er ihn verläßt.«

Während Gropius noch im Feld ist, fern und entrückt, trifft sich seine Frau im Januar 1918 mit Werfel in dessen Hotel. Sie notiert hinterher resigniert: »Wenn ich zwanzig Jahre jünger wäre, würde ich alles hinhauen und mit ihm gehen. So aber... muß ich ihm mit tiefer Trauer nachsehen, wenn er seinen Götterlieblingsweg dahingeht.« Ihre Trauer ist verfrüht. Die elf Jahre Altersunterschied sind für den Götterliebling, den 28jährigen Prager Industriellensohn und einfallsreichen Fabulierer, nicht von Belang, er begehrt Alma – und wird von nun an ihr weiteres Leben bestimmen. Das Jahr 1918 ist mit dem Ende des Ersten Weltkriegs ein aufregendes Jahr – auch für ihr persönliches Leben.

Ein Besuch Werfels in ihrem Landhaus auf dem Semmering endet tragisch. Alma ist im siebten Monat schwanger, den Ehemann, den sie jetzt an ihrer Seite brauchte, sieht sie nur selten bei kurzen Fronturlauben. Für den schwärmerisch veranlagten Werfel ist Alma, die mütterliche Geliebte, Erfüllung seiner Sehnsucht. Er schreibt am 29. Juli 1918 in sein Tagebuch: »Ich habe mir Frauen bisher immer nur viele Monate lang vorher imaginiert und zurechtgeschwärmt. Sie waren mir wenig wirklich. Alma ist mir wirklich.« Und dann das Geständnis: » Wir liebten uns! Ich schonte sie nicht.« Für Alma hat diese Liebesnacht schlimme Folgen. Eine Frühgeburt droht, der Dorfarzt ist überfordert. Der eilig herbeigerufene Ehemann Gropius trifft mit einem Spezialisten aus Wien ein, Alma wird in ein Wiener Sanatorium gebracht. Der Junge, den sie zwei Monate zu früh zur Welt bringt, ist so anfällig und schwach, daß er das erste Jahr nicht überlebt.

Die schuldbewußte Mutter fühlt sich elend, auch Werfel macht sich Vorwürfe. Gropius hat durch Zufall ein vertrauliches Telefongespräch seiner Frau mit Werfel gehört, er weiß nun, was geschehen ist. Bewahrt Haltung, die Zeiten, wo man Nebenbuhler zum Duell forderte, sind vorbei. Er beschwört Werfel: »Schonen Sie Alma. Es kann ein Unglück geschehen. Die Erregung, wenn uns (Uns!) das Kind stürbe!« Werfel ist zerknirscht, sucht sich in gläubig kindlicher Weise zu kasteien. Dieses Erlebnis und die Angst um Alma verwandeln den lebensfrohen Bonvivant und Kaffeehaus-Stammgast, er arbeitet konzentriert, statt die Nächte mit Freunden im Café Herrenhof oder in einer Gulaschhütte zu verbringen. Alma wacht als Muse und Mentorin über seinem Schaffen.

Die Ehe mit dem Berliner Architekten Walter Gropius ist nicht ihr Lebensmittelpunkt – ist es nie gewesen. Gropius, der 1919 in Weimar das Bauhaus gegründet hat, ist von der Idee einer Zusammenführung von Kunst und Handwerk besessen, will die Kunst aus ihren elitären Höhen in die Praxis holen, eine »Versuchszentrale« schaffen, in der Techniker und Künstler gemeinsam neue Wohnformen und Gebrauchsgegenstände entwickeln. Für ein Familienleben mit gesellschaftlichem Glanz, wie es Alma gewohnt ist, bleibt, auch nach ihrer Übersiedlung in die deutsche Residenzstadt, wenig Zeit, zumal die politischen Unruhen – Generalstreik, Kapp-Putsch – im Frühjahr 1920 den Alltag in Weimar bestimmen. Alma sehnt sich nach Wien zurück, zu Franz Werfel. Die Scheidung von Gropius zieht sich hin, es geht um die gemeinsame Tochter Manon, ein hochintelligentes, sensibles Kind, das später, als junges Mädchen, auf tragische Weise an Kinderlähmung sterben wird.

Die Rückkehr in die Musikstadt Wien nach der Trennung von Gropius wäre der Zeitpunkt, wo sich die nun wieder Unabhängige der Musik widmen, alte Kompositionspläne aufnehmen könnte. Aber wie in ihrer ersten Ehe mit Mahler beschränkt sie sich darauf, dem neuen Gefährten Franz Werfel möglichst angenehme Lebens- und Arbeitsbedingungen zu schaffen. Sie hat ein Haus in Venedig gekauft, in dem Werfel an seinem Verdi-Roman arbeiten kann. Sie reist mit ihm nach Ägypten und Palästina – sein Drama *Paulus unter den Juden* entsteht. Sie bewundert seine Arbeitskraft und sie fürchtet, daß er sich, wie Mahler, übernimmt. Seine Vitalität und seine Jugendlichkeit beunruhigen sie, unterschwellig lauert immer die Angst, ihm nicht genügen zu können.

Im August 1928 schreibt sie nach der Lektüre alter Kokoschka-Briefe ins Tagebuch: »Ich bin seit zehn Jahren unausgeglichen und spiele irgendeine Rolle. Nach außen: die sozusagen glückliche Geliebte eines anerkannten Dichters... er will ja heiraten, so schnell wie möglich, aber etwas in mir will nicht.« – Dann im September: »Vielleicht werde ich Franz Werfel doch heiraten...« Und am 7. Juli 1929: »Morgen wollen wir heiraten... Weiß nicht, ob ich recht handle bei meiner Freiheitssucht... Ich werde in wenigen Wochen fünfzig Jahre alt – und Franz Werfel ist jung. Ich muß schritthalten... muß Jugend heucheln. Den ungeheuren Reiz des Alterns, des Sich-in-sich-selber-Zurückziehens, Weniger-Mitspielens – darf ich mir nicht leisten.«

Sie läßt um ihren Paradiesvogel, damit er ihr nicht entfliegen kann, einen goldenen Käfig bauen. Vom besten Architekten. Aus edelstem Material. Die von Josef Hoffmann entworfene 28-Zimmer-Villa *Auf der Hohen Warte* in Döbling bietet dem Dichter ein komfortables, ruhiges Dachatelier mit Blick zum Kahlenberg und der Hausherrin den Rahmen, den sie sich immer gewünscht hat: mit weißem Marmor ausgestaltete Räume, angefüllt mit ihren gesammelten Schätzen. An den Wänden Kokoschkas, Makarts und Munchs, in Schaukästen Partituren Gustav Mahlers und das Original von Bruckners 3. Symphonie, als Blickfang im Zentrum die Mahler-Büste von Rodin, die Werfel nicht, wie damals Kokoschka, zu Eifersuchtsszenen herausfordert. Er versteht es, sich auch in fremdem Glanz zur Geltung zu bringen, zumal ihm der eigene mit jeder Neuauflage seiner populären Bücher mehr und mehr zufällt. Fügsamer als Mahler, Kokoschka und Gropius spiele er, schreibt Friedrich Torberg, in seiner fülligen Heiterkeit die Rolle eines von Gott verwöhnten Kindes. Die tragende Rolle aber in diesem Gesellschaftsspiel verkörpert Frau Alma. Werfel weiß, was er ihr zu verdanken hat. Sie hat ihn, zum Leidwesen seiner Freunde, zum geordneten Arbeiten gebracht, sie hat ihm den Weg von der Elisabethstraße in dieses feudale Gehege geebnet – wenn auch mit dem Geld seiner Stücke und Bücher.

Im Salon auf der Hohen Warte verkehrt die Wiener Prominenz, wer auf sich hält, muß sich hier sehen lassen. Alma Mahler-Werfel hat mit Geld und Geschick ihre gesellschaftliche Vormachtstellung gegenüber den anderen Wiener Salons ausgebaut, die intimer, aber nicht uninteressanter sind und meist von berufstätigen Frauen geführt werden: der Pädagogin Eugénie Schwarzwald, der Journalistin Berta Zuckerkandl, der Tänzerin Grete Wiesenthal oder der Kulturphilosophin Rosa Mayreder. Bei Alma Mahler-Werfel finden sich höchst widersprüchliche Gäste ein: Heimwehroffiziere und revolutionäre Sozialisten, kirchliche Würdenträger und Freidenker, Bankiers und Bohemiens. Klaus Mann, der zugereiste Beobachter, gibt in seinen Tagebüchern ein anschauliches Bild dieses typischen Wiener Gemenges im Salon auf der Hohen Warte: »Die Hausfrau, hochgewachsen, sorgfältig geschmückt, von immer noch schöner Miene und Gestalt, bewegte sich triumphierend vom Päpstlichen Nuntius zu Richard Strauß oder Arnold Schönberg, vom Minister zum Heldentenor, vom stilvoll vertrottelten alten Aristokraten zum vielversprechenden jungen Dichter.«

Elias Canetti sieht die Hausherrin, die in wallenden Gewändern durch ihre Räume schreitet, boshafter als »eine ziemlich große, allseits überquellende Frau, mit einem süßlichen Lächeln ausgestattet und hellen, weit offenen, glasigen Augen«. Daß Alma Mahler-Werfel samt ihrem Salon in seiner Autobiographie *Augenspiel* nicht besonders gut wegkommt, verwundert nicht: Mit seinem Werben um Tochter Anna hatte er kein Glück, Anna Mahler hat Paul von Zsolnay geheiratet, den erfolgreichen Verleger der Bücher Werfels.

Auch wenn Alma Mahler-Werfel, die schon ihren früheren Ehemann Gropius von der Politik fernzuhalten suchte, in ihrem Salon mehr die schönen Künste als das nüchterne Alltagsgeschäft pflegen will, wird sie doch in den Sog der beunruhigenden politischen Entwicklungen hineingezogen. Nach der Machtübernahme Hitlers in

Deutschland schreibt sie besorgt: »Ich fürchte sehr für Franz Werfel... seine Bücher werden verbrannt – er ist nicht mehr umworben –, er ist auf einmal ein ›kleiner vorlauter Jud‹ mit mäßiger Begabung für die Menge, die jetzt den Erfolg diktiert.« Am 27. Februar 1934 die Notiz: »Straßenschlacht in Wien...« Und etwas später: »In Österreich herrscht momentan ein gefährlicher, schleichender Antisemitismus. Also viel ärger als der deutsche.«

Kurt Schuschnigg, der nach der Ermordung von Dollfuß österreichischer Bundeskanzler geworden ist, verkehrt häufig im Hause Mahler-Werfel. Er will die Unabhängigkeit Österreichs sichern, sieht sich aber als schwacher Staatsmann 1938 gezwungen, mit Hitler ein Abkommen zu schließen. Eine anschließende Volksabstimmung über die österreichische Unabhängigkeit wertet Hitler als Vertragsbruch und marschiert ins Land ein. Schuschnigg weigert sich, ins Ausland zu fliehen und wird von den Nationalsozialisten für die ganze Zeit des späteren Weltkrieges in Haft gehalten. Um einer Verhaftung zu entgehen, verlassen viele, vor allem jüdische Bürger das Land, während die Hitler-Begeisterung in der Bevölkerung groß ist. Alma Mahler-Werfel, in früherer Zeit nicht frei von Antisemitismus, erinnert sich: »Den letzten glücklich scheinenden Abend verbrachte ich mit Zuckmayers, Ödön von Horvath (den ich nie mehr wiedersehen sollte), mit Csokor und der Tochter des italienischen Gesandten Salata, die ich alle ins jüdische Restaurant Neugröschl eingeladen hatte. Es war fast leer...« – Wien hat sich verändert: »Täglich wuchsen die Blumenmengen vor dem Deutschen Verkehrs-Büro, in dem das Riesenbild Hitlers prangte... Die Frauen legten kniend ihre blühende Last vor dem Bild des Führers nieder. Ein neues Blatt erschien, ›Wiener Beobachter‹, das den ›Völkischen Beobachter‹ noch an Gemeinheit überbot.«

Höchste Zeit, Österreich zu verlassen. Werfel ist schon außer Landes, seine Frau und die Tochter Anna reisen am 13. März 1938 mit kleinem, unauffälligem Gepäck über Prag und Triest nach Zürich, von hier aus gemeinsam mit Werfel weiter nach Paris und Sanary-sur-mer, wo sich viel Emigrantenprominenz zusammengefunden hat. Werfel arbeitet trotz einer Herzattacke wie besessen, Alma kommt mit der Exilsituation schlechter zurecht: »Es ist ja ganz egal, man lebt so hin, wie das Tier, ohne Arbeit, ohne Musik, ein Schatten seiner selbst. Wenn das Sichumbringen nicht so weh täte, ich hätte es längst getan.«

Hitler holt sie auch in Frankreich ein. In Marseille warten sie im Sommer 1940 lange zermürbende Wochen auf ein Ausreisevisum nach Amerika, gemeinsam mit Heinrich Mann, dessen Frau Nelly und Thomas Manns Sohn Golo gelingt ihnen die Flucht durch die Pyrenäen nach Spanien, im zerschlissenen Gepäck die Symphonien Mahlers und die *Dritte* von Bruckner. Von Lissabon aus schließlich die Überfahrt auf einem griechischen ›Seelenverkäufer‹ nach New York.

Werfel, der sehr sprachbegabt ist, lebt sich schneller in neuer Umgebung ein als seine Frau. Er schreibt wie im Rausch seinen *Bernadette*-Roman nieder, während sie die Kontakte zu anderen Emigranten pflegt: zu Max Reinhardt, Kurt Wolff, dem jungen Pazifisten Benjamin Britten, Marc Chagall, Erich Maria Remarque, Arnold Schönberg, Thomas Mann. Die im Gegensatz zu vielen anderen Emigranten noch immer Wohlhabende kauft ein Haus in Beverly Hills, bescheidener als die Wiener Hoffmann-Villa, aber einen Steinway-Flügel gibt es auch hier.

Werfels Herzattacken häufen sich, werden lebensbedrohlich. Alma wagt nicht mehr, ihn allein zu lassen. Sie geht das letzte Stück Weges mit ihm, wie schon die ganzen harten Jahre der Emigration. Der Wiener Freund Friedrich Torberg löst sie bei den Nachtwachen ab. Immer wieder Hoffnung, trügerische Phasen der Erholung. Dann, an einem Augustabend 1945 der tödliche Kollaps. Mit 55. Der Lebensnahe und Himmelsfrohe sei buchstäblich an gebrochenem Herzen im Exil gestorben, schreibt Torberg.

Im Herbst 1947 kommt Alma Mahler-Werfel zum ersten Mal wieder nach Wien und ist entsetzt: Das Haus auf der Hohen Warte, acht Jahre ihr glanzvoller Lebensmittelpunkt, eine Ruine. Mahlers und Werfels Schreibtische mit kostbaren Briefen und Manuskripten verschwunden. Alles kalt und fremd. – Was sollte sie in dieser Stadt halten? Was in Europa? Die meisten Freunde sind tot. Ihr Leben spielt sich in der Vergangenheit ab.

1952 verkauft sie ihr Haus in Kalifornien und siedelt nach New York über: Weltstadtluft, die sie zum Atmen braucht. Sie ist 73 und von Beruf Nachlaßverwalterin. Im dritten Stockwerk ihres Hauses richtet sie sich ein zwischen den Büchern Werfels und den Bildern Kokoschkas. Im Schlafzimmer hängen die Gemälde ihres Vaters, und im Tresor ruhen die durch alle Fluchtländer geretteten Partituren Mahlers. An wieviel Geburtsstunden wichtiger Werke hat sie teilgehabt – und darüber das eigene Schaffen ruhen lassen. Aus Opfermut? Aus mangelnder künstlerischer Antriebskraft? Aus weiser Einsicht in ihre Begrenztheit?

Im Großen Brockhaus ist Alma Mahler-Werfel nur als Tochter, Gattin und Geliebte aufgeführt. Im Brockhaus Musik-Lexikon ist immerhin von »zwei Heften Liedern« die Rede, allerdings ohne Anführung einzelner Titel und eingebettet in das Werkverzeichnis Gustav Mahlers, wie ein Exkurs des Meisters. Welches Gewicht haben ihre eigenen Kompositionen? Wäre hier, wie bei Clara Schumann oder Fanny Mendelssohn, Wiedergutmachung zu leisten? Eine verkannte Komponistin ans Licht zu holen? Kaum.

Alma Mahler-Werfel hat in ihrer Biographie, ihrem »Buch der Erinnerungen«, die Akzente ihres Lebens selbst gesetzt. Da ist, außer in den Jugendjahren, wenig von eigenen Plänen und Kompositionen die Rede. Immerhin hätten sich nach dem Tode Mahlers, der ihr das Komponieren untersagt hatte, Jahrzehnte musikalischer Entfaltung anschließen können – der Steinway-Flügel war vorhanden. Doch sie machte das Werk ihrer Gefährten zu ihrem Lebensmittelpunkt. Sie war Muse – leidenschaftlich, mütterlich, fordernd, verstehend – und sie fand Befriedigung in dieser Rolle. Sie hat ein volles Leben gelebt und wird, wenn auch in Mahlers Werk nur als Fußnote, so doch, das weiß sie, in Kokoschkas *Windsbraut* weiterleben. Oder sollte sie den Worten des ewigen ungestümen Don Juan mißtrauen, der ihr noch zum siebzigsten Geburtstag geschrieben hat: »Wir zwei werden immer auf der Bühne des Lebens sein…«?

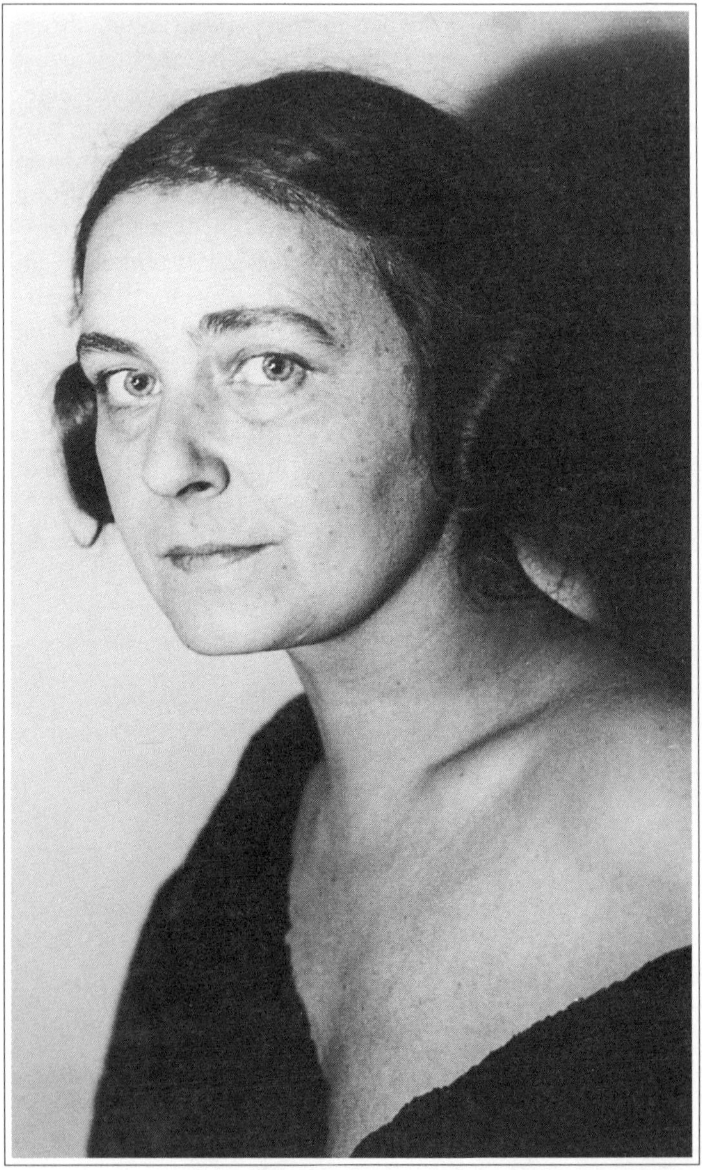

Rollen für die »schönste Frau Wiens«
Die Schauspielerin und Journalistin
Lina Loos
1882–1950

Denkbar ein Musical oder eine Operette, kurz nach der Jahrhundertwende in einem Wiener Café spielend, mit dem Titel »Du bist Wiens schönste Frau«. Textbuch von Peter Altenberg, Musik von Franz Lehár, einem Verehrer von Lina Loos.

Die Schauspieler auf der von Zigarettendunst leicht verschwimmenden Bühne agieren beschwingt, Musik untermalt ihre geschliffenen Dialoge und Couplets – eine Hommage an das Wiener Café und eine Wiener Frau. Um einen ovalen Marmortisch, der von Zeitungen, Wassergläsern, leeren Kaffeetassen und vollen Aschenbechern überquillt, sitzen in roten, zerschlissenen Plüschsesseln: der Autor Peter Altenberg, schon angejahrter Frauenfreund und literarischer Mentor der Runde; Karl Kraus, dessen Worte wie ein Fallbeil niedersausen können; Egon Friedell, der Nachwuchsliterat mit den schmachtenden Augen; Adolf Loos, ruhmvoller, aber mittelloser Architekt; und als Hauptdarstellerin, schüchtern aufreizend, die junge Schauspielerin Caroline Obertimpfler, spätere Lina Loos. Sie fühlt sich unsicher, hat diese Rolle nie gelernt – aber spielt sie mit um so größerem Erfolg.

Die eine Rolle der Lina Loos, die bekannteste. Doch die von reifen Männern und Jünglingen Umschwärmte läßt sich nicht auf den Part der jugendlichen Naiven festlegen, ihr Repertoire ist umfassender. Sie spielt im Laufe ihres

Lebens auf vielen Bühnen, versucht sich in immer neuen Rollen: als Ehefrau und Ehebrecherin, als Schauspielerin und Journalistin, als Philosophierende und politisch Agierende. Ein halbes Jahrhundert Wiener Geschichte.

Muse der Kaffeehausliteraten *»Du silberne Dame Du«*

Die Wiener Kaffeehausatmosphäre mit dem Flair des intim Geselligen und gleichzeitig Anonymen ist Caroline Obertimpfler vertraut, im Umkreis von Bohemiens und Möchtegern-Bohemiens ist sie aufgewachsen. Ihre Eltern – aus Südtirol gebürtig mit Andreas Hofer in einem Seitenzweig des Stammbaums – führen das legendäre Café Casa Piccola in der Mariahilferstraße, in dem schon Napoleons Kriegsrat getagt hat. Das damals beliebte Café hat, wie so viele Kaffeehäuser und Beisl Wiens, wie auch der im selben Hause eingerichtete Modesalon der Schwestern Flöge, die Zeiten nicht überdauert.

Die Eltern Obertimpfler waren rechtschaffene Leute, und aus den drei Kindern sollte auch etwas Rechtschaffenes werden. Aber diese lassen sich mehr vom ungebundenen Leben der Kaffeehausgäste als vom Fleiß der Eltern beeindrucken. Bruder Carl wird nicht, wie vorgesehen, Pfarrer, sondern Schauspieler und vertauscht den Familiennamen Obertimpfler mit dem wohlklingenderen Forest. Die ältere Schwester Helene verkehrt als Schriftstellerin in Literatenkreisen und führt auch die achtzehnjährige Caroline, die eine Schauspielschule besucht, dort ein. Eines Tages verschwindet sie spurlos, man vermutet, daß sie sich in der Donau ertränkt hat.

Caroline, am 9. Oktober 1882 geboren und noch längst nicht volljährig, wird bald ob ihrer Schönheit zum bewunderten Mittelpunkt des Peter-Altenberg-Stammtisches im

Löwenbräu. Es ist durchaus üblich, junge Damen, vor allem Schauspielerinnen, zu literarischen Stammtischen einzuladen, ›Kindfrauen‹ entsprechen dem Schönheitsideal, nicht verführerische Lolitas, eher anmutige, kindlich androgyne Geschöpfe, ästhetisches Beiwerk, formbar, vorteilhaft ins eigene narzißtische Weltbild passend. Die Angebetete auf dem Podest ist ungefährlicher als die sinnraubende Femme fatale, sie ist geistig stimulierendes Lebenselixier. Der Beruf des Weibes bestehe darin, das konkrete Ideal, die Bezauberung, die Illusion des Mannes zu sein, schreibt Ortega y Gasset: »Unglaublicherweise sind manche Leute blind genug, um zu meinen, die Frau könnte durch Wahlrecht und Doktorgrad auf die Weltgeschichte ebenso nachhaltig einwirken, wie sie es vermöge jener magischen Kraft der Bezauberung bereits tut.« – Eine kluge Taktik, Frauen mit Komplimenten und auf Kosten ihrer eigener Kreativität in Abhängigkeit zu halten.

Der geistreiche Genießer Egon Friedell, Verfasser einer dreibändigen *Kulturgeschichte der Neuzeit* und Mitglied der Altenbergschen Runde, formuliert das noch deutlicher: »Für den Denker und Künstler sind die Frauen nichts anderes als zufällige Anregungsmittel, die er geschickt benützt, um durch sie seinen geistigen Stoffwechsel zu steigern, vorübergehender Zündstoff, den er verbrennt, um durch ihn sein eigenes Feuer zu nähren.« Aussprüche des gefürchteten Kritikers Karl Kraus, der ebenfalls zur Runde im Löwenbräu gehört, könnten diese Ansicht belegen. Der zeitlebens unverheiratet Gebliebene schreibt: »Des Weibes Sinnlichkeit ist der Urquell, an dem sich des Mannes Geistigkeit Erneuerung holt.« Frauen reduziert auf ihren Körper – und in dieser Reduktion verkehrt sich jede Huldigung ins Gegenteil.

Der große Frauenfreund Peter Altenberg, Initiator der Stammtischrunde, geht subtiler vor. Sein »Frauenlob« sei, so Egon Friedell, »ein Positivdruck der Frauenphilosophie Weiningers«. Der passionierte Literat und Fotograf Altenberg sucht nach der »wirklich menschlichen Optik«. Die über hundert selbstfotografierten und mit Huldigungen versehenen Frauenbildnisse, mit denen er die Wände seines Zimmers im Graben-Hotel und auch noch den Flur verziert hat, werden von Kollegen als »Votivbildchen für unerhörte Bitten« verspottet. Tatsächlich verkörpert Altenberg die tragische Figur des ewig entflammten, unerhörten Liebhabers. Auch die junge Schauspielerin Caroline Obertimpfler, die seinen klugen Weltaufschlüsselungen begierig lauscht, schenkt ihre Gunst einem anderen: dem von seinen revolutionären Bauideen besessenen Architekten Adolf Loos, der als Nicht-Literat eigentlich Außenseiter in dieser Runde ist.

Die umschwärmte Jungschauspielerin entspricht zwar äußerlich dem Idealbild erträumter Kindweiblichkeit, aber sie ist nicht fügsame Modelliermasse in der Hand schöpferisch tätiger Männer – darüber dürfen auch die glutvollen, an sie gerichteten Liebesbriefe nicht hinwegtäuschen, die im Nachlaßband mit dem bezeichnenden Titel *Du silberne Dame Du* gesammelt wurden. Für sie selbst ist Schönheit ein eher lästiges Attribut. »Schönsein wird überhaupt stark überschätzt«, schreibt sie. »Man hat eigentlich nur Scherereien davon.« Und sie erinnert sich, wie sie als junges Mädchen sich vor dem Landschulinspektor verstecken mußte, der sie immer prüfen wollte.

In ihrem Blick liege die »Unabhängigkeit von der Mann-Sklaverei«, schwärmt Peter Altenberg. Er hat recht: Sie geht ihren eigenen Weg. Das wird auch ihr zukünftiger Ehemann Adolf Loos bald merken. Sein Heiratsantrag entspricht der zur Kunst hochstilisierten Attitüde der Beiläufigkeit. Er reicht ihr seine wertvolle russische Zigarettendose, die sie beim ungeschickten Öffnen zerbricht.

Verwirrt und schuldbewußt fragt sie, wie sie sich revanchieren könne. »Wollen Sie sich wirklich revanchieren?« fragt er amüsiert zurück – »So heiraten Sie mich!« Sie sagt ohne einen Augenblick des Zögerns ja. Und notiert sachlich: »Es war ein gewöhnlicher Frühlingstag, an dem sich diese außergewöhnliche Begebenheit zutrug. Im Sommer heirateten wir.«

Widerspenstige Ehefrau
»Ich habe doch eigene Augen«

Adolf Loos ist nicht irgendwer. Else Lasker-Schüler charakterisiert den missionarischen Neuerer mit den Worten: »Ein handgreiflicher Philosoph ist er, dem die Verschnörkelung der Architektur ein eitler Greuel, ein verwirrendes Knäuel ist, das er rücksichtslos löst.« Er hat sich als Architekt des revolutionären *Café Museum* und durch aufsehenerregende Zeitungsartikel gegen überladene und ornamentale Kunst einen Namen gemacht. Aber Aufträge gehen nur spärlich ein, er kann seiner Braut keine standesgemäße Wohnung bieten, die Eltern Obertimpfler müssen einspringen. Sie sind nicht begeistert über die Wahl ihrer noch nicht volljährigen Tochter. Loos ist zwölf Jahre älter und hat ein Verhältnis zum Geld, das solide Bürger irritiert.

Lina Loos beschreibt, wie sie eine sehr teure Zehnzimmerwohnung gegenüber der Oper besichtigen. Sie fragt: »Können wir denn eine so große Wohnung nehmen? Wir haben doch kein Geld?« Er: »Es ist ganz gleich, was für eine Wohnung wir nehmen, eine kleine können wir ja auch nicht bezahlen!«

Die Hochzeit findet im Juli 1902 in der Schloßkapelle des Fürsten Liechtenstein in Eisgrub/Mähren statt. Der katholische Pfarrer hatte nichts gegen einen jüdischen

Trauzeugen einzuwenden, aber Peter Altenberg verschlief die Abfahrt, der andere, mit Loos ebenfalls befreundete Trauzeuge mußte schnell seinen Bruder als Ersatz heranschaffen. Nun rahmen zwei blonde Riesen das Brautpaar ein, und der Pfarrer vergißt seine Predigt, weil er ständig darüber nachsinnt, welcher von den beiden denn nun der Jud sei.

Die von den Schwiegereltern finanzierte Wohnung in der Bösendorfer Straße gibt Loos die Möglichkeit, seine Wohnideen in kleinem Rahmen in die Praxis umzusetzen. Er ist so besessen von seinem Gegenkonzept »zum falschen Luxus der Parvenüs«, von seinem Modell des schnörkelfreien Wohnens, daß er gar nicht auf den Gedanken kommt, seine junge Frau zu fragen, ob sie sich in dem musterhaft gestalteten Wohnzimmer, das heute im Historischen Museum zu besichtigen ist, auch wohl fühlt. Er ist bemüht, geprägt von angelsächsischen Vorbildern, einen »warmen, wohnlichen Raum herzustellen«, sie zieht Cafés und Salons als Lebensmittelpunkt vor. Stätten des lebendigen Gedankenaustausches und der Entspannung, während Loos ständig im Kampf liegt mit Ideen, Kunstrichtungen, Rivalen. Wie Don Quichotte gegen Windmühlenflügel kämpft er gegen das Ornament, das ihm an Fassaden und Teetassen, immer und überall in die Augen springt.

Er wird einige Jahre später den berühmten Aufsatz über »Ornament und Verbrechen« schreiben, er wird gegenüber der Hofburg am Michaelerplatz das ›Haus ohne Augenbrauen‹ bauen, mit dem er in die Architekturgeschichte eingeht, wie nach ihm die Gestalter der Fuchs-Villa, des Hundertwasser- oder des Haas-Hauses. Seinen Kulturkampf führt er, ähnlich dem von Karl Kraus in der *Fackel*, in einer eigenen Zeitschrift, die er programmatisch *Das Andere* nennt, ein »Blatt zur Einführung abendländischer Kultur in Österreich«. Er arbeitet mit der in Wohnfragen zukunftsweisenden Architektin Margarete Schütte-Lihotzky zusammen und entwickelt ungewöhnlich spartanische Wohn- und Baukonzepte. Auf seinem Grabstein wünscht er sich die Worte eingemeißelt: »Adolf Loos, der die Menschheit von unnützer Arbeit befreite.«

Lina Loos aber lebt in einer anderen Welt. Ihr liegt die unverbissen ironische Gelassenheit eines Egon Friedell, der sie nach wie vor umschwärmt, mehr. Von ihrem Mann entfernt sie sich zunehmend. Nicht, daß er für weibliche Reize unempfänglich wäre. Als 1902 Isadora Duncan zum ersten Mal in Wien auftritt, ist er hingerissen. In späteren Ehen heiratet er viel jüngere Frauen, von denen er sich Erhaltung seiner Vitalität verspricht, auch Erhaltung seines Dominanzanspruches. Nach zweijähriger Ehe schreibt er Lina, die ihren Geburtstag in der Schweiz verbringt, in einem aufschlußreichen Brief: »Zu deinem Geburtstag wünsche ich dir soviel Gutes, als es ein Mensch nur wünschen kann... Wieviel habe ich dir zu verdanken! Durch dich habe ich jetzt eine eigene Wohnung – ein ewiger Traum meines Lebens – der wohl durch meine moralische Schwäche in Geldsachen nie in Erfüllung gegangen wäre... Erst durch dich habe ich jene Festigkeit in mein System von Styl und Leben hereinbekommen, die notwendig ist, um als Sieger aus diesem Kampf hervorgehen zu können. Dein unfehlbarer Geschmack, deine visionäre Sicherheit in der Beurtheilung, haben mich von vielen Zweifeln erlöst und mich und mein Werk erst lebensfähig gemacht.« Eine Huldigung an Lina, aber im Grunde eine Huldigung an sich selbst.

Sie kennt das Muster. Die Verehrerbriefe, die sie bekommt, lassen sie als weiblichen Mond um die männliche Sonne kreisen. Was sie bewegt, was aus ihr wird, ist nicht so wichtig. Vor dem Abschluß der Schauspielschule schreibt ihr Loos: »Denk nicht zuviel an die Prüfung. Fall in Gottes Namen mit Pauken und Trompeten durch. Du brauchst die Bande nicht aber ich brauche *Dich*!« – Er braucht sie tatsächlich – zum Begleichen unbezahlter Rechnungen und zum Abwimmeln des Gerichtsvollziehers. So jedenfalls empfindet sie ihre Beziehung. Mehr als einmal muß Vater Obertimpfler das Ehepaar ›auslösen‹, wenn Loos nach einem exquisiten Mahl die Zeche nicht bezahlen kann.

Diese finanziellen Schwierigkeiten gibt Lina Loos als Grund ihrer Trennung an, aber es ist ein vordergründiges Argument. Ihr geht es in Wirklichkeit um ein selbstbestimmtes Leben. Er hat sie gelehrt, die Welt mit seinen Augen zu sehen, und sie hat viel von ihm angenommen. Nun aber sagt sie trotzig: »Ich habe doch eigene Augen, eigene Ohren.« Später wird sie in einem autobiographischen Theaterstück ihrem Ehemann die Worte unterlegen: »Ich werde sie formen. Ich werde Gutes herausholen, Schlechtes brach liegen lassen. Es soll ein Kunstwerk werden.«

Äußerer und sicher ausschlaggebender Anlaß der abrupten Trennung nach fast drei Ehejahren ist ein Skandal, den Lina Loos in ihren Aufzeichnungen völlig ausblendet. »Unsere Ehe war nicht von langer Dauer, sie war, wie alles Irdische, begrenzt«, schreibt sie unverbindlich und umgeht dabei ein Ereignis, das auch im affärengewohnten Wien des Jahres 1904 Schlagzeilen macht: ihre tragisch endende Beziehung zu dem neunzehnjährigen angehenden Medizinstudenten Heinz Lang. Der junge Liebhaber entstammt einer angesehenen Wiener Familie, die Mutter, Auftraggeberin von Adolf Loos, spielt in der bürgerlichen Frauenbewegung eine Schlüsselrolle.

Heinz Lang erwartet seine noch mit Loos verheiratete Geliebte in London. Statt ihrer kommt ein Abschiedsbrief, die Liaison scheint ihr doch zu gewagt. Der verschmähte Liebhaber – so berichtet es Hugo von Hofmannsthal – fragt den Frauenkenner Altenberg, was er tun soll. Altenbergs Antwort: »Was sie tuen *sollten*? Sich erschießen. Was sie tuen werden? Weiterleben. Ruhig. Weil sie ebenso feig sind wie ich, so feig wie die ganze Generation, innerlich ausgehöhlt, ein Lügner wie ich.« – Heinz Lang, von der Feigheit und Doppelmoral seiner Gesellschaftskreise angewidert, nimmt den unbedachten Rat Altenbergs ernst. Er erschießt sich.

Die Zeitungen berichten über den Fall – obgleich Selbstmorde lebensüberdrüssiger Jugendlicher an der Tagesordnung sind – in großer Aufmachung, allerdings ohne Namen zu nennen. Aber Wien weiß Bescheid. Lina Loos ist die Alleinschuldige, auch wenn sie sich aus dieser Verbindung gerade zurückziehen wollte. Der hintergangene Ehemann nimmt den Skandal nicht mit der in seinen Kreisen üblichen weltmännischen Gelassenheit. Sein Stolz ist verletzt. Er tobt, verlangt ihre Verbannung vom Altenbergschen Stammtisch, ihre Ächtung durch die gemeinsamen Freunde. Wie er die Ornamentik verachtet, verachtet er auch das Rankenspiel ungezügelter Liebe – wenigstens bei seinen Partnerinnen. Er selbst wird sich später in einem Sittlichkeitsprozeß wegen seiner Beziehungen zu minderjährigen Mädchen verantworten müssen.

Die Ehrlichkeit und Geradlinigkeit, die er in der Kunst fordert, überträgt er nicht auf sein Leben.

Die ausgestoßene Ehefrau hält es für ratsam, erst einmal nicht nach Wien zurückzukehren und bei ihrer Freundin Laura Beer am Genfer See zu bleiben. Sie ist sich ihrer Mitschuld bewußt, der Vorfall geht ihr nahe, aber sie ist nicht bereit, sich als Büßerin an den Pranger stellen zu lassen: »Hier stehe ich, wirklich und wahrhaftig, ganz allein verantwortlich für mein Leben, und wenn es der Gesellschaft nicht paßt, paßt eben die Gesellschaft nicht für mich.«

Der Dramatiker und Arzt Arthur Schnitzler verarbeitet den Stoff zu einem kaum verschlüsselten Bühnenstück. Für ihn steht thematisch nicht die Schuld der Ehebrecherin, sondern die Wirkung des Wortes, Altenbergs verbale und sicher in ihren Konsequenzen nicht vorhergesehene Aufforderung zum Selbstmord, im Mittelpunkt. »Worte sind nichts«, sagt der Dichter im Stück. »Worte sind alles. Wir haben ja nichts anderes«, bekommt er zur Antwort. Wie weit geht die Verantwortung für Taten, die sich aus Worten ergeben? – Eine heute noch immer aktuelle Frage. Das Stück wird zu Lebzeiten Schnitzlers, wohl aus Rücksicht auf den Freund Altenberg, nicht aufgeführt, erst 1969 kommt *Das Wort* auf die Wiener Bühnen.

Im realen Leben wird die Ehe Loos am 19. Juni 1905 geschieden, zehn Tage, nachdem Lina volljährig geworden ist. Sie kann nun in Eigenverantwortung handeln. Die Scheidung erfolgt – nach Versöhnungsversuchen eines Seelsorgers – in gegenseitigem Einvernehmen. Die gemeinsame, von den Eltern Obertimpfler finanzierte Wohnung geht allerdings an Adolf Loos, er ist als offizieller Mieter eingetragen. Lina Loos sieht sich nach Arbeitsmöglichkeiten als Schauspielerin um, es drängt sie weg von Wien.

Schauspielerin ohne Passion
»Ich möchte lieber gar nichts arbeiten«

Lina Loos schifft sich, da sie nun einmal arbeiten muß, im Januar 1905 nach New York ein, ein Telegramm ihres wieder versöhnlicher gestimmten Exmannes in der Tasche: »Sei guten Muths, mein Mädi! *Der* Mensch kommt am Weitesten, der nicht weiß, wohin er geht.« Sehr weit kommt sie nicht in der Neuen Welt. Im März debütiert sie unter dem Pseudonym Carry Lind in New Haven als Luise in Schillers *Kabale und Liebe*. Doch schon im

Herbst taucht sie wieder auf einem deutschen Spielplan auf: im Cur-Theater von Norderney. Sie gastiert in Berlin, wo ihr Bruder Carl Forest als Schauspieler Karriere gemacht hat, und in St. Petersburg. Im Herbst 1907 wagt sie sich wieder auf Wiener Bretter, auf die Bretter einer Kabarettbühne – eine ganz neue Erfahrung für die nun 25jährige. Unter dem Pseudonym Lina Vetter tritt sie im Künstlerkabarett *Die Fledermaus* auf mit Texten von Peter Altenberg, und Altenberg wird als Kritiker in den Zeitungen ihre Ausdruckskraft, mit der sie seine Wortschöpfungen vorträgt, gebührend loben.

Peter Altenberg ist, zusammen mit Egon Friedell, Hauspoet der *Fledermaus* in der Kärntner Straße, die sich als Kleinkunstbühne nicht nur mit ihren witzigen Sketchs einen Namen macht: Die Schwestern Wiesenthal locken das Publikum mit Tanzneuschöpfungen an, Kokoschka inszeniert ein indisches Märchen, Gustav Klimt entwirft Bühnenbilder im Jugendstil und Kolo Moser entsprechende Kostüme. Jede Aufführung ein kleines Gesamtkunstwerk. Lina Loos alias Vetter spielt zarte, verträumte Mädchengestalten, Kunstblüten in Kostümen der Wiener Werkstätte, während Marya Delvard, weißgeschminkt mit blutrotem Mund, verführerisch als Vamp auftritt.

Als Lina Vetter steht die Loos auch bei anderen Wiener Bühnen im Programmheft. 1910 geht sie mit der *Fledermaus* auf Tournee ins Ausland. In Berlin gastiert sie im *Linden-Cabaret* und muß sich, gemeinsam mit ihrem Partner Friedell, gegen Claire Waldoff und Roda-Roda behaupten. Da sie nicht ehrgeizig ist, macht es ihr nichts aus, neben Prominenten zu spielen und nicht alle Aufmerksamkeit auf sich zu lenken.

Die Zusammenarbeit mit Egon Friedell gestaltet sich für Lina Loos spannungsreich. Er wirbt noch immer um sie, schreibt ihr glühende Briefe, demütigt sie aber in der Öffentlichkeit. Peter Altenberg bringt diese Beobachtung auf den Nenner: »Viele Männer wissen es ganz genau, daß sie *tief unter* ihren Frauen stehen. Deshalb stellen sie sich in der Gesellschaft absichtlich *über sie.*« Lina Loos lernt es, mit dem schwierigen Charakter Friedells umzugehen. Sie schätzt ihn als Freund und genießt seine Briefe, die wahre Kabinettstückchen an Witz und Selbstironie sind.

Im Herbst 1914, auf dem Höhepunkt der Kriegsbegeisterung, schildert er ihr, wie er sich in München den Deutschen als Kriegsfreiwilliger andient und von einem Militärbeamten, »groß wie das Zimmer«, vernommen wird: »Was, als Freiwilliger wollen Sie gehen? Wissen Sie, wieviel Freiwillige sich bis jetzt gemeldet haben? Eindreiviertel Millionen!! Und die schaun alle etwas anders aus als Sie! Von dem Gewicht, das Sie mit sich herumtragen, ist einem Infantristen mit Sack und Pack gerade die Hälfte erlaubt!« Worauf Friedell trotzig antwortet: »Ich will aber zur Kavallerie!« und der Deutsche kontert: »Eine Körpererscheinung, wie Sie sie besitzen, ist bestenfalls einem Major gestattet, und in dieser Charge können wir Sie nicht gleich anfangen lassen!« Darauf Friedell untertänigst: »Verzeihen Sie, aber ich habe nicht gewußt, daß Sie so exklusiv sind. Ich will mich nicht aufdrängen!« – Schließlich am Schluß des Briefes der Seufzer: »Du glaubst nicht, Lina, wie schwer es mir gemacht wird, den Heldentod zu sterben.« – Wenn die Geschichte sich nicht so zugetragen haben sollte, ist sie zumindest gut erfunden und könnte nicht einmal als Wehrkraftzersetzung geahndet werden. Friedell übersteht den Krieg, wie seine Schriftstellerkollegen Polgar, Zweig und Rilke, fern der Front in einem k. u. k. Pressequartier.

Lina Loos erlebt den Ersten Weltkrieg im Café, an Redefronten zwischen begeisterten Kriegsfreiwilligen und warnenden Pazifisten. Ihren Verlobten, Dr. Fries, hat sie gleich in den ersten Kriegswochen verloren, er ist in Rußland gefallen. Sein Testament sollte ihren Unterhalt absichern, aber sie lehnt die Annahme ab, obwohl sie von ihren Eltern, die das Café Casa Piccola verkaufen mußten, keine Unterstützung mehr erwarten kann. Sie ist gezwungen, nach einem Kuraufenthalt in einem Davoser Lungensanatorium, sich um eine feste Anstellung zu bemühen, und kommt, wie schon ihr Bruder Carl Forest, am Deutschen Volkstheater in Wien unter. Später wechselt sie zur Scala über. Da sie sich nie nach attraktiven Rollen drängt, ist sie ein äußerst beliebtes Ensemblemitglied. Aber das Theaterleben füllt sie nicht aus. Sie sieht ihre Möglichkeit der Selbstentfaltung auf anderem Gebiet: dem Schreiben.

Schreibende mit Passion
»Wie man wird, was man ist«

Als Schauspielerin hat sie sich Regieanweisungen zu fügen, als Schreibende kann sie ihre eigenen Gedanken zu Papier bringen. Als Schauspielerin ist ihre Schönheit ein selbstverständliches Attribut, als Schreibende fällt sie aus dem Rahmen. Schriftstellerinnen haben häßlich, altjüngferlich oder vermännlicht zu sein, so die Erfahrung Marie von Ebner-Eschenbachs, der männliche Kritiker »erschreckend häßliches Aussehen« bescheinigen. Möchte Lins Loos testen, ob ihre Anziehungskraft auch geistigen Ansprüchen standhält? Hat sie Helene von Druskowitz gelesen, die sehr uncharmante Wienerin, die mit geschliffener Feder dem Mann und der von ihm dominierten Welt den Kampf ansagt?

Die Beiträge, die Lina Loos für die *Wiener Woche*, das *Prager Tagblatt* oder die *Arbeiter-Zeitung* schreibt, haben nichts von der Schärfe einer Druskowitz. Es sind mit leichter Hand skizzierte Alltagserlebnisse, ironische Charakterisierungen ihrer Mitmenschen, Aufzeichnungen kurioser Begebenheiten. Die Runden im Café Herrenhof, im Central, später im Café Raimund bieten reiche Beobachtungsmöglichkeiten. Egon Friedell und Karl Kraus sind vom alten Löwenbräu-Stammtisch noch dabei, Adolf Loos ist zum Kreis um Eugénie Schwarzwald übergewechselt, den Platz des verstorbenen Altenberg nimmt nun Franz Theodor Csokor ein. Er ist Dramaturg am Deutschen Volkstheater und treuer Verehrer und Förderer von Lina Loos. Nützlich sind ihr auch die journalistischen Kontakte, die Berta Zuckerkandl für sie knüpft. ›Die Zuckerkandl‹ ist eine Wiener Institution, ein Genie der kunstvollen Vernetzungen. Sie kennt ganz Wien. Ihr Vater war der Gründer und Chefredakteur des *Neuen Wiener Tagblatts*, in dessen Wochenendausgabe regelmäßig Beiträge von Lina Loos erscheinen.

Berta Zuckerkandl als Hebamme künstlerisch avantgardistischer Projekte und als Ziehmutter des verkannten Nachwuchses – nicht nur Kokoschka kriecht bei ihr unter. Und nicht nur im Salon Zuckerkandl werden notleidende Künstler durchgefuttert und mit Aufträgen versorgt. Alle Wiener Salons haben auch eine soziale Funktion. Im Palais von Stella Ehrenfeld beispielsweise wird eine Robert-Musil-Gesellschaft gegründet, um dem mittellosen Autor die Weiterarbeit an seinem *Mann ohne Eigenschaften* zu ermöglichen.

Lina Loos, die mehr in den Salons und Cafés als in ihrer kleinen Sieveringer Wohnung lebt, hat sich als Journalistin einen Namen gemacht. Eine Reihe ihrer Feuilletonbeiträge sind in dem erst 1947 erschienenen Band *Das Buch ohne Titel* zusammengestellt. Daß sie auch Theaterstücke und ein Filmdrehbuch geschrieben hat, ist nur wenigen bekannt. Ihr brisantestes Stück *Wie man wird, was man ist* – eine Aufarbeitung ihrer Ehe mit Adolf Loos, den sie als genialen, aber unduldsamen und egozentrischen Mann schildert – hätte für Furore gesorgt, aber genau das möchte sie nicht. Mit einem einzigen ihrer Stücke nur hat sie sich an die Öffentlichkeit gewagt. Es heißt *Mutter* und wurde 1921 am Deutschen Volkstheater in Wien uraufgeführt. Obwohl die Kritiken nicht schlecht waren, muß die Reaktion des Publikums sie geschockt haben. Bitter resümiert sie danach ihren Werdegang:

I. Ich bin einige Zeit – wenn auch irrtümlich – die Freundin des Dichters Peter Altenberg und die Frau des Architekten Adolf Loos gewesen. – Ich bin die Schwägerin der Hofschauspielerin Traute Carlsen. – Mein Bruder Carl Forest ist Präsident des Bühnenvereins. – Meine Eltern besitzen eines der bestgehenden Kaffeehäuser von Wien. Ich bin eine geachtete Persönlichkeit, halte mich unbedingt für lebensberechtigt!! II. Traute Carlsen ist nicht mehr meine Schwägerin. – Mein Bruder ist nicht mehr Präsident. – Meine Eltern haben das Kaffeehaus verkauft. Man betrachtet mich mißtrauisch!! III. Es bleibt mir nichts anderes übrig, als produzierend mich selbst zu beweisen. IV. Ich habe ein einaktiges Stück »Mutter« geschrieben. – Trotz meiner Beziehungen wurde es vom »Deutschen Volkstheater« angenommen – und aufgeführt!! V. Es grüßt mich niemand mehr –

Die letzte Feststellung ist etwas übertrieben. Lina Loos behält ihren Freundeskreis. Ihre persönlichen Sorgen jedoch werden immer unwichtiger angesichts der sich anbahnenden politischen Veränderungen. Sie ist eine aufmerksame Beobachterin. Auf einer Berlin-Reise Ende der zwanziger Jahre notiert sie: »Was die Deutschen anlangt, habe ich beobachtet, daß sie einen eigenen Sinn haben. Jeder denkt an alle Deutschen … Hier schützt jeder die deutsche Nation und in Österreich ist jeder der Ansicht, daß wir nur einmal leben.« – Intuitiv erfaßte Völkerpsychologie, knappe Beiläufigkeiten, die 1933 ihre Harmlosigkeit verlieren.

Vorbei die geistreich unverbindlichen Salon- und Kaffeehausgespräche. Immer drängender werden nach dem Einmarsch Hitlers existentielle Fragen. Für Lina Loos ist es eine Zeit beruflicher Unsicherheit. Ihr Engagement an der Scala hat sie verloren, an anderen Theatern kommt sie nicht unter, da sie sich nicht zum Nationalsozialismus bekennen mag. Wie sollte sie: Ihr Chef, der mächtige Theaterdirektor Dr. Beer, hat sich vergiftet, ihr Freund Egon Friedell aus dem Fenster gestürzt. Berta Zuckerkandl, Franz Theodor Csokor und viele ihrer Bekannten gehen in die Emigration.

Für sie stellt sich diese Frage nicht. Ihre Lungenkrankheit hat sich wieder verschlimmert. Sie kämpft um eine Invalidenrente. Die NS-Behörden befürworten ihr Gesuch nicht, da sie »als typische Österreicherin nur in jüdischen Kreisen verkehrt« hat. Sie zieht sich ganz in ihre kleine, schlecht heizbare Wohnung in Sievering zurück. An den emigrierten Freund Csokor schreibt sie: »Ich grüße Dich wie eine Gestorbene.«

Doch die Gestorbene lebt und braucht Hilfe. Der treue Csokor und Strindbergs Tochter Kerstin, mit der sie befreundet ist, schicken regelmäßig Pakete mit Eßwaren und Zigaretten. Von ihrer Freundin Leopoldine Rüther, einer Grafikerin, die bei ihr wohnt, wird sie umsorgt. Bis 1943 erscheinen ihre Feuilletons noch im *Neuen Wiener Tagblatt*. Sie ist keine heroische Widerstandskämpferin, wird es auch 1944 nicht, als ihr Bruder in Lainz in einem Euthanasieverfahren durch eine Luftinjektion ermordet wird. Sie überlebt in der inneren Emigration.

Sozialutopistin
»Mitlieben! Mitleiden!«

Die Schrecken des Krieges und das in ihrer Umgebung erfahrene Leid bewegen die im Grunde Unpolitische, mit der geringen Kraft, die ihr noch geblieben ist, Friedensarbeit zu leisten. Sie engagiert sich im Bund Demokratischer Frauen, für den sich in der Gründungszeit 1946 auch Bürgerliche wie die Atomforscherin Lise Meitner oder die Tänzerin Grete Wiesenthal einsetzen, der aber später unter Margarete Schütte-Lihotzky zunehmend in den Sog Moskaus gerät, auch wenn in den Statuten »die überparteiliche Zusammenarbeit aller österreichischen Frauen ohne Rücksicht auf Religion, Stand und Herkunft« festgeschrieben ist.

Von der Idee des Weltfriedens ist Lina Loos so durchdrungen, daß sie dessen Feind nur im kapitalistischen Lager sieht, den Kommunismus aber für einen Garanten des Friedens, für unaufhaltsam und unüberwindlich hält: »Wenn es in Russland möglich ist, daß niemand arbeitslos, niemand obdachlos, niemand geistig und körperlich hungert – warum ist das bei uns nicht auch so?« Die Frage nach dem Unterschied zwischen Sozialutopie und Praxis stellt sie nicht. Sie engagiert sich im österreichischen Friedensrat und schreibt in kommunistischen Zeitschriften.

Das politische Bekenntnis zum Kommunismus hindert sie nicht daran, religiösen, jenseitigen Heilsvorstellungen anzuhängen. Sie bezeichnet sich als gute Christin, aber schlechte Katholikin. Zur Amtskirche hat sie keinen Zugang, die mystische Dimension des Christentums zieht sie an – und die soziale, die sie auch im Kommunismus sucht. Alle Menschen Brüder und Schwestern, in Liebe vereint: »Geistig Großes – Einmalig-Bleibendes wurde nur von Menschen geschaffen, die vom ›Wir‹ vom ›Ihr‹ erfüllt – ihr

›Ich‹ als unwichtig zurückgestellt haben... Mitfühlen! Mitleiden! Mitlieben! führen dann über das ›Selbst‹ hinaus.«

Ein weiter Weg von der »schönsten Frau Wiens«, von der Selbstverwirklichung zur Überwindung dieses ›Selbst‹. Sie sieht ihr Leben rückblickend als Reifeprozeß, ihre Krebserkrankung als »Tod und Zeugung, Werden – Sein – Vergehen zur gleichen Zeit«. Ein unvollendetes Werk, an dem sie über Jahre bis zum Schluß gearbeitet und das sie ihrer Gefährtin Leopoldine Rüther hinterlassen hat, trägt den Titel: *Primitive Vorstellungen einer Frau vom Uranfang bis zum Ende alles irdischen Geschehens* – das philosophische Vermächtnis der Lina Loos. Ihren Körper hat die am 6. Juni 1950 in Sievering Verstorbene der Anatomie vermacht. Ihr Testament ist an alle Menschen gerichtet:

Wenn ich tot bin, hinterlasse ich Güter von unermeßlich großem Wert: Die Erde! Wälder und viele Wiesen! Den Frühling und den Winter im Gebirge! Das Meer! Die Sonne und die Gnade Gottes! All diese Reichtümer meines Lebens hinterlasse ich euch ungeschmälert.

Vatertochter
Die Kinderanalytikerin
Anna Freud
1895 – 1982

Bühnenstück »Anna«. Wer könnte es geschrieben haben? Wer hätte die Sensibilität, sich in diese komplizierte Vater-Tochter-Beziehung hineinzudenken? – Möglicherweise Ingeborg Bachmann…

Szenenbild: Behandlungszimmer im Freudschen Haus Berggasse 19. Im Hintergrund die berühmte, orientalisch anmutende Couch mit den Samtkissen, auf der Professor Freud seine Klienten – und vor allem seine Klientinnen – therapiert. Er sitzt, in Zigarrenrauch gehüllt, an seinem wuchtigen Schreibtisch. Davor in einem grünen Polstersessel Tochter Anna, nach Worten suchend, nach Erinnerungsbildern. Freud hört schweigend zu, macht sich gelegentlich Notizen. Ein beinahe statisches Bühnenbild, das nur aus der inneren Dramatik der Worte und des Schweigens lebt.

Der Theaterzuschauer wird Zeuge eines in der Psychotherapie unüblichen Vorgangs: Der Vater therapiert seine eigene Tochter in einer sogenannten ›Lehranalyse‹. Einer solchen Analyse, die sich über drei bis fünf Jahre hinzieht, haben sich, als Bestandteil ihrer Ausbildung, alle angehenden Psychotherapeuten zu unterziehen. Dies geschieht jedoch, um Befangenheit auszuschließen, nie bei Familienangehörigen. Warum setzt sich Freud über dieses Tabu hinweg? Glaubt er, sich als ›Papst der Psychoanalyse‹ nicht an ungeschriebene Dogmen halten zu müssen? Will

VAGO

der eifersüchtig über seine Jüngste wachende Vater sie keinem Kollegen anvertrauen? Denkbar. Aber es gibt auch einen ganz praktischen Grund für seine Entscheidung: Anna fehlen die nötigen Voraussetzungen für eine offizielle psychotherapeutische Ausbildung.

Sie hat von 1911 an, nach einem sehr guten Schulabschluß am privaten Cottage Lyzeum, drei Jahre lang ein Lehrerseminar besucht und anschließend an ihrer alten Schule unterrichtet. Für eine Ausbildung zum Psychotherapeuten ist aber ein Medizinstudium Grundlage. Auch wenn Anna als Gasthörerin an den Vorlesungen ihres Vaters und an Sitzungen der Wiener Psychotherapeutischen Vereinigung teilnimmt: Sie ist eine von den tonangebenden Medizinern nicht voll anerkannte ›Laienanalytikerin‹.

Freud versucht auf allen möglichen Wegen, auch durch die Lehranalyse, seiner Tochter fachliche Anerkennung zu verschaffen. Er macht sie mit einflußreichen Kollegen bekannt, er nimmt sie mit zu internationalen Kongressen. Warum hat er der Hochbegabten und Lernwilligen keinen Gymnasiumsbesuch, kein Medizinstudium erlaubt? Gewiß, im ersten Viertel unseres Jahrhunderts ist ein Universitätsstudium für Mädchen noch nicht an der Tagesordnung, ›gelehrte Frauenzimmer‹ müssen gegen Vorurteile und Berufshürden ankämpfen, aber für eine Tochter Freuds dürfte dies kein Hinderungsgrund sein. Andere haben diese Hürden auch gemeistert: Raissa Adler, die Frau des Individualpsychologen Alfred Adler, gehört zu den frühen Medizinstudentinnen an der Wiener Universität. Die Atomphysikerin Lise Meitner hat hier schon 1906 promoviert, die Jugendpsychologin Charlotte Bühler 1921 ihre Habilitationsschrift vorgelegt.

Im Hause Freud jedoch ist ein Universitätsstudium nur für die drei Söhne vorgesehen. Die beiden älteren Töchter heiraten früh, wie sich das in bürgerlichen Kreisen gehört.

Doch was wird aus der im Dezember 1895 als sechstes und letztes Kind geborenen Anna? Sie muß sich erst einmal gegen die fünf Geschwister behaupten. Die Aufmerksamkeit des geliebten, aber in seine Arbeit versponnenen Vaters weiß sie durch vorlaute Bemerkungen geschickt auf sich zu lenken, und er notiert wohlgefällig: »Annerl wird geradezu schön vor Schlimmheit.«

Ein altkluges Kind, das sich unangepaßt gibt und Vaters ›Einzige‹ sein möchte. Es gelingt ihr, wie seinen Worten zu entnehmen ist: »Du bist etwas anders ausgefallen als Mathilde und Sophie, hast mehr geistige Interessen und wirst dich wahrscheinlich mit rein weiblichen Tätigkeiten nicht so bald zufriedengeben.« Er hat recht: Auch wenn Anna eine leidenschaftliche Strickerin ist, auch wenn sie später eine umfangreiche ›Wahlfamilie‹ betreut, eine Hausfrau wird sie nie, ihr Hauptinteresse wird immer – in einer problematischen Fixierung auf den Vater – psychoanalytischen Fragen gelten.

Die Mutter kann in dem großen Haushalt mit sechs Kindern, fünf Dienstboten und einem eigenwilligen Mann für die Jüngste nicht viel Zeit erübrigen, ihre unverheiratete Schwester Minna Bernay, die mit im Hause lebt, kümmert sich um die Kinder. Die Freuds legen Wert auf standesgemäßen Lebenszuschnitt mit repräsentativem Haus, Reisen, Bibliothek, Dienstpersonal. Sigmund Freud ist seit 1902 Professor, und Tochter Anna bewundert ihn. Sie erlebt die Entwicklung der Psychoanalyse von Anfang an mit. Die ganze Garde der jungen Psychoanalytiker verkehrt im Freudschen Haus: ›Söhne‹ wie Alfred Adler oder Carl Gustav Jung, die sich später von ihrem Ziehvater lossagen und eigene Schulen gründen werden. Die Frauen bleiben ihrem Meister in größerer Treue verbunden, vor allem Marie Bonaparte, die seine Ideen nach Frankreich trägt. Obwohl Freud immer wieder ein patriarchalisch überhebliches Verhältnis zu Frauen nachgesagt wird, scharen sich diese um ihn. Aus einigen seiner Patientinnen werden bedeutende Psychoanalytikerinnen, ohne daß er ihnen den Weg verbaut hätte. Die Psychoanalyse wird zu einem frühen Entfaltungsfeld für intellektuelle Frauen.

Anna Freud ist am stärksten beeindruckt von der Schriftstellerin Lou Andreas-Salomé, die sich der Psychoanalyse zugewandt hat und an Freuds Sitzungen und Kollegs teilnimmt. Aus der Bewunderung für die um mehr als dreißig Jahre Ältere entwickelt sich eine hilfreiche Freundschaft – ein Gegengewicht zur übermächtigen Vaterbeziehung. Nicht, daß Anna Freud diesen mächtigen Vater als bedrückend empfunden hätte, im Gegenteil: Sie bindet sich freiwillig immer stärker an ihn, wird seine Reisegefährtin, seine Gesprächspartnerin und Sekretärin, wobei Konflikte mit der Mutter nicht ausbleiben.

Und Freud, der kluge Analytiker, der seine Patientinnen aus elterlichen Klammerbeziehungen zu befreien versucht, unternimmt nichts, um seiner Tochter eine Ablösung zu erleichtern. Zwar ermahnt er die Spätpubertäre, nicht wie ein Kind vor manchen Dingen davonzulaufen, und wünscht ihr, »daß du dich nicht mehr asketisch vor den Zerstreuungen deines Alters zurückziehst, sondern das gerne thun willst, was anderen Menschen Vergnügen macht«. Doch wenn es ernst wird, weiß er dieses Vergnügen zu verhindern. Als der englische Psychoanalytiker Ernest Jones um seine Tochter wirbt, hält er ihr vor Augen, sie sei noch viel zu jung für eine Bindung – und der 35jährige Freier für sie zu alt, außerdem stamme er aus kleinen Verhältnissen. An Jones schreibt er unmißverständlich: »Sie ... ist noch weit entfernt von sexuellem Verlangen und lehnt Männer eher ab. Es gibt ein ausgesprochenes Einverständnis zwischen mir und ihr, daß sie nicht an Heirat oder die Vorbereitungen dazu denken sollte, bevor sie 2 oder 3 Jahre älter ist.« Der

Abgewiesene fügt sich und wünscht Anna in einem deutlichen Brief an Freud, »daß ihr ihre sexuelle Verdrängung nicht schadet«.

Freud ist sich der gefährlichen Vaterbindung seiner Cordelia, wie er sie in Erinnerung an die jüngste Lieblingstochter König Lears nennt, bewußt. In seinem 1913 erschienenen Aufsatz *Das Motiv der Kästchenwahl* greift er das Thema auf. Wie bei Lear liegt eine Tragik über dieser Vater-Tochter-Beziehung. Sie wird durch die Intimität der Lehranalyse – Kritiker sprechen von ›sublimiertem Inzest‹ – noch verschärft.

An die verständnisvolle Freundin Lou Andreas-Salomé schreibt Anna Freud, sie habe oft Tagträume, die mit ›Schlagephantasien‹ zusammenhingen. Dieses Thema behandelt sie auch in ihrer ersten wissenschaftlichen Untersuchung, die ihr den Eintritt in die Wiener Psychoanalytische Vereinigung ermöglicht. Die amerikanische Biographin Elisabeth Young-Bruehl entschlüsselt den inzestuösen Liebeswunsch der von Anna Freud geschilderten Tochter als autobiographische Aussage und den Aufsatz *Schlagephantasie und Tagtraum* als Wendepunkt in ihrem Leben: Absage an erotisches Begehren und Hinwendung zu Frauenfreundschaften. Sie sei immer eine Vestalin geblieben, eine keusche Hüterin des Heiligtums, schreibt die hinter die Freudschen Familienkulissen schauende Analytikerin Marie Bonaparte.

Dem Vater kann diese Entwicklung nur recht sein, Frauen empfindet er nicht als Rivalinnen um die Gunst Annas. Gemeinsam mit Frauen baut sie ihr praktisches Betätigungsfeld auf, er fühlt sich weiter für ihre wissenschaftliche Laufbahn verantwortlich. Ihre Tätigkeit als Lehrerin hat sie aufgegeben, nicht, weil sie der Kinder überdrüssig ist, sondern um ihm, dem Meister, als Mitarbeiterin voll zur Verfügung zu stehen. Sie baut ihre Kompetenz systematisch aus, hospitiert an der Psychiatrischen Klinik bei Helene Deutsch, steht dem Vater auf internationalen Kongressen zur Seite, erledigt seine Korrespondenz und übersetzt Fachtexte aus dem Englischen.

Die Lehranalyse zieht sich hin, Freud betreibt sie länger und gründlicher als üblich. Warum? An Lou Andreas-Salomé, eine der wenigen, die um die familieninterne Analyse weiß, schreibt er besorgt über Anna: »Sie ist nicht einfach und findet nicht leicht den Weg, auf sich anzuwenden, was sie jetzt so gut an anderen sieht... Ich habe die Furcht, daß ihr die unterdrückte Genitalität einmal einen argen Streich spielen kann. Von mir bringe ich sie nicht los, es hilft mir auch niemand dabei.« – Will er sie tatsächlich von sich losbringen? Und wer sollte ihm dabei helfen? *Er* ist doch der große Fachmann für Ablösungsprozesse.

Er bindet sie, auch in der wissenschaftlichen Arbeit, noch stärker an sich durch die Verleihung des ›Komitee-Rings‹ und die Aufnahme in den ›Kreis der Ringträger‹, einen erlauchten Zirkel von Psychoanalytikern und Freudianern, dem sie nun als einzige Frau angehört. Sie hält bedingungslos zu Freud, auch als seine Schüler und Bewunderer sich allmählich aus dem engen Kreis lösen und eigene, oft entgegengesetzte Wege gehen und ihn bekämpfen.

Das Jahr 1923 bringt entscheidende Einschnitte in Anna Freuds Leben. Sie eröffnet im elterlichen Haus an der Berggasse eine eigene Praxis. Ihr Sprechzimmer liegt dem ihres Vaters gegenüber, aber sie macht ihm keine Konkurrenz, sie hat sich, in kluger Abgrenzung, auf Kinder spezialisiert. Freud selbst hat sich mit Kindern kaum befaßt. Er spürt den Kräften im Unbewußten des Menschen nach und hat als erster eine Methode entwickelt, wie man diese Kräfte ins Bewußtsein bringen kann – die Psychoanalyse.

Anna Freud therapiert in ihrer Praxis vor allem Kinder von Patientinnen ihres Vaters. Als Lehrerin hat sie die Erfahrung gemacht, daß Kinder nicht isoliert von ihrer Umgebung behandelt werden können, die Familiengemeinschaft muß in die Arbeit einbezogen werden, neurotische Eltern übertragen ihre Schwierigkeiten oft auf die Kinder. Die Wechselwirkung zwischen der Außenwelt des Kindes und der Entwicklung seiner Innenwelt versucht sie aufzuzeigen und einen Zugang zum Erleben und den Phantasien der Kinder, die sich von denen Erwachsener unterscheiden, zu finden: »nur in der Kinderanalyse gibt es die Umstände, unter denen Tagträume und nächtliche Ängste, Spiel und schöpferisches Handeln der Kinder in nie dagewesener Weise auftauchen und dem Verständnis des erwachsenen Beobachters zugänglich werden können«. Durch ihre ruhige, verständnisvolle Art gewinnt Anna Freud das Zutrauen der Kinder und deren Bereitschaft zur Mitarbeit. Diese Gefühlsbeziehung zur Analytikerin – das ›therapeutische Bündnis‹ – ist Voraussetzung jeder Therapie. Nur in einem offenen Vertrauensverhältnis können Enttäuschungen, wie sie sich bei der Auflösung frühkindlicher Fixierungen und Konflikte ergeben, aufgefangen und fruchtbar verarbeitet werden.

Mit ihren Kinderanalysen leistet Anna Freud, ähnlich wie der Schweizer Hans Zulliger und ihre spätere Kontrahentin Melanie Klein, Pionierarbeit. Daß sie für Melanie Klein und deren Anhänger stets die nicht medizinisch ausgebildete Laienanalytikerin bleibt, kann die Freudtochter nur schwer verwinden. Sie geht in ihrem Lebenslauf nicht darauf ein und erwähnt auch nicht, daß sie die Lehranalyse bei ihrem Vater gemacht hat. In ihrer Praxis als Kinderanalytikerin bekommt sie kaum Überweisungen von Ärzten, deshalb ist sie auf das Netz ihrer persönlichen Beziehungen angewiesen.

Der Vater aber muß seine Arbeit mit Patienten erst einmal zurückstellen. Eine Krebserkrankung macht immer neue Kieferoperationen notwendig. Große Teile des Gaumens und der Kieferknochen müssen entfernt und durch komplizierte Prothesen ersetzt werden. Essen, Sprechen, jede Bewegung wird zur Qual. Freud ist nun ganz auf die Hilfe seiner Tochter angewiesen. Sie pflegt ihn, tippt seine Manuskripte und verliest sie auf internationalen Kongressen. Sie vertritt ihren Vater auch in wissenschaftlichen Gremien und nimmt für ihn Ehrungen entgegen. Anna-Antigone nennt er sie zärtlich, anspielend auf die antike Idealgestalt der treuen Tochter und Schwester, auf den Mythos der weiblichen Selbstaufgabe. Mit dieser Idealisierung bindet er die 28jährige erneut an sich. Sie wird ihm als liebende Tochter und als strenge Verfechterin seiner Lehre zur Seite stehen in den sechzehn Jahren, die er noch zu leben hat. Wie es nach seinem Tod mit Anna-Antigone weitergehen wird, beschäftigt ihn schon Jahre vorher. An Lou Andreas-Salomé schreibt er besorgt: »Sie macht es sich zu schwer, was wird sie anfangen, wenn sie mich verloren hat, ein Leben in asketischer Strenge?«

Seine Sorge ist, was die berufliche Entfaltung Annas betrifft – und das müßte er wissen –, unbegründet. Und für die ›asketische Strenge‹ ihres Lebens ist er mitverantwortlich, er hat sie eifersüchtig oder selbstsüchtig vor Verehrern abgeschirmt. Ihre Hinwendung zu Frauen wie auch die Abgrenzung ihres Arbeitsgebietes sind Versuche eigener Entfaltung, ohne dem Vater weh zu tun. Sie stellt seine Theorien psychosexueller Entwicklung, sein Strukturmodell von ›Es, Ich und Über-Ich‹ nie in Frage, ihre Kinderanalyse und ihre sich daraus ergebenden pädagogischen Projekte sieht sie seinem gewaltigen Werk gewissermaßen als Exkurs beigeordnet.

Da die Gründung einer eigenen Familie aus Rücksicht auf den Vater für Anna Freud nicht in Frage kommt, geht sie daran, systematisch eine ›Wahlfamilie‹ um sich herum aufzubauen – eine Art Frauenkommune, wie sie die Frauenrechtlerinnen Anita Augspurg und Lida Gustava Heymann auf einem Hof in Bayern zu verwirklichen versucht haben. Bei Anna Freud allerdings gibt es keine politische oder feministische ›Mission‹, ihr geht es um Therapiearbeit mit Kindern. Als 1925 die wohlhabende Tiffany-Tochter Dorothy Burlingham nach Wien kommt, um sich nach gescheiterter Ehe bei Sigmund Freud einer Analyse zu unterziehen, bringt sie ihre vier Kinder mit, die, wie es im Freudschen Familienbetrieb nicht unüblich ist, von Anna therapiert werden. Vor allem der schwer asthmakranke älteste Sohn braucht Hilfe. Zwischen Anna Freud und der Amerikanerin entwickelt sich bald eine Freundschaft, die lebenslang halten wird, und die nicht nur auf persönlicher Nähe, sondern auch auf enger beruflicher Zusammenarbeit beruht.

Dorothy Burlingham bezieht mit ihren vier Kindern eine Wohnung über der Freudschen, und Sigmund Freud schreibt zufrieden an einen Freund: »Unsere Symbiose mit einer amerikanischen Familie (ohne Mann), deren Kinder meine Tochter mit fester Hand analytisch großzieht, befestigt sich immer mehr...« Die Feststellung ›ohne Mann‹ ist für Freud wichtig und bezeichnend. Die beiden Frauen kaufen in Hochrotherd am Rand des Wiener Waldes ein uraltes Bauernhaus, das sie gemeinsam als Wochenendsitz herrichten. Es wird später im Zweiten Weltkrieg Verfolgten Unterschlupf bieten.

Gemeinsam mit Dorothy Burlingham und einer weiteren Freundin, Eva Rosenfeld, geht Anna Freud daran, eine Privatschule aufzubauen, die nach psychoanalytischen Prinzipien geleitet wird. Lehrende und Schüler leben wie in einer Großfamilie zusammen. Auch Eva Rosenfeld ist alleinerziehende Mutter und bei Freud in Analyse. Die meisten Eltern und Schüler stammen aus diesem Umfeld.

Einer der ehemaligen Schüler, Peter Heller, hat jetzt die Briefe Anna Freuds an Eva Rosenfeld herausgegeben – Zeugnisse einer Bindungssehnsucht außerhalb der überstarken Fixierung auf den Vater. Gleichzeitig Zeugnis eines Schulexperiments, das Ausgangspunkt für die später immer weiter ausgebaute Kinderanalyse ist. Einführende Werke zur *Technik der Kinderanalyse* und zur *Psychoanalyse für Pädagogen* stammen aus dieser Zeit.

Bei Anna Freud steht dabei nie die Theorie allein im Mittelpunkt, die praktischen Beobachtungen und Erfahrungen, an denen sie jede Theorie mißt, haben einen genauso hohen Stellenwert. Für angehende Erzieher ist diese praxisnahe Lehre anschaulich und einprägsam, aber auch Psychoanalytiker-Kollegen sind an dem Erziehungsexperiment interessiert. 1935 schreibt René Spitz an einen Freund, er habe die Absicht, »die Ergebnisse der Wiener und der Schule von Anna Freud zu studieren«. Anna Freud, seit 1927 Sekretärin der Internationalen Psychoanalytischen Vereinigung, ist es gelungen, auch im Ausland Aufmerksamkeit für ihre praxisbezogene Forschung zu finden. Während sie bei ihren ersten internationalen Auftritten die Vorträge ihres sprechunfähigen Vaters verliest, stellt sie 1934 in Luzern ihre eigene Arbeit vor. In Wien hält sie im Auftrag der Stadt Vorlesungen zur Einführung in die Psychoanalyse für Horterzieher und Seminare für Kindergärtnerinnen. 1937 gründet sie gemeinsam mit Dorothy Burlingham die *Jackson Nurseries*, eine experimentelle Kinderkrippe für Kleinkinder aus proletarischen Verhältnissen – sie weiß, welche Bedeutung frühkindliche Prägungen haben.

Neben dieser praktischen Tätigkeit läuft die Arbeit am Schreibtisch weiter. 1936 ist ihr großes Standardwerk *Das Ich und die Abwehrmechanismen* erschienen, das sie auch als kompetente Theoretikerin ausweist. Sie hat es in Dankbarkeit ihrem Vater und Lehrmeister zum 80. Geburtstag gewidmet, den sie, trotz seiner zunehmenden Starrköpfigkeit, noch immer bewundert. An die dreißig Kieferoperationen hat er im Laufe der Zeit über sich ergehen lassen müssen. Ständig von Schmerzen geplagt und in den Körperfunktionen eingeschränkt, sitzt er doch Tag für Tag mit ungeheurem Willensaufwand an seiner Arbeit. Er ist gerührt von der Fürsorge seiner Anna-Antigone und beobachtet sorgenvoll deren Überlastung. Auf Herausforderungen und Schwierigkeiten antwortet sie stets mit gesteigertem Arbeitseifer – ihre Art der Konfliktbewältigung. Und zu bewältigen gibt es in diesen Jahren viel: Sigmund Freuds Werke sind bei der Bücherverbrennung in Deutschland in Flammen aufgegangen, für Psychoanalytiker hat der große Exodus aus dem Reich eingesetzt. Wie wird es in Österreich weitergehen?

Im März 1938 marschieren die deutschen Truppen in Wien ein. Fast alle der über hundert Psychoanalytiker haben das Land verlassen und suchen in Amerika, dem Eldorado der Psychoanalyse, neue Arbeitsmöglichkeiten. Sigmund Freud denkt nicht an Emigration. Vielleicht glaubt er, die Nationalsozialisten würden einem alten, kranken und sehr berühmten Mann nichts antun. Vielleicht scheut er auch die Auseinandersetzung mit den Kollegen und Schülern, die sich in New York mit eigenen Lehrmeinungen profilieren. Helene Deutsch, Bruno Bettelheim, Otto Rank, Wilhelm Reich, René Spitz und viele andere sitzen hier, der Altmeister wäre sich einer unangefochtenen Patriarchenstellung nicht sicher.

Erst als Anna Freud am 22. März anstelle ihres kranken Vaters von der Gestapo zur Vernehmung abgeholt wird – für den Fall einer Folterung hat sie Veronal in der Tasche –, ist Freud bereit, sich und seine Familie ›freizukaufen‹, und ins Exil nach England zu gehen. Anna wird nach Protesten einflußreicher Freunde und des US-Botschafters umgehend aus der Haft entlassen und kann im Juni 1938 mit ihrem Vater über Paris nach London ausreisen.

In London findet sich im Haus 20 Maresfield Gardens die ›Wahlfamilie‹ allmählich wieder zusammen, auch die Möbel und Bücher sind aus Wien eingetroffen, die Gestapo hat sich – um welchen Preis? – großzügig gezeigt. Der 82jährige Freud nutzt das letzte Jahr seines Lebens zu intensiver, nur von Operationen unterbrochener Arbeit. Sein letztes Werk, *Abriß der Psychoanalyse,* bleibt unvollendet. Nach seinem Tod im September 1939 setzt die Tochter alles daran, sein Bild in der Öffentlichkeit ungetrübt zu erhalten.

Neben einer gläubigen Gemeinde, die Freud als ›Über-Vater‹ verehrt, sind ihm einflußreiche Schüler in einer Art Haßliebe verbunden. Sie sträuben sich dagegen, daß die Psychoanalyse allein als sein Werk in die Geschichte eingehen soll. Ein Werk, das allerdings nicht von allen Zeitgenossen gewürdigt wird. »Psychoanalyse ist jene Geisteskrankheit, für deren Therapie sie sich hält«, formuliert Karl Kraus boshaft.

Freud selbst hat sich nie als Heilsbringer gesehen. Sein aus der Antike übernommenes Motto ›Erkenne dich selbst!‹ zeigt ihn als faustischen Geist, der weiß, daß die Psychoanalyse die Menschen nicht besser machen kann, als sie sind – nur vollständiger, und zur Vollständigkeit gehört auch das Böse.

Anna Freud bemüht sich gleich nach dem Tod ihres Vaters um die Herausgabe seiner *Gesammelten Werke*. Einige Bände erscheinen noch während des Krieges in England in deutscher Sprache. Von den *Briefen an Wilhelm Fließ*, die sie 1950 mitherausgibt, bleiben etliche in der Schublade, um den Meister mit keinem Makel zu behaften, mehr als drei Jahrzehnte später erst werden sie vollständig veröffentlicht.

Im Nachkriegs-England stehen sich ›Freudianer‹ und ›Kleinianer‹, Anhänger der ebenfalls emigrierten Analytikerin Melanie Klein, gegenüber. Anna Freud versucht, es nicht zur offenen Spaltung kommen zu lassen und im übrigen ihr eigenes Werk unter Mithilfe ihrer ›Wahlfamilie‹ auszubauen. Schon 1940 hat sie mit ihrer Freundin Burlingham in Hampstead *Nurseries* für kriegsgeschädigte englische Kinder eingerichtet – ihr Dank an England und ihr persönlicher Widerstand gegen Hitler. Mit Hilfe einer amerikanischen Stiftung wurden hier bis Kriegsende mehr als achtzig Kleinkinder betreut. Über deren Entwicklung haben Anna Freud und Dorothy Burlingham genaue Aufzeichnungen gemacht, die wichtige Aufschlüsse über frühkindliches Verhalten in Extremsituationen geben – auch wenn Anna Freud bescheiden vermerkt: »Als Dokumente des Kampfes mit praktischen Schwierigkeiten, Mängeln und Kriegsgefahren erheben die Monatsberichte selbst keinen Anspruch auf wissenschaftlichen Wert.« Die Vorlesungen, die sie für ihre Mitarbeiterinnen hält, werden häufig durch Bombenalarm und Löscharbeiten unterbrochen, 1944, bei Beginn der V1-Angriffe auf London, fallen sie ganz weg. Nun geht es in den *Hampstead Nurseries* nur noch ums Überleben.

Nach dem Krieg finden in England tausend aus Konzentrationslagern gerettete Waisen Aufnahme. Anna Freud und ihre Mitarbeiterinnen kümmern sich um Kleinkinder aus dem Lager Theresienstadt. Dabei steht die humanitäre Hilfe im Vordergrund, aber diese Kinder sind auch aufregende Studienobjekte: Wie haben sie die gewaltsame Trennung von der Mutter verkraftet? Wie verhalten sie sich untereinander? Kann die enge Gruppenbindung Familie ersetzen? Werden fremde Bezugspersonen als Muttarersatz angenommen? Wie kann das feindselig-ablehnende Verhalten der Kinder ihrer Umwelt gegenüber abgebaut werden? Alle Beobachtungen und Behandlungsversuche werden festgehalten und bilden die Grundlage für spätere Veröffentlichungen: *Kriegskinder* erscheint 1949, *Anstaltskinder* ein Jahr darauf. Die empirischen Ergebnisse aus dieser Kriegs- und Nachkriegsarbeit mit Kindern gehen später in ihr umfangreiches Werk *Wege und Irrwege der Kinderentwicklung* ein.

1947 gründet Anna Freud ein eigenes Ausbildungsinstitut in der Tradition ihres Vaters. Mit der hier gelehrten klassischen Psychoanalyse setzt sie sich ab von verwässernden und verfälschenden Strömungen der Freudschen Lehre. Die *Hampstead Courses* gelten als einmaliges Modell einer privaten, durch Spenden finanzierten Hochschule für Analytiker. Angegliedert wird ihr später die *Hampstead-Kinderklinik*, deren Direktorin Anna Freud ist. Hampstead wird so zu einer weit über England hinaus anerkannten Forschungs- und Ausbildungsstätte für Kindertherapeuten, zu der auch ein Ambulatorium, eine Mütterberatungsstelle, ein Kindergarten und ein Betreuungszentrum für blinde Kinder gehören. Alles greift ineinander in diesem gut funktionierenden Kleinkosmos, in dem Anna Freud die Fäden unauffällig in Händen hält.

Die anfänglich schüchterne, im Schatten ihres Vaters stehende Wissenschaftlerin stellt nun auf internationalen Kongressen ihre Arbeit unbefangen und selbstbewußt vor. Der Tod des Vaters war für sie zwar ein schmerzlicher Verlust, aber gleichzeitig der Beginn eines zweiten, ganz in Eigenverantwortung gelebten Lebens. 1950 folgt sie der ersten Einladung nach Amerika, die Clark University verleiht ihr die Ehrendoktorwürde, weitere amerikanische Universitäten, auch berühmte wie Yale und Harvard, folgen. Die lange Reihe der Ehrungen erfüllt die ›Laienanalytikerin‹, die nie promoviert und sich nie habilitiert hat, mit Stolz: Ihr Werk hat Anerkennung gefunden.

Daß das Echo auf ihr Wirken und ihre Schriften gerade in Amerika so groß ist, kommt nicht von ungefähr. Der Siegeszug der Psychoanalyse, auch der Kinderanalyse, hängt mit der weitverbreiteten Überzeugung der Amerikaner zusammen, jeder Mensch komme als unbeschriebenes Blatt zur Welt und werde in den ersten Lebensjahren ausschließlich durch seine Umgebung geprägt. Die Schuld für Charakterfehler sei dementsprechend im Versagen der Eltern zu suchen. Verdrängte traumatische Erlebnisse vor allem sexueller Art könnten und müßten von einem Psychoanalytiker aufgedeckt und ans Licht geholt werden. Einer solchen Analyse bedürften nicht nur ›gestörte‹ Erwachsene und Kinder, sie sei für jedermann von Bedeutung. Heute soll, wenn die Umfrageergebnisse stimmen, jeder dritte Amerikaner in psychotherapeutischer Behandlung sein oder gewesen sein.

Anna Freud teilt diese Behandlungseuphorie nicht, auch nicht die Ansicht Melanie Kleins, die Kinderanalyse sei eine unentbehrliche Ergänzung jeder Erziehung. Sie hält eine Analyse nur bei wirklichen infantilen Neurosen für notwendig und schreibt: »Im ganzen meine ich, hat man bei der Arbeit mit Kindern manchmal den Eindruck, daß die Analyse hier ein zu schwieriges, kostspieliges und kompliziertes Mittel ist, daß man mit ihr zu viel tut, in anderen Fällen wieder, und das noch häufiger, daß man mit der reinen Analyse viel zuwenig leistet.« Sie kann sich eine skeptische Haltung der ›Therapiesucht‹ gegenüber leisten, sie ist nicht – nicht mehr – auf die Gunst zahlungskräftiger Klienten angewiesen.

Ihre Ehrendoktortitel häufen sich nun, mit Verspätung, auch in Europa. 1972 verleiht ihr die medizinische Fakultät der Universität Wien den Dr. h. c. – als erster Frau, dazu noch Nichtmedizinerin. Drei Jahre später erhält sie das Ehrenzeichen für ihre Verdienste um Österreich. 1971 hat sie ihre Heimatstadt zum ersten Mal nach dem Krieg wieder besucht. Eigentlich wollte sie dies nur tun, wenn ihr die Stadt einen Lippizaner bereitstellte, um durch die Tore zu reiten. Aber auf solch einen Ritt hat die Sechsundsiebzigjährige dann doch verzichtet. Das Wiedersehen mit Wien, mit den vertrauten Räumen in der Berggasse 19, die zu einem Freud-Museum umgestaltet worden sind, wird für sie trotzdem zum Erlebnis. Sie hat aus ihrem Londoner Haus die alte Wartezimmereinrichtung nach Wien zurückgehen lassen, auch zahlreiche Gegenstände aus dem Familienbesitz und aus Freuds wertvoller Antikensammlung.

Ins Gästebuch des Museums tragen sich heute Besucher aus aller Welt ein. Anna Freud ist ein eigener Raum mit ihrem Intarsientisch und ihrer Büchervitrine gewidmet. Im Haus ist auch das Sekretariat der Sigmund Freud-Gesellschaft untergebracht und – ganz in Anna Freuds Sinn – eine Psychoanalytisch-pädagogische Erziehungsberatung für Eltern und pädagogisch Tätige. Eine notwendige Einrichtung, denn die Zahl verhaltensauffälliger Kinder wächst. Eltern erhoffen jedoch oft zuviel von einer Therapie. Sie möchten ein gut funktionierendes Kind zurückerhalten, nicht eines, das sich gegen deformierende Zwänge auflehnt. Anna Freud plädierte für eine Neudefinition der Begriffe ›krank‹ und ›normal‹. Für sie ist das rebellierende, ungezogene Kind ›normaler‹ als das unauffällige, überangepaßte. Sie wird sich ihrer Kindheit erinnert haben, »wo sie sich ohne rechten äußeren Anlaß auf den Boden hinwarf und schrie, in einer Weise, wie man sie früher wohl als Besessenheit gekennzeichnet hätte«.

Die Achtzigjährige spürt noch immer etwas von dieser Vitalität in sich. Freuds Sorge um seine asketische Anna-Antigone war unbegründet. In ihrer Freundschaft mit Dorothy Burlingham und ihrem Ausbau einer männerlosen Großfamilie hat sie das geleistet, was Freud ›Sublimierung des Trieblebens‹ nennt. Sie ist, ganz dezidiert, ›Miß‹ Freud geblieben. Zuletzt, nach dem Tod ihrer Gefährtin und ihrer treuen Mitarbeiterinnen, vereinsamt. Um so stärker hat sie sich in die Arbeit gestürzt, in die Alltagsgeschäfte ihrer Klinik, ins Schreiben.

Ein Schlaganfall Anfang März 1982 lähmt ihre Sprachmuskeln und ihre Beweglichkeit, aber nicht ihren Geist. Noch im Krankenhaus liest sie die Korrekturen eines Buches über Familienrecht. Ihrem klaren Kopf wird die Hinfälligkeit ihres Körpers um so stärker bewußt. Am 8. Oktober 1982 stirbt die Siebenundachtzigjährige.

Sie wird als Hüterin des väterlichen Erbes in die Geschichte eingehen: Anna-Antigone. Aber auch als Mitbegründerin der Kinderanalytik. Sie selbst sieht das Hampstead-Institut mit der Verbindung von praktischer und theoretischer Analysearbeit als ihr eigentliches Lebenswerk an. Praxisnähe ist charakteristisch für all ihre Schriften, ebenso die klare, verständliche Sprache, mit der sie komplizierte Sachverhalte auch Laien klarmachen kann. Als ehemalige Pädagogin hat sie unter dem Verdikt ›Laienanalytikerin‹ gelitten – ihren Büchern ist die Vermeidung klinischer Fachsprache zugute gekommen.

1980, zwei Jahre vor ihrem Tod, ist Anna Freuds Gesamtwerk erschienen. Zehn Bände – eine gewaltige Leistung, wenn man bedenkt, wieviel Zeit sie daneben ihrem Vater und ihrer sozialen und therapeutischen Arbeit gewidmet hat. Sie selbst hat ihr Leben nicht als zu anstrengend und sie überfordernd empfunden. Sie zieht, in aller Bescheidenheit, dankbar die Bilanz: »Ich für meinen Teil bin vom Schicksal gut behandelt worden und habe mehr empfangen, als ich verdiente.«

Cordelia – Antigone: Rollen, die Sigmund Freud seiner Jüngsten und Liebsten zugedacht hat. Anna Freud hat sie angenommen und ausgefüllt.

Hier liegt meine Seele begraben

Die Femme de lettres

Hilde Spiel

1911 – 1990

Prater und Riesenrad
Eine Filmmontage über acht Jahrzehnte

1916:
Eine auf einem Wagen montierte Filmkamera hält ›laufende Bilder‹ aus dem Prater fest: fröhlich ausgelassene Menschen, die sich ruckartig vorwärtsbewegen.

Sie drängen sich um einen Zauberkünstler, stehen am Waffelstand Schlange. Vom Krieg ist, bis auf ein paar bunte Uniformröcke unter den Schaulustigen, nichts zu spüren. Die Kamera folgt einem kleinen Mädchen, das an der Hand der Eltern durch den Wurstelprater auf das Riesenrad zustrebt. Vorbei an Karussells und Geisterbahnen, am Hippodrom und am Watschenmann, vorbei an Ständen mit wilden Tiermasken und Clownkostümen, von denen das Kind sich kaum losreißen kann. Noch weniger vom ›Wurstel‹ auf der Marionettenbühne, die Mutter muß das Kind gewaltsam wegziehen, der Vater – in schmucker Offiziersuniform – hat schon Karten für das Riesenrad gekauft.

Das Kind, das jetzt in einen der farbigen Wagen klettert, ist fünf und heißt Hilde, Hilde Spiel. Es sieht aufgeregt hinunter auf die immer kleiner werdenden Menschen und Rummelbuden und sucht mit dem schweren Fernglas erfolglos nach der Kaserne, in der Vaters ›Feldhaubitzen-Batterie‹ liegt (das Kind speichert das Wortmonster in seinem Gedächtnis mühelos). Auch das vertraute Dorf Heili-

genstadt, Haus und Garten in der Probusgasse, sind nicht zu finden im Gewirr der Häuser und Straßen. Ärgerlich läßt die kleine Hilde Vaters Fernglas sinken, sie gibt eine Sache nicht gern auf, ist ehrgeizig, ungeduldig, wenn ihr etwas nicht gelingt.

Sie mustert nun die anderen Fahrgäste: eine Familie mit keifenden Eltern und lauten, zänkischen Kindern. Da hat sie es mit ihren Eltern besser getroffen: Die Mutter im weitschwingenden Spitzenrock, mit Broschen und Ketten und den schwarzen Stirnfransen unter dem Strohhut. Der Vater mit Goldknöpfen an der Uniform, groß, sonnengebräunt, zwei Narben an der Stirn, die er Mensuren nennt. Er ist Chemiker, jüdischer Herkunft, aber mit dem Wort ›jüdisch‹ kann das Kind nichts anfangen. Es ist katholisch getauft wie die anderen Kinder auch.

Die Luftfahrt und Lustfahrt – ein Wortspiel des Vaters – kommt dem Kind endlos vor. Es zieht die Eltern beim Aussteigen noch einmal zum Wursteltheater. Sie geben nach, sie kennen den beharrlichen Willen der Tochter.

1926:
Eine Horde junger Mädchen erstürmt einen freiwerdenden Waggon des Riesenrads.

Kampf um die Eckplätze, Schubsen, Kreischen. Die Mädchen witzeln über die Geisterbahn, der sie vor zehn Minuten mit schlotternden Knien entstiegen sind, und die jetzt klein und harmlos unter ihnen liegt. Sie suchen im Straßengewirr jenseits des Donaukanals nach dem Dianabad, ihrer Wasserball-Trainingsstätte. Und sie suchen nach ihrer ›Schwarzwaldschule‹ in der Wallnerstraße, mitten in der Innenstadt, im selben Häuserblock wie das Literatencafé Herrenhof.

Mitten unter ihnen die fünfzehnjährige Hilde Spiel, seit kurzem vom Realgymnasium übergewechselt an die fortschrittlich liberale Frauenoberschule der Eugénie Schwarzwald, die von Töchtern aus jüdischen und christlichen Intellektuellen- und Kaufmannsfamilien besucht wird. An diesem privaten Mädchengymnasium unterrichten unkonventionelle Köpfe wie Kokoschka, Adolf Loos oder Arnold Schönberg – ohne offizielle Lehrbefugnis, deshalb wird die erfolgreiche Schule von den Behörden mißtrauisch beobachtet. Für Hilde Spiel zweifellos die richtige Lernatmosphäre: anregend und fordernd. Die Schule wird später von den Nationalsozialisten geschlossen. Eugénie Schwarzwald, die den anspruchvollsten Salon Wiens geführt hat und als Vorkämpferin für akademische Frauenbildung in die Geschichte eingegangen ist, emigriert 1938 nach Zürich, in die Stadt, in der sie Jahrzehnte zuvor ihr Philosophiestudium abgeschlossen hat.

Hilde Spiel hat nicht nur schulischen, sondern auch sportlichen Ehrgeiz. Sie ist eine begeisterte Skiläuferin und Wasserballerin, gewinnt sogar eine Vereinsmeisterschaft. Im Schwimmclub trainiert sie mit der Meisterschwimmerin Maria Puchberger, durch die sie den Wasserballer Friedrich Torberg, der damals noch Kantor hieß, kennenlernt. An Verehrern fehlt es ihr nicht – und an animierender Lektüre auch nicht. Gemeinsam mit ihrer Freundin Stella liest sie mit verteilten Rollen stundenlang Schnitzlers *Reigen* – am Telefon. Ihr großer Schwarm ist der Burgschauspieler Alexander Moissi. Später erinnert sie sich ungern an das »überhitzte, hysterische Klima«, in dem sie groß geworden ist, ihren Kindern möchte sie ein solches Reizklima ersparen, spricht aber doch mit Begeisterung von der »Empfindungskraft, die uns damals erfüllte«. Dabei denkt sie an ihre ersten literarischen Versuche.

Unten, am Eingang des Riesenrads, stehen ein paar auf Dandy zurechtgemachte junge Burschen, die zu den niederschwebenden Mädchen hochwinken. Ob Hans Habe schon dabei ist, den Hilde Spiel später in ihrem ersten Roman *Kati auf der Brücke* als Peter Stuyvesandt verewigt hat? Mit ihm taucht sie als siebzehnjährige Literaturdebütantin im Herrenhof auf, er erinnert sich ihrer in seiner Lebensgeschichte als »reizende, weit über ihre Jahre hinaus feminine und kluge Freundin«. Im Herrenhof lernt sie auch den Dichter Lernet-Holenia kennen und Robert Neumann, der ihr erstes Buch zum Zsolnay-Verlag bringt. Sie träumt von einer Schriftstellerinnenkarriere, aber sie ist klug genug, ein solides Studium zu absolvieren.

1936:
Abschied von Wien. Letzte Fahrt mit dem Riesenrad vor der Emigration nach England.

Gemeinsam mit ihrem künftigen Ehemann Peter de Mendelssohn will Hilde Spiel sich Schauplätze ihres Lebens noch einmal aus der Höhe einprägen. Wer weiß, wann sie ihre Heimatstadt wiedersehen wird? Der Literat de Mendelssohn hat seinen belastenden Namen von einem jüdischen Großvater geerbt und ahnt, daß Wien ihm keine Zukunft bieten kann. Das Gestänge des Riesenrads ächzt altersschwach und wehmütig, seit der Weltausstellung von 1873 tut es treu seinen Dienst. Der Lärm des Rummelplatzes wird in der Höhe schwächer, übertönt Gespräche nicht mehr. Aber beide schweigen.

Hilde Spiel ist mit den Nerven am Ende. Sie, »blasses, hohläugiges Wrack mit einem Doktorat«, hat ihr Studium gerade mit Auszeichnung abgeschlossen: Philosophie bei Moritz Schlick, Psychologie bei Karl Bühler, und hat eine zukunftsweisende Dissertation über *Darstellungstheorie des Films* geschrieben – aber es gibt für sie keine Zukunft, weder an der Universität noch im Verlags- und Pressewesen, so wenig wie für Peter de Mendelssohn, den späteren Thomas-Mann-Biographen. Der Ariernachweis zählt in diesem »Hahnenschwänzlerstaat«, nicht glänzende Diplome. Die heimtückische Ermordung ihres verehrten Lehrers Schlick, von der sie morgens in der Straßenbahn erfährt, gibt den letzten Anstoß zur Emigration. Ihr kommt es vor, »als habe eine schimmlige Fäule sich auf das Land niedergesenkt«.

Sie versucht, sich dessen, was sie verläßt, noch einmal zu vergewissern. Zeichnet ihrem Freund den Verlauf der roten ›Elektrischen‹ in die Luft. Die Nummer 71 Richtung Fasanviertel, vorbei an der Kirche zu Mariae Geburt, in der sie zum letzten Mal vor der Reifeprüfung »mit schwindender Überzeugung beichtete und kommunizierte«. Mit der 71 ist sie jahrelang zur Schule gefahren, zu den Literatencafés, zur Universität. Eine verlogene Institution, sagt sie, zumal in Wien, wo man, um sich nicht unbeliebt zu machen, den Anschein der Oberflächlichkeit erwecken müsse: »Analytisches Talent, die Gabe zu durchdringender Einsicht werden durch argloses Aussehen abgeschirmt, durch mattes Gewitzel... Sobald jemandes Gesicht einen unverhüllten Ausdruck der Ernsthaftigkeit oder gar des angestrengten Nachdenkens annahm, geriet er in Gefahr, als Roter oder gar als Jude abgelehnt zu werden.« Nein, an dieser Universität hält sie nichts, deutlich zeichnet sich bereits der Exodus der Wissenschaftler Richtung Amerika ab. Wie lange wird sich Freud noch halten?

Themawechsel. Blick auf den Stephansdom, in dessen Schatten das Haus der Großeltern lag. Das Heraufholen weit zurückliegender Erlebnisse schmerzt weniger als das Geschehen der Gegenwart. Vom Fenster der großelterlichen Wohnung aus hat sie als Fünfjährige den prächtigen Leichenzug Kaiser Franz Josephs gesehen – k. u. k. Pomp, sie ist für Altösterreich mit seinen skurril liebenswürdigen Traditionen immer anfällig geblieben. Sie wird sich zurücksehnen nach dem Wien ihrer Kindheit, dem »Heiligenstädter Pfarrhof mit seinem Nepomuk und den vier Ahornbäumen«.

Peter de Mendelssohn steht der Sinn nicht nach romantischen Rückblicken. Er sieht in der Ferne die Dächer der vielen Redaktionshäuser – und er sieht schwarz: Bei einer ›Arisierung‹ wird das ganze Zeitungswesen zusammenbrechen. Von 174 Redakteuren in den Wiener Tageszeitungen 123 Juden. Wenn sie verschwinden, verschwindet die Wiener Presse. Was wird dann aus der österreichischen Metropole? Eine Provinzstadt.

Beim Aussteigen aus dem roten Waggon scheint ein Zeitungsverkäufer mit Bauchladen und kräftiger Stimme die düsteren Prognosen zu widerlegen. »Letzte Neuigkeiten!« ruft er über den Platz, »Lesen Sie das *Neue Wiener Journal*, die *Neue Freie Presse*, den *Tag*, das *Neue Wiener Tagblatt* ...« – Sieht de Mendelssohn Gespenster?

1946:
Erstes Wiedersehen mit Wien aus dem Flugzeug. Blick hinunter auf den vertrauten Wiener Wald, auf eine durch Kriegsnarben verfremdete Stadt, auf die Praterwüste ...

»In diesem Augenblick wird mir klar, daß von nun ab jeder meiner Wege von Erinnerungen beschattet sein wird. Unvermeidlich werde ich meine Kindheit verklären – vielleicht die einzige fruchtbare Zwangsvorstellung unserer Zeit«, schreibt Hilde Spiel später in *Rückkehr nach Wien*. Und: »Ich kehre an meinen Ursprung zurück, entfremdet durch langes Fortsein, gestählt durch manchen Verlust und bereit für eine harte, vermutlich schmerzliche Erfahrung.« Die britische Militärmaschine setzt auf dem notdürftig ausgebesserten Rollfeld des Flughafens Schwechat auf.

Hilde Spiel, in englischer Offiziersuniform, passiert als Angehörige der Besatzungsmacht die Militärsperre – Ausländerin mit fremdem Paß in der Heimatstadt. Sie fährt mit einem Autobus Richtung Zentrum, starrt unterwegs ungläubig auf Bombenkrater, östliche ›Panjewagerl‹, russische Wachen in hohen Schaffellmützen, auf eine hölzerne Triumphwand mit grellbunten Lenin- und Stalin-Bildern. Fühlt sich fremd und findet sich erst im Salmschlößl, dem britischen Pressequartier, wieder zurecht. Sie wird für den *New Statesman* aus dieser fremdvertrauten Stadt berichten. An ihren Mann, der ebenfalls als politischer Publizist tätig ist, schreibt sie im ersten Schock nach London: »Ich bin sicher, daß ich um nichts in der Welt eine Wienerin sein möchte.«

Von einem Armeejeep läßt sie sich durch die Straßen der Kindheit fahren, hinaus nach Heiligenstadt, dann zum Prater. Allein und verstört geht sie durch eine Landschaft, die an das Erdbeben von Lissabon erinnert: Schuttberge, verkohlte Balken, verkrümmte Eisenträger. Alles überragt vom traurigen Gerippe des Riesenrades, das verbogen und kahl, ohne Waggons, in die Luft ragt.

Die englische Majorin mit der ›Wiener Seele‹ ist erschüttert. Das haben alliierte Bomben angerichtet. Bombenangriffe hat sie nur von deutscher Seite erlebt, deutsche Bomben haben ihre Londoner Wohnung verwüstet, im Nachbarhaus zwölf Menschen getötet, waren rings um die Klinik gefallen, in der sie mitten im Inferno 1944 ihren Sohn Anthony zur Welt gebracht hat. – Alttestamentarische Kriege mit modernsten Waffen: Auge um Auge, Zahn um Zahn. Mitten im Bombenterror notiert sie in ihrem Taschenkalender: »Mein Land war immer Europa.« Und in Wien im Frühjahr 1946: »Ich werde nach England zurückkehren und neuerlich den Kontinent besuchen. Ich werde immer wieder und wieder erproben müssen, wo ich wahrhaft zu Hause bin.«

1956:
Eine gedankenversponnene Hilde Spiel auf Urlaub in Wien. Allein im neu herausgeputzten Riesenrad, beflügelt von leisen, nicht zu verortenden Mozartklängen. Auf dem leeren Polster ihr gegenüber nimmt eine zweite Frauengestalt langsam Konturen an: Fanny von Arnstein.

Immer schon hat sie diese vor zwei Jahrhunderten in Berlin geborene Jüdin fasziniert: Tochter des Hofbankiers Itzig, die als Sechzehnjährige den Wiener Bankier Arnstein geheiratet und ihr Haus zur Zeit des Wiener Kongresses zum glanzvollen und geistreichen Mittelpunkt des k. u. k. Kulturlebens gemacht hat. Diese preußische Europäerin, charmant, gebildet, selbstbewußt, sieht Hilde Spiel als Symbolfigur, in der »für eine kurze Zeitspanne das ganze biblische Volk eine heitere, glückliche, zuversichtliche Gestalt« angenommen hat. Unbekümmert um Konventionen des orthodoxen Judentums ließ Fanny von Arnstein den ersten Christbaum Wiens in ihrem Haus in der Bräunerstraße aufstellen. Ist diese unbefangene Leichtigkeit, diese Toleranz, dieses selbstverständliche Sichhineinfinden in eine fremde Umgebung, eine fremde Stadt, nicht auch ein Wunschbild Hilde Spiels? Die frühe Wachheit, der ausgeprägte Hang zu einem selbstbestimmten Leben verbindet sie mit der Berlinerin.

Fanny von Arnstein oder Die Emanzipation wird sie die Biographie nennen, die in ihrem Kopf allmählich Gestalt annimmt. Der Stoff dazu ist längst zusammengetragen. In den zwei Nachkriegsjahren, die sie als Korrespondentin und Kritikerin in Berlin verbracht hat, ging sie schon, mitten im Kalten Krieg, auf Spurensuche nach der Verschollenen, einer in ihren Augen wirklich emanzipierten Frau, während sie die Bemühungen der heutigen Frauenbewegung als ›etwas verzweifelt Verspätetes‹ sieht. Ihre Fanny von Arnstein, die ihr noch immer erwartungsvoll gegenübersitzt, trägt – trotz Emanzipation – keine Männerhosen wie George Sand, sondern ein anmutiges, verspieltes Rokoko-Gewand.

1966:
Prater bei Nacht. Kaum auszumachen, wer sich da alles in den mit bunten Lampions spärlich beleuchteten Waggon des Riesenrads drängt. Hornbrillen. Glatzen. Aktenmappen. Ein breitrandiger Damenhut.

Wer von der Wiener P.E.N.-Runde ist nur auf die Idee mit dem nächtlichen Riesenrad-Trip gekommen? Egal. Dichter können überall diskutieren, und hier gibt's keine Möglichkeit für Gekränkte auszusteigen. Doch heute nacht werden keine Messer gewetzt. Es steht keine Wahl an, man kann sich auf Literatur konzentrieren.

Auf *Liliom*, das Stück Ödön von Horváths, das die glitzernde, leicht verruchte Praterwelt trefflich einfängt. Auf den neuen Bildband von Hilde Spiel *Verliebt in Döbling*.

Hilde Spiel ist die Dame mit Hut, seit einem Jahr Generalsekretärin des Österreichischen P.E.N., vor drei Jahren endgültig nach Wien zurückgekehrt, im Hauptberuf Kulturberichterstatterin der *Frankfurter Allgemeinen Zeitung*, der Zürcher *Weltwoche* und des *Guardian*. Sie sitzt zwischen Franz Theodor Csokor und Alexander Lernet-Holenia, dem jetzigen und dem künftigen P.E.N.-Präsidenten, und bedauert, daß der widerspenstige Thomas Bernhard, dessen Werk sie sehr schätzt, nicht in dieser Runde ist. Sie will ihm schreiben, ihn nach Döbling einladen, weiß aber schon, daß er nicht kommen wird. Die Autorin Dorothea Zeemann, zweite Frau in der Runde, mischt sich ein: Mehr junge Autoren brauche der P.E.N., mit der Wiener Gruppe, mit Jandl sei man nicht sehr geschickt umgegangen. Auch im P.E.N. werde nun harte Tagespolitik gemacht, sagt die Spiel, veraltet sei ihre rein humanitäre und völkerverbindende Vorstellung...

Daß im Verband handfeste Politik gemacht wird, bekommt Hilde Spiel einige Jahre später zu spüren. Sie ärgert sich – inzwischen zur Vizepräsidentin des Österreichischen P.E.N. avanciert – über den Präsidenten Lernet-Holenia, beklagt sich bei Robert Neumann, sie müsse im Hintergrund das ›Bummerl‹ spielen: »Unwichtig, natürlich, aber es zeigt die Mentalität dieser Kleintierzüchter aus Küahdreckspatschn.« Sie würde gern den P.E.N.-Vorsitz übernehmen, ist überzeugt, daß sie nach 35jähriger Mitgliedschaft im Internationalen Verband mit ihrer toleranten Grundhaltung geeigneter wäre als die meisten österreichischen Kollegen. Nach dem Rücktritt Lernet-Holenias im Dezember 1972 stellt sie sich zur Wahl, wohl wissend, daß ihr lebenslanger Freund-Feind Friedrich Torberg, der Wasserball-Sportgefährte aus Schultagen, eine Gegenbewegung organisiert hat. Daß er ihr, wie sie an Hermann Kesten schreibt, »ideologisch an die Gurgel will, weil er noch immer nicht begriffen hat, daß ich weder kommunistisch noch neue Linke bin, sondern einfach tolerant...«.

Sie unterliegt. Legt alle Ämter nieder. Schreibt verbittert an Heinrich Böll: »Wie Sie gelesen haben mögen, ist die Wahl gegen mich ausgefallen. Torberg und seine Gruppe haben den ganzen Vorgang so geschickt manipuliert, daß ich kaum eine Chance hatte ...« – Von diesen kommenden Verbandsmachtkämpfen ahnt die beschwingte Riesenradrunde noch nichts. Das Wiener Lichtermeer im Blick, unterhält sich Hilde Spiel angeregt mit ihrem späteren Widersacher über die deutsche Hierarchisierung des Literaturbetriebs, die Unterteilung in elitär und trivial, in Dichter und Schriftsteller, die in England undenkbar wäre. Und Torberg, der die Exiljahre in Amerika verbracht hat, ist ganz ihrer Meinung.

1976:
Eine elegante ältere Dame, weißschwarzes Kostüm, weiße Handschuhe, und eine eher nachlässig gekleidete jüngere Frau stehen ungeduldig in der Schlange vor dem Riesenrad.

Hilde Spiel und ihre Tochter Christine. Mutter und Tochter haben sich lange nicht gesehen, brauchten ein ruhiges Plätzchen für ihre Gespräche. Ein Spaziergang durch die Prater-Auen? Die Tochter, 1939 in London geboren und dort aufgewachsen, besteht auf dem Riesenrad. Erinnerungen an ein heißgeliebtes Bilderbuch vom Prater, an hölzerne Karussellpferdchen und durch die Luft schwebende Gondeln. Erinnerung auch an den Film *Der dritte Mann* mit Orson Welles.

Die Wirklichkeit hält weder dem Kindertraum noch den Gruselbildern aus dem Schwarzmarktmilieu der Nachkriegstage stand. Sie schweben gemeinsam mit japanischen Touristen in die Höhe. Wenigstens verstehen die ihre Familiengeschichten nicht. Die Tochter sucht, von der Sonne geblendet, nach der Cottagegasse im 19. Bezirk, Hilde Spiels Domizil bis an ihr Lebensende. Und sie sind sich nicht einig, in welcher Richtung Sankt Wolfgang liegt, das Haus am Bach, das Hilde Spiel vor einem Jahrzehnt im Salzkammergut gekauft hat.

Vieles hat sich verändert in den letzten Jahren. Häuser, Städte, menschliche Beziehungen. Hilde Spiel hat sich von Peter de Mendelssohn getrennt und 1971 den sechzehn Jahre älteren verkannten Exilautor Hans Flesch-Brunningen geheiratet. Schwer zu verstehen für die Tochter, die an ihrem Vater hängt. Sie hatte im letzten Jahr einen schlimmen Motorradunfall, die Mutter ist sofort nach London geflogen, um sich ihrer anzunehmen. Viel Zeit hat Hilde Spiel für ihre Kinder nie gehabt, aber wenn es Schwierigkeiten gab, hat sie sich für sie eingesetzt. Für Sohn Anthony, der 1971 als Journalist nach Belfast ging, in den Bürgerkriegsunruhen verhaftet wurde und wochenlang in Untersuchungshaft saß. Sie hat gemeinsam mit Peter de Mendelssohn Verbindung zu Amnesty International aufgenommen, zum P.E.N.-Komitee für Schriftsteller in Haft. An Ingeborg Drewitz schreibt sie am 3. Mai 1971: »Er kann jahrelangen Kerker bekommen. Ich glaube, daß er unschuldig ist, aber es herrscht in Belfast Rechtsunfreiheit, alles geht durcheinander...« Zwei Monate später erleichtert an Robert Neumann: »Anthony wurde in Belfast freigesprochen. Es war mirakulös, daß dies gelang, denn unter den gegenwärtigen Bürgerkriegsverhältnissen ist jeder, der sich auch nur im entferntesten mit Leuten einläßt, die Brandbomben schmeißen, jeder Jury verhaßt. Wir hatten viel viel Glück und einen ausgezeichneten Verteidiger.«

Sohn und Tochter machen ihr im Augenblick weniger Sorgen als Ehemann Flesch-Brunningen. Unermüdlich hat sie sich für seine literarische Anerkennung eingesetzt, hat zu seinem 80. Geburtstag Hermann Kesten um eine Würdigung gebeten und angefügt: »Ich werde sowohl Goldschmidt oder Kaiser wie auch den strengen Reich-Ranicki bitten, doch irgendetwas über Hans zu bringen.« – ›Der Flesch‹ lohnt es ihr mit Untreue. Verliebt sich in eine fünfzig Jahre jüngere Frau und erspart ihr, wie sie schreibt, keine Kränkung.

Die Japaner halten die Wien-Silhouette mit Stephansdom, den Wiener Wald am Horizont und – ganz diskret – auch die Wiener Lady mit dem makellosen Make-up auf ihrem Videofilm fest. Hilde Spiel lächelt liebenswürdig – ›Wiener Charme‹ wird der Kommentar in Japan heißen. Daß hinter Lidschatten, nachgezogenen Augenbrauen und weggepuderten Stirnfalten nicht nur Charme, sondern auch Vitalität, Energie und hie und da alttestamentarische Härte stecken – japanische Samurai-Tradition –, wird der Film nicht aufzeigen können.

1986:
Hoch über Wien mit Marcel Reich-Ranicki

Es hat Hilde Spiels ganzer Überredungskunst bedurft, den stets eiligen Großkritiker in einen der schwankenden Riesenradkästen zu sperren. Er mag keine Rummelplätze, und er mag es schon gar nicht, wenn über ihn verfügt wird. Sie ist seit langem mit ihm befreundet, weiß, wie sie mit seiner Gereiztheit umzugehen hat. Schon damals, nach den Torberg-Querelen, hat sie ihm halb tadelnd, halb schmeichelnd geschrieben: »Und wieder sehe ich, daß man sich wünschen muß, von Ihnen literarisch befehdet zu werden – Sie tun es so reizend, mit Boxhandschuhen aus rosa Glacéleder.«

Sie soll den Ernst-Robert-Curtius-Preis für Essayistik bekommen, und Reich-Ranicki ist der Laudator. Sie weiß, daß er ihre Essays schätzt, auch wenn er ihren Namen in einer früheren Auflistung deutscher Essayisten – sie wird es ihm nie verzeihen – nicht genannt hat. Doch sie möchte nicht nur für ihre Essays und Kritiken, für die ›kleine Form‹, gelobt werden, sondern auch für ihre Romane – und da spielt Reich-Ranicki nicht mit. Nur die Biographie Fanny von Arnsteins läßt er gelten. Hier weise sich die Autorin als Wissenschaftlerin und Künstlerin, als Historikerin und Erzählerin aus, befindet er.

Er wird in der Laudatio Hilde Spiels Souveränität und Engagiertheit, ihre Liebe zum Rationalen und ihre Abneigung gegen alles Weihevolle herausheben. Er wird sagen: »Sie deutet, indem sie verdeutlicht, sie entscheidet, indem sie unterscheidet, sie richtet, indem sie berichtet.« Und er wird auf die Preisträgerin beziehen, was diese einst über Hofmannsthal gesagt hat: Ihre Sprache vereine die Melodik des Italienischen mit der Klarheit des Französischen, die Symbolkraft des Englischen mit der Grazie der lateinischen Diktion. – Mehr Lob kann sie eigentlich nicht erwarten.

Aber sie bleibt mißtrauisch. Zu viele Kränkungen, Enttäuschungen hat sie im Laufe ihres Lebens erfahren, von Freunden, von Kollegen, von Verlagen und Redaktionen. Schon vor Jahren hat sie sich bei Heinz Politzer beklagt, daß ihr ›impact‹ auf die deutschsprachige Literatur dem einer Flaumenfeder auf Granit gleiche: »All die Mühe, der Aufwand an Bildung, Wissen, Einsicht, ja, auch Geist, und nichts erreicht im Grunde, ein paar ephemere Hervorbringungen, einen Tag, bestenfalls zwei Jahre nachdem sie geschrieben werden, schon vergessen.«

Sie solle sich nicht in elegischer Stimmung über ihr Schicksal beschweren, mahnt Reich-Ranicki, während sie abwärts schweben und er nicht einen Blick auf die blühende Praterlandschaft wirft. Ob denn die Preise und Ehrungen in Österreich und Deutschland nichts zählten, fragt er, das Bundesverdienstkreuz und das Österreichische Ehrenkreuz erster Klasse, der Professorentitel, das Goldene Ehrenzeichen für Verdienste um das Land Wien, der Preis der Stadt Wien für Publizistik... – Er weiß so gut wie sie, daß der Große Österreichische Staatspreis nicht dabei ist – eine ihrer Wunden.

Ihre angeschlagene Gesundheit, ihre nachlassenden Kräfte machen sie noch verletzlicher, als sie es früher schon war. Freund Marcel führt sie galant die ausgetretenen Stufen der Riesenradtreppe hinunter. Er wird auch in der Zeit ihres immer aussichtsloseren Kampfes gegen den Krebs mit ihr in Verbindung bleiben. Mit fast übermenschlicher Willenskraft schreibt sie ihre Memoiren zu Ende – das Fazit ihres Lebens von 1911 bis 1889. 1989 erscheint der Band *Die hellen und die finsteren Zeiten*, 1990 *Welche Welt ist meine Welt?* – eine Frage, die sie sich seit ihrer Emigration und der späteren Rückkehr nach Wien gestellt hat.

1990 kann sie als letzte Ehrung in München die Goethe-Medaille entgegennehmen. Aber der Anstrengung ist sie nicht mehr gewachsen. In einem Dankesbrief an Peter Wapnewski schreibt sie am 1. Mai 1990: »Nach der Rückkehr bin ich denn auch leider ganz zusammengebrochen und versuche nun mühsam, mich noch einmal hochzurappeln...« Es gelingt ihr nicht mehr. Am 30. November 1990 stirbt sie in Wien im Alter von 79 Jahren.

Die Zeitungen widmen ihr die Aufmerksamkeit, die sie zu Lebzeiten oft vermißt hat. Ulrich Weinzierl würdigt in einem großen Nachruf die Bedeutung dieser ›femme de lettres par excellence‹. Ihr, und nur ihr, sei es gelungen, das Erbe mitteleuropäischer, kakanischer Geistigkeit mit angelsächsischem Denken und Fühlen zu verschmelzen. »Die unüberhörbare wienerische Musikalität ihrer Sätze und eine beinahe schwerelose Präsentation des Gewichtigen verbanden sich mit der unverschnörkelten Nüchternheit der bedeutenden englischen Prosaistin«, schreibt Weinzierl und schließt: »Was man von ihr lernen konnte – denn das ist keine Frage des Talents –, waren Unerschrockenheit, Anstand und Würde.«

Das Österreichische Literaturarchiv hat der Essayistin, Erzählerin, Kritikerin und Übersetzerin eine umfangreiche Ausstellung in der Nationalbibliothek am Heldenplatz gewidmet: *Hilde Spiel – Briefwechsel.* Hans A. Neunzig hat aus der Fülle von 4000 Briefen von und an Hilde Spiel eine Auswahl aus den Jahren 1941–1990 im Band *Briefwechsel* zusammengestellt, der einen Einblick in ihre spannungsgeladenen Freundschaften und Feindschaften vermittelt.

Hilde Spiel wurde im Kreis der Familie und Freunde nach katholischem Ritus in Bad Ischl bestattet. Ihre Seele aber ruht woanders, auf dem Heiligenstädter Pfarrplatz, »wo meine Wurzeln tief in die Erde reichen wie nirgends sonst«, schreibt sie in *Rückkehr nach Wien*. Wann immer sie in der Fremde Heimweh empfand, war es nach diesem Ort: »Wann immer ich gewisse Stellen von Beethoven oder Schubert hörte, erschien er vor meinem Blick. Ein kleiner Dorfplatz: links steht ein Bauernhaus, in dem die Eroica geschrieben wurde; ein anderes zur Rechten; und in der Mitte die kleine Kirche zu St. Jakob.« Und im dunkelnden Licht auf dem Pfarrplatz weiß sie: »Hier liegt meine Seele begraben.«

Mitten im Ozean meines Zimmers

Die Schriftstellerin *Friederike Mayröcker*

*1924

Soirée im Palais Auersperg
Die Pracht feudaler Vergangenheit von Kronleuchtern in mildes Licht getaucht. Vorn auf dem Podium des Kuppelsaales als Kontrast ein modernes Designerpult, grelle Leselampe. »Die schöne Kunst des Lesens« soll hier zelebriert werden. Publikum strömt herein, sucht gute Sichtplätze, wagt sich nicht in die erste Reihe. Gedämpfte Gespräche, fast nur Frauenstimmen, junge und alte. Plötzlich Stille, zaghafter Applaus. Vertraute Blicke auf die schwarze Frauengestalt, die leicht vornübergebeugt mit zwei schwarzen Taschen und einer roten Plastiktüte zum Podium strebt, Taschen und Tüte auf das Pult stellt, umständlich Manuskripte herauskramt, sich setzt, Lampe, Mikrophon, Selterglas zurechtrückt, die Blätter bündelt und auf der viel zu kleinen Pultfläche auslegt. Alles in Zeitlupe. Das Publikum nimmt geduldig Anteil an dieser Inszenierung, die keine Inszenierung ist, sondern eine Live-Veranstaltung der traditionellen Wiener »Literatur im März«. Die Poetin Friederike Mayröcker liest aus neueren Werken.

Es könnte genausogut eine Bühneninszenierung sein. Eine Schauspielerin in der Rolle der Mayröcker, mit tonloser und doch prägnanter Stimme Texte lesend, abgehoben vom Alltag und von der alltäglichen Sprache. Wortbilder, Klangsätze, die sich einprägen, ohne daß sich der Sinn sofort erschlösse: »eine purgatorische Zeilenlandschaft«,

»ein Scherenschleiferhimmel und Schneegewitter«, »zum Essen einen Teller mit Weihrauchgerichten«. – »Sprache als Anarchie«, sagt die Schauspielerin, die doch Friederike Mayröcker ist, und die Gedichtzeilen liest, als stammten sie aus einem unbekannten Textbuch. Staunen ob der eigenen Sprache. Verzauberung durch das Wort. Gespannte Stille im Saal. Den Sätzen hinterherhorchen. Den Wortrhythmus nachklingen lassen, andächtig, mit gesenktem Kopf.

Eine Gemeinde. Eine ritualisierte Handlung. Warum stellt sich diese Christa-Wolf-Assoziation ein, die der Schriftstellerin auf dem Podium wahrscheinlich nicht behagen würde? Nein, Friederike Mayröcker hat keine Botschaft zu vermitteln, keine Kommentierung des Weltgeschehens. Nur Sprache, nichts als Sprache, abgeklopft auf Haltbarkeit, auf tragende Elemente, Fundstücke für Neukonstruktionen. Die Zuhörer scheinen mit den Regeln dieses Sprechspiels vertraut zu sein, mit den unvermittelten Übergängen von realen Beschreibungen zu surrealen Kopfgeburten. »Also suche ich überall nach verlorenen Wortträumen«, hören sie und sehen, wie die Lyrikerin die Texte, die sie lesen will, mit Wäscheklammern zusammengesteckt hat. Sie knicke beim Lesen Eselsohren in die Seiten, sagt sie, deshalb könne sie nie Bücher ausleihen. Eigenheiten, die das Publikum – bei Arno Schmidt war's ähnlich – als charakteristische Marotten auslegt und schätzt.

Friederike Mayröcker liest aus dem 1994 zu ihrem siebzigsten Geburtstag erschienenen Band *Lection*, in dem sich Erlebnisse und Empfindungen, Erinnerungen und Gespräche, Träume und Phantasien zu einem poetischen Kosmos zusammenfügen. Leitmotiv ist dabei der mühselige und gleichzeitig lustvolle Vorgang des Schreibens, das »wühlmausartige« Vordringen in noch unerschlossene Schichten der Sprache. Bilder von präziser Anschaulichkeit, Anleihen bei der bildenden Kunst, bei Max Ernst, Dalí, Magritte, aber auch bei Caspar David Friedrich. Reihungen, die sich wie ein Pfauenrad entfalten und die Sinne betören. »Solches ist ihre Absicht, uns abhängig zu machen von sich, süchtig nach ihren Bestandsaufnahmen«, schreibt Jürg Laederach in der Zeitschrift *du*. Aber diese Wortverführungen geschehen nicht vorsätzlich, sie stellen sich ein bei dem, der sich auf sie einstellt.

Zum Abschluß ein Frühlingsgedicht für die in Wien lebende Malerin Angelika Kaufmann: »Im Wind knarren die Flügel des Frühlings ...« Langanhaltender Beifall. Geduldiges Signieren aufgeschlagener Bücher. Zusammenkramen von Manuskripten und Taschen. Überwerfen des schwarzen Mantels. Unauffälliges Verschwinden durch die schwere Tür des Hauptportals Richtung U-Bahn.

Sie muß diese unauffällige, in sich zurückgenommene Art schon als Kind gehabt haben. »Ein scheues, ein ängstliches Kind. Eines, das ohne Freundschaften aufgewachsen ist. Es träumt vor sich hin und fühlt sich paradiesisch im Innenhof des Hauses«, so charakterisiert sich Friederike Mayröcker rückblickend. Spielfreunde sind die Blumen im Garten, ein Salamander, Schmetterlinge, die Birnbäume vor dem Haus, eine Schaukel im Schuppen. Allein und selbstvergessen sitzt das Kind mit einer kleinen Mundharmonika auf den Stufen zum Ziehbrunnen, abgeschirmt von den andern Kindern draußen auf der Straße. Die am 20. Dezember 1924 geborene Friederike, »ein Christvögelein beinahe Weihnachtsstern«, ist ein Einzelkind, ein Kind, das nach einer frühen Gehirnhautentzündung anfällig geblieben ist, um dessen Gesundheit die Eltern ständig bangen müssen. Sie schicken es nicht in den Kindergarten, nicht in die öffentliche Volksschule, sondern in eine Privatschule zu den Englischen Fräulein in der Nikolsdorfergasse.

Diese Schule hinterläßt wenig prägende Erinnerungen. Dafür ist im Werk der Mayröcker immer wieder vom Landhaus in Deinzendorf die Rede, dem geliebten Sommerdomizil über viele Jahre. Hier hat der Vater Pfeifen aus Uferweiden geschnitzt, hier hat sich das Kind einen großen Hund als Begleiter herbeigedacht: »dürres Weidengezweig, das ich nachzog«. Friederike Mayröcker sieht die Abgeschlossenheit dieser Kindheitsjahre als »eine Art Dunkelkammer, in der alles schon voraus entwickelt wurde« und die Familie als Netz, in dem sie sich gefangen und gleichzeitig geborgen fühlt. In dieser ruhigen, abgeschirmten Umgebung gibt es keine spektakulären Ereignisse, außer, daß das Deinzendorfer Haus eines Tages verkauft werden muß wie der Laden der Großmutter in Wien, in dem es nach Honig und Gewürzen roch. Ein herber Verlust, die vertrauten Nischen und Gerüche, »dieser Fliederbaum und alles übrige, was mich damals in meinen ersten dörflichen Frühlingen und Sommern umgeben hatte und mich für mein weiteres Leben glücklich konditioniert haben mochte, vielleicht gerade, indem ich davon Abschied nehmen mußte ...«. Das Landhaus in Deinzendorf hätte Friederike Mayröcker später gerne zurückgekauft, aber es war zu teuer; so kann sie sich dieses Kindheitsparadies nur schreibend erhalten.
Einzelgängerin bleibt Friederike auch als Heranwachsende. Wie eine Tarnkappe empfindet sie das von Kindheit an tief ins Gesicht fallende Haar mit den langen Stirnfransen. Ein Visier. – Durch die Welt zu gehen, ohne gesehen zu werden, eine Form der *Unsichtbarkeit* anzunehmen, wünscht sie sich in Gisela von Wysockis Studie über das menschliche Gesicht. Nur sie selber möchte diejenige sein, die alles erkennt, erkundet, erforscht. Mit fünfzehn wird ihr schlagartig die Fähigkeit bewußt, sich schreibend auszudrücken: »Ich, ahnungslos aus einer hermetischen

Kindheit, ohne besondere Vorzeichen oder Vorzüge, entdecke eines Tages, wie unvorstellbar, wie ungeheuerlich, wie unglaublich: ich schreibe meine eigene Poesie.« In diesem Jahr 1939 entstehen, am Rande des politischen Weltgeschehens, ihre ersten drei Gedichte. »Die Soldaten sangen das Lied vom Wagen/ der wieder rollt./ Ich notierte auf einem grünseidenen Kanapee/ mein erstes Gedicht«, erinnert sie sich im Gedicht *Hammerklaviere*.

Ernst Jandl, der spätere Lebensgefährte, über die Schreibanfänge der Schülerin, die ein Album mit Schauspielerfotos zum Notizheft umfunktioniert hat: »Im November 41 ist die letzte Stelle beschrieben. Von hier an läuft die Produktion ohne Unterbrechung weiter, von den Stilübungen der Fünfzehnjährigen zu den Gedichten, an denen sich zeigt, daß eine eigene Art zu schreiben gefunden ist, fünf Jahre später.« 1946 also, ein Jahr nach Kriegsende in dieser zerschlissenen Stadt, die von den Siegermächten in vier Zonen aufgeteilt wurde. Die Mayröckersche Wohnung ist ausgebombt, Mutter und Tochter finden bei Bekannten Unterschlupf. Angst vor den russischen Besatzungssoldaten prägt Frauenalltag in Wien. – »Im Walde von Katyn/ dort wo die Vöglein sangen...« läßt die junge Lyrikerin ein Gedicht beginnen.

Vom Krieg und von der schweren Nachkriegszeit ist bei Friederike Mayröcker wenig die Rede. Sie habe die Kriegsjahre 1942–45 »wie hinter einem Schirm, der alle Wirklichkeit abdeckte« verbracht, schreibt sie, »vertieft in meine englischen Lehrbücher, in melancholische Tagträume, in die Lektüre ... «. Sie schwebt in einem »subjektiven Luftraum«, ohne Kontakte zur Außenwelt, Romain Rolland wird ihr erstes großes Leseerlebnis. – Die Wirklichkeit ist weniger poetisch: ab 1942 drei Jahre als Luftwaffenhelferin im ›Luftgaukommando‹ in der Elisabethstraße, daneben Vorbereitung auf die Staatsprüfung in Englisch. Nach dem Krieg arbeitet sie ohne große Begeisterung als Englischlehrerin an einer Wiener Hauptschule. Dreiundzwanzig Jahre lang fast täglich Heftstapel nach Hause schleppen, zeitfressende, sich wiederholende Korrekturarbeiten, mieser Lehrerlohn. Ein hartes Brot.

Daneben das Schreiben. Ein Schreibzwang geradezu, ohne Gewißheit, jemals etwas gedruckt zu sehen. Aber das Glück, zur richtigen Zeit auf Otto Basil, den Herausgeber der avantgardistischen Nachkriegszeitschrift *Plan* zu stoßen, der – neben Paul Celan und Erich Fried – der 22jährigen eine Chance zur Publikation gibt. Einige Jahre später veröffentlicht der einflußreiche Kritiker Hans Weigel Mayröcker-Texte in der *Weltpresse* und Andreas Okopenko entdeckt sie für die Zeitschrift *Neue Wege*. Okopenko bringt sie auch in Kontakt mit der *Wiener Gruppe* um Artmann und Rühm. In diesen experimentellen Gefilden lernt sie 1954 auf einer Jugendkulturwoche in Innsbruck den Autor Ernst Jandl kennen, Englischlehrer auch er, aber – weniger nervenaufreibend – an einem Gymnasium. Beide sind sie mehr vom Wort, von der Sprache besessen als vom pädagogischen Drang, Halbwüchsigen englische Grammatik beizubringen, doch beide brauchen sie einen Brotberuf, um sich nebenher um so intensiver der brotlosen Poesie widmen zu können.

1956 erscheint Friederike Mayröckers erstes Prosabändchen *Larifari, ein konfuses Buch*, in einem kleinen Wiener Verlag: kein Aufhorchen der Presse, kein Widerhall in der Öffentlichkeit. Enttäuschend für die Autorin, aber sie steht nicht allein. Auch Jandl hat mit seinen Texten noch nicht Fuß gefaßt. Man ordnet die beiden Einzelgänger unbesehen der experimentellen Wiener Gruppe zu, die mit Happenings nach Dada-Art die Bürger verschreckt und Verlage kopfscheu macht. Jandl versucht deshalb in den Sommerferien 1963, die eigenen und die Mayröckerschen

Manuskripte in der Tasche, sein Glück in der Bundesrepublik. In Stuttgart kann er Max Bense, den Herausgeber der Buchreihe *rot* für ihre Texte gewinnen, in Berlin Walter Höllerer mit dem neugegründeten Literarischen Colloquium. Der Durchbruch gelingt, wenn auch zögerlich. Von Friederike Mayröcker kommt 1965 der Gedichtband *metaphorisch* heraus, ein Jahr später *Tod durch Musen* mit einem Nachwort Eugen Gomringers, der das Neuartige der Mayröckerschen Montage- und Assoziationstechnik hervorhebt und sie damit wieder auf das experimentelle Feld eingrenzt.

Einer breiteren Öffentlichkeit bekannt wird das schreibende Paar Mayröcker/Jandl durch das Hörspiel *Fünf Mann Menschen*, das den beiden 1968 den begehrten »Hörspielpreis der Kriegsblinden« einbringt. Weitere gutbezahlte Arbeiten für den Rundfunk machen ein bescheidenes Leben ohne den belastenden Brotberuf möglich. Friederike Mayröcker quittiert 1969 den Schuldienst und kann sich nun ungeteilt größeren Prosawerken und weiteren Hörspielen widmen. Sie ist, auch wenn ihre Texte auf Leser gelegentlich den Eindruck des spontan »Hingeworfenen« machen, eine harte und beharrliche Arbeiterin am Material Sprache. »man muß lange korrigieren, feilen, Korrekturen von Korrekturen machen, aber vor allem muß man sehr geduldig sein: so ein Stück Text arbeitet ja nach der Fertigstellung weiter bis zum Augenblick seiner endgültigen Reifung, ein paar Tage, ein paar Wochen, ein paar Monate lang, ganz für sich allein«, schreibt sie in den *Magischen Blättern*.

Morgens um fünf, spätestens um sechs setzt sie sich an ihre ›Hermes Baby‹ und bringt ihre ›Bewusztseinsmaschine‹ in Gang, indem sie Erinnerungspunkte aus der Vergangenheit heraufholt, sie in neue, verfremdende Zusammenhänge und Umgebungen stellt und ihnen so ein

Eigenleben gibt. Bei ihrer alten Schreibmaschine, die sie sich 1946 aus ihrem ersten Lehrergehalt gekauft hat, fehlte das ß und mußte durch sz ersetzt werden. Diese Angewohnheit, ihr Erkennungszeichen, hat sie auch später beibehalten.

Die Zusammenarbeit mit Ernst Jandl beschränkt sich auf vier Hörspiele. Lyrik und Prosatexte entstehen getrennt, doch Jandl liest die fertigen Arbeiten seiner Gefährtin als erster. Er bringt Kritik sehr behutsam an. Ein subtiler Umgang mit dem Wort, ein subtiler Umgang auch mit den Gefühlen und Eigenheiten des andern. Das Paar wohnt getrennt, ein paar Straßen auseinander. Ein Fußweg von gut zwanzig Minuten, eine kurze Taxistrecke als tägliche Schranke zwischen die Begegnungen gelegt. ›Alone together‹ – Sartre und Simone de Beauvoir haben ein solches Lebensmuster praktiziert. Auch Mayröcker/Jandl können sich kein Arbeiten in der Enge einer gemeinsamen Wohnung vorstellen. Ihre Sprachbesessenheit ist von einer Radikalität, die Familienalltag, Kinderbetreuung ausschließt. Beide haben sie schon eine Ehe und die Erfahrung ihrer Eheuntauglichkeit hinter sich. Friederike Mayröcker war drei Jahre mit einem Lehrer verheiratet. Nach der Scheidung hat sie ihren Mädchennamen wieder zurückgekauft und damit ihre Unabhängigkeit.

Ein Zusammenleben mit Jandl gibt es nur unterwegs. Im Urlaub oder auf Lesereisen: Amerika, Frankreich, Italien. Zwei Jahre haben sie gemeinsam in Berlin verbracht. Interessante Jahre mit neuen Erfahrungen, neuen Menschen. Aber das Schreiben längerer Texte gelingt ihnen nur zu Hause in Wien, in der Isoliertheit ihrer Wohngehege. Da entstehen aus der Distanz und dem nicht abgeschliffenen Gefühl der Nähe auch Liebesgedichte von großer Eindringlichkeit. Bei Jandl heißt es im Gedichtband *lechts und rinks*:

ich liege bei dir, deine arme
halten mich, deine arme
halten mehr als ich bin.
deine arme halten, was ich bin
wenn ich bei dir liege und
deine arme mich halten.

Und bei Friederike Mayröcker in *Tod durch Musen*:

Manchmal bei irgendwelchen zufälligen Bewegungen
streift meine Hand deine Hand deinen Handrücken
oder mein Körper der in Kleidern steckt lehnt fast
ohne es zu wissen
einen Augenblick gegen deinen Körper in Kleidern
diese kleinsten beinahe pflanzlichen Bewegungen
sein abgewinkelter Blick und dein Auge absichtlich ins
Leere wandernd
deine im Ansatz noch unterbrochene Frage wohin
fährst du im Sommer
was liest du gerade
gehen mir mitten durchs Herz
und durch die Kehle hindurch wie ein süszes Messer
und ich trockne aus wie ein Brunnen in einem heiszen
Sommer

Eine enge Beziehung, die aus der Distanz lebt. Keiner habe die Einsamkeit des andern angetastet, sagt Friederike Mayröcker. – Voraussetzung sicherlich für die nun über vierzig Jahre währende Verbindung zweier so hochsensibler Partner, Widerlegung des Jandlschen Satzes: »Wir sind bis heute eng verbunden, aber wir leben nicht zusammen, denn ich verstand es nicht, etwas an Glück dauerhaft zu machen.« – Er hat es sehr wohl verstanden.

›Alchimistin des Worts‹ oder ›Paradiesvogel der Avantgarde‹ nennen Literaturkritiker die Mayröcker. Sie selber sagt von sich, sie lebe ganz bewußt in einem Poesie-Reservat, übe sich in der »Askese der Maßlosigkeit« und versuche immer wieder »in den Sog jenes Rhythmus zu kommen, der einem wunderbarerweise das Schreiben zum Leben macht und das Leben zum Schreiben«.

In das Leben ist auch der Traum einbezogen, die Übergänge sind fließend: Tagträume, Nachtträume, Traumschwere, Traumleichtigkeit, Impressionen aus dem Grenzbereich. »Ich legte meinen Körper hin und ging weg« – ein bezeichnendes Bild aus dieser schwebenden Welt. Oder im Gedicht *Der Aufruf*:

> plötzlich aufgerufen bei meinem Namen
> steh ich nicht länger im windstillen Panorama
> mit den bunten schimmernden Bildern
> sondern drehe mich wie ein schrecklich glühendes
> Rad einen steilen Abhang hinunter
>
> aller Tabus und Träume von gestern entledigt
> auf ein fremdes bewegtes Ziel gesetzt

In ihren Studien über die Bedeutung des Traumes in der Mayröckerschen Prosa zeigt Daniela Riess-Beger, den Einsichten Freuds folgend, wie hier Prozesse des Unbewußten im Schreiben transparent gemacht werden. Und Gisela Lindemann fragt in einem Mayröcker-Aufsatz, was Leser eigentlich daran hindere, sich auf das Niemandsland des Unbewußten und des Traumes einzulassen, das dieses Werk durchzieht. Sie vermutet, es habe etwas zu tun mit der Angst vor einer »unabsehbaren Unordnung«, mit der Angst auch, »unabsehbar auf sich selbst zurückgeworfen zu sein beim Lesen von Texten, die Mitarbeit verlangen, sprich Beisichselberbleiben, sprich schmerzliche Vereinzelung, sprich notgedrungenes Selbstbewußtsein«.

Die Mayröckerschen Texte sind von Leitmotiven und Klangfarben durchsetzt, von Wortreihungen und Lautwiederholungen, die an Rosenkranzperlen oder Litaneien in den Maiandachten katholischer Kirchen erinnern. In vielen Bildern ist die katholische Kindheit präsent: Fronleichnam, die Himmelfahrtstage in Deinzendorf, Taufe, Kommunion und Firmung, Weihwasser, der rätselhafte »Ohrenbeichtvater«, die kleine heilige Theresa in der Mauernische des Pfarrhofs. Mit dieser Nothelferin gegen Gehemmtheit der Zunge fühlt sich die heranwachsende Friederike besonders verbunden: »das Ausnutzen von Nischen und Buchten liegt meinem Wesen, ist mir eigentlich angeboren: so rücke ich bei Personenansammlungen, auch geselligen, meist beiseite nämlich mich aussparen wollend in eine Ecke des Raums«, schreibt sie rückblickend und verallgemeinernd. Symbole, Rituale als Erinnerungsmetaphern. Vielleicht auch das kleine Kreuz, das sie an einem Goldkettchen um den Hals trägt? Sie nenne den Heiligen Geist als Quelle ihrer Inspiration, sagt Ernst Jandl und fügt an: »es gibt für sie, in ihrer kunst etwas, das von außen kommt, und zwar von oben, während ich nicht sicher bin, wo oben ist.«

Die kirchlichen Riten, die das Jahr gliedern und Böses bannen, sind an Kindheit und Jugend festgemacht, für das Alter, das bedrohlich näherrückende, gibt es keine haltgebenden Fixpunkte mehr, nur anatomische Veränderungen, die der Spiegel schonungslos bloßlegt. »In vorgerücktem Alter spürt man immer schon seinen Totenkopf, dann, wenn man die Hände zum Gesicht führt«, läßt Gisela von Wysocki in ihren Betrachtungen über das menschliche Gesicht die nun über siebzigjährige Dichterin sagen, die bedauert, daß Frauen weniger würdevoll altern als Männer, vermutet, dies könnte an den Frauen selbst liegen: »Weil sogar in der altgewordenen Frau die Suche nach dem

Effekt noch immer weiterarbeitet. Und genau das zerstört die Schönheit eines alten Gesichts.« Die Gesichter von Nelly Sachs, Gertrude Stein, das seien wunderbare Möglichkeiten zu altern.

»Das Bleibende sehen im Vergänglichen« möchte Friederike Mayröcker bei Menschen und Dingen. Im *Versuch einer Selbstbeschreibung* wünscht sie sich für die ihr noch verbleibende Lebenszeit, »sie mit schreiben, lesen, schauen und schweigen verbringen zu können: der Omnipotenz des Ekels, der Leere, der Verzweiflung, der Angst zu entgehen«. Angst vor Schlaganfällen, Spielarten des Todes, »die Sprache des Jenseits ist schwer zu erlernen«, notiert sie in den *Magischen Blättern*.

Das Bleibende im Vergänglichen: Was wird von Friederike Mayröcker bleiben? Sie hat kein Bäumchen gepflanzt, kein Haus gebaut, kein Kind zur Welt gebracht. Aber Bücher, Bücher. Weit über siebzig Publikationen insgesamt. Sie ist, wie früher Ingeborg Bachmann, eine Schlüsselfigur für jüngere Lyriker. Die 1962 geborene Ulrike Draesner adaptiert in ihrem ersten Gedichtband *gedächtnisschleifen* beispielsweise die lyrischen Stimmen ihres Vorbilds, den typischen ›Mayröcker-Sound‹. Und die Berliner Autorin Elke Erb, von Friederike Mayröcker für den hochdotierten Erich-Fried-Preis ausgewählt, lebt seit Jahren im ›Zauberzirkel‹ Mayröckerscher Verse, viele ihrer Gedichte folgen den Spuren der Wiener Lyrikerin oder tragen ein Mayröcker-Motto. – Wie mag sich Friederike Mayröcker so ›bedichtet‹ fühlen? Sie, die am liebsten unsichtbar durch die Welt gehen möchte?

An Öffentlichkeit hat sie sich gewöhnen müssen im Laufe der Zeit, an Lesungen, an Interviews, an Preisverleihungen. Mehr als ein Dutzend Literaturpreise. Fehlt nur der Büchner-Preis. – Bei der Verleihung des Hölderlin-Preises an Friederike Mayröcker ging Beatrice von Matt in der Laudatio dem Element des Feuers nach, das im Werk der Preisträgerin wie in dem Hölderlins eine zentrale Rolle spielt. »Aus meinen Köpfen sprießt das Feuerwerk der Träume«, heißt es bei Mayröcker, von einem Feuer, »angezündet in der Seele der Dichter«, ist bei Hölderlin die Rede. Ohne dieses Feuer gäbe es nichts, schließt die Laudatio, aber erst die Kunst, es zu hüten und zu überwachen, habe »das ganze großartige Werk dieser Dichterin mit seinen Entwicklungen und Steigerungen über viele Jahrzehnte hin möglich gemacht«.

Eigentlich müßte eine mit den Elementen der Natur so verbundene Dichterin in einer weiten, lichten Landschaft leben, menschenfern, himmelnah. Doch Friederike Mayröcker wohnt mitten in Wien, im vierten Stock eines Mietshauses, Blick auf den Supermarkt gegenüber, Häuserzeilen und einen Streifen Himmel. Zentagasse, 5. Bezirk, keine vornehme Gegend. Seit 1951 wohnt sie hier, also fast ein halbes Jahrhundert, sie liebt Veränderung nicht und hängt an ihrer ›Schreibhöhle‹. Das Gedicht *Horizont* aus der frühen Zentagassen-Zeit beginnt sehr realistisch:

> Ich hänge an meinem Elendsquartier
> hier eine Treppe vor dem Dachboden
> inmitten von Hurrikanen aus Staub und
> miszgünstigem Gekläff
> der Geruch von gekochtem Kohl steigt
> wie eine beklemmende Riesenpflanze
> vom Erdgeschosz bis zum Dachboden…

Die Mayröckersche Wohnung ist oft beschrieben worden: als Faszinosum, als Kuriosum, als stilisiertes Chaos. Von ›absichtsvoller Verlotterung‹ spricht die Biographin Gerda Marko. Und die Wohnungsinhaberin liefert prächtige Vokabeln zur Untermalung der Lotterlegende, die surreale Elemente und realen Notstand vermischen: »Wespen schaukeln im Zimmer haben ihre Nester gebaut in meinen/ Papieren« oder: »Reißzwecken und Wäscheklammern halten mein Leben mein Schreiben zusammen« oder: »ein treibender Schreibtisch mitten im Ozean meines Zimmers...«

Der treibende Schreibtisch im Ozean des Zimmers – ein Bild, das sich im Kopf festsetzt, überprüft werden möchte. In der Zentagassenrealität gibt es nichts Treibendes, Flutendes, da hat das Chaos eine solide Statik. Zwei Dutzend Klingelknöpfe unten an der Haustür, zwei Dutzend Namensschilder oder mehr: Mayröcker 4. Stock, 40. Tür. Das Treppenhaus, Jahrgang 1906, hat einen undefinierbaren Geruch und ein schwarzverschnörkeltes Eisengeländer. Die Steinstufen nehmen kein Ende. Oben, schwarzer Schatten vor weißer Wand, Friederike Mayröcker, geduldig wartend. Die rechte Hand eingebunden, Fingerverletzung. Jede Handreichung ist mühselig: einen Haken für den Mantel freiräumen, dann einen Stuhl, ein Eckchen für das Selterglas. Das Chaos des Zimmers übertrifft alle Vorstellungen. Jetzt nur nicht die übliche Besucherfrage stellen: Finden Sie hier jemals etwas wieder? – Natürlich findet sie nichts wieder, jedenfalls nicht, was sie sucht, die Zahnarztrechnung, den Deckel der Teekanne oder das Farbband für die Hermes Baby. Dafür macht sie in Kisten und Kästen neue Funde, die ihre ›Bewusztseinsmaschine‹ ankurbeln, kühne Konstrukte aus dem Papier wachsen lassen.

Irgendwo unter den bedrohlich schiefen Bücherstapeln, den Manuskriptbündeln und papiergefüllten Waschkörben muß ein Flügel verborgen sein, Gedichte und Interviews berichten davon, vielleicht ist es auch nur eine Legende wie der kleine heilige Antonius neben dem Transistorradio, der sich bedeckt hält. Friederike Mayröcker liebt es, mit Musik zu arbeiten, Brahms, Schubert, Bach vor allem, Glenn Goulds Goldberg-Variationen. Briefe, mit Wäscheklammern an die Lampenkette geheftet, sehen wie tibetische Gebetsfähnchen aus. Lasker-Schüler-Landschaft. Die Heimatlose würde sich hier wohl fühlen.

Noch eine andere Assoziation stellt sich ein: die Gräberschluchten des Jüdischen Friedhofs in Prag. Im zugewucherten Zimmer lagert Sediment auf Sediment. Arbeit aus Jahrzehnten. Leben. Es soll nicht aus dem Raum, aus der Erinnerung verschwinden, wie die Juden ja ihre Toten auch nicht nach zwanzig Jahren exhumieren, sondern später Verstorbene in Erdschichten darüber betten, Vergangenheit und Gegenwart eins werden lassen, beschwert von den Kieselsteinen des Gedenkens auf den Grabplatten.

Worüber reden in dieser bildgesättigten Atmosphäre? Über die Biographielosigkeit als Lebenshaltung. Über die augenblickliche Lektüre: Breton, Michaux, die modernen Franzosen, ein russischer Lyriker mit niegehörtem Namen, immer wieder Jean Paul. Und Arno Schmidt? Nein, nicht mehr. »Ich lese alles an, aber nur weniges zu Ende«, sagt sie. Es ist ein leises Gespräch, Notizblock und Aufnahmegerät bleiben in der Tasche. Friederike Mayröckers Tag beginnt immer noch morgens um fünf, wenn der Himmel sich aufhellt und die Gegenstände Konturen annehmen, Gedichtzeilen sich formen, Traumwörter aus dem Halbbewußten festgehalten werden. Gegenwärtig entstehen nur Gedichte. »Eine Gedichtphase«, sagt sie. Im Grunde lesen sich alle ihre Texte wie Poesie. Ihre Arbeitsintensität hat sich nicht verändert im Laufe der Zeit, doch legt sie häufiger Pausen ein als früher.

Arbeiten und leben kann sie nur in Wien. Nur in dieser Stadt fühlt sie sich zu Hause: »ich ruhe in ihr, ich vertraue ihr und ich vertraue darauf, daß sie mich hält wie sie mich schon immer gehalten hat, also will ich auch ruhen da, später wenn ich nicht mehr leben kann, darf«, schreibt sie in *wienumschlungen*. Und ihr Wien-Bekenntnis endet mit einer Schattengeschichte:

»an einem Wintertag geht mir mein Schatten lange voran, und ich frage meinen Schatten wohin er geht... ich gehe in Wien in Angst, sagt der Schatten, ich lasse die Sonne in meinem Rücken, ich habe Angst aber ich laufe in Wien davon, ich laufe immer davon aber ich bleibe in Wien, hier allein kann ich sein, auch mit der Angst. Die Angst wird dann meine Gedankenschrift, je mehr Angst, desto mehr Gedankenschrift, manchmal hebe ich ab, der Himmel ist hier am schönsten.«

Rettet die Donau-Auen!
Die Umweltschützerin
Freda Meissner-Blau
*1927

Videoaufzeichnung eines Amateurfilmers: Hainburg, Dezember 1984. – Auf wieviel Bildschirmen mag von Zeit zu Zeit ein solches Dokument aus heroischen Tagen aufflimmern? Weißt du noch, damals...

Winterlandschaft. Die Sonne blaß über der Flußbiegung. Bäume im Rauhreif. Ein Waldweg, der sich wie eine Ameisenspur durchs Dickicht schlängelt, schwarz von Menschen: die friedliche Besetzung der Donau-Auen. Kameraschwenk auf eine Lichtung mit bunten Zelten und Lageratmosphäre. Umweltschützer, in Decken und Schlafsäcke gehüllt, wärmen die Hände an kleinen Feuern und reden sich die Köpfe heiß. Meist Jugendliche, auch Frauen mit Kindern darunter, ein paar weißhaarige Köpfe. Dampfender Tee wird herumgereicht, man prostet sich mit den Bechern zu. Die Stimmung ist gelöst, die Abholzung des Auwaldes – so scheint es – erst einmal gestoppt. Die Kamera tastet sich durchs Unterholz, bleibt an einem gefällten Baumriesen hängen. Im Hintergrund Bulldozer, schwere Kettensägen – ein verlassenes Schlachtfeld. Kein Waldarbeiter mehr zu sehen. In Großaufnahme ein bärtiges Gesicht, skeptischer Blick: Darf man dem vorweihnachtlichen Frieden trauen?

Chronik einer Rettungsaktion

Herbst 1984: In den Au-Wäldern bei Hainburg, nur fünfzig Kilometer von Wien entfernt, soll ein umstrittenes Jahrhundertprojekt realisiert werden: ein Mammutkraftwerk, dem über eine Million Bäume und der alte Donaulauf geopfert werden müßten. – Unmöglich in einem ausgewiesenen Landschaftsschutzgebiet mit einzigartigem Tier- und Pflanzenreichtum, glauben die Naturschützer. Doch Ende November 1984 müssen sie erleben, wie der zuständige Landesrat für Naturschutz sich über bestehende Gesetze hinwegsetzt und dem Baubeginn zustimmt – rechtswidrig, aber rechtskräftig, ohne Einspruchsmöglichkeit. Die ORF-Moderatorin Freda Meissner-Blau nennt ihn öffentlich einen Umweltverbrecher, sie will seine Klage provozieren, um den Fall landesweit publik zu machen. Die Empörung über die geplante Zerstörung der letzten Naturreservate an der Donau geht weit über die Kreise der Umweltschützer hinaus.

Anfang Dezember wird der gewaltlose Widerstand organisiert. Frauen aller Parteien und Lager solidarisieren sich in einer von Freda Meissner-Blau einberufenen Pressekonferenz mit den Kraftwerksgegnern für die Erhaltung der Au-Wälder. Diese parteienübergreifende Solidarität unter Frauen hat es noch nie gegeben, »die Patriarchen aller Parteien waren außer sich«, erinnert sich die Initiatorin heute lächelnd. Ein paar hundert junge Naturschützer ziehen in die Au und stellen sich den anrückenden Bulldozern entgegen – ein medienwirksames Kräftemessen. Die Wiener Bevölkerung wird aufgeschreckt, immer breitere Kreise schließen sich dem Protest an, kurz vor Weihnachten kampieren 3500 Menschen in den Au-Wäldern. Sie werden aus umliegenden Dörfern verpflegt und erhalten Zuspruch und warme Decken aus allen Teilen Österreichs.

Die Verhandlungen eines Auschützer-Komitees mit der Regierung verlaufen ergebnislos, die mächtige Lobby der Industrie und die Gewerkschaften drängen auf Räumung des Geländes. Die Polizei rückt mit Wasserwerfern an und versucht, die Waldbesetzer auseinanderzusprengen. Es gibt Verletzte. Die ersten Bäume fallen. In Wien versammeln sich unterdessen 40 000 Menschen auf dem Heldenplatz zu einem Solidaritätsmarsch durch die Innenstadt. Viel Prominenz dabei, Professoren, Künstler, Schauspieler. Namen wie Hundertwasser oder Nenning garantieren überregionale Aufmerksamkeit. Eine Telefonkette hält die Freunde der Au auf dem laufenden, spontan machen sich unzählige Wiener, Männer und Frauen, ganze Familien und Belegschaften auf nach Hainburg. Eine Solidarität quer durch alle Bevölkerungsschichten, von der Freda Meissner-Blau noch heute mit leuchtenden Augen erzählt und die sie »nie davor und nie mehr danach« erlebt hat. Die Regierung sieht sich zum Einlenken gezwungen, der Bundeskanzler gewährt einen zehntägigen ›Weihnachtsfrieden‹. Die Auschützer merken, was Bürgerrechtler auch andernorts erfahren haben: Die Mächtigen sind gar nicht so mächtig, wenn sie sich begründetem Widerstand gegenübersehen.

Am Weihnachtsabend kommen 15 000 Österreicher bei klirrender Kälte zu einer Christmette in der Au zusammen. Am Neujahrstag wird zwischen die gefällten Baumriesen ein kleines Hoffnungs-Bäumchen gepflanzt und die Aulandschaft euphorisch zum künftigen Nationalpark erklärt. Das Verwaltungsgericht untersagt weitere Baumfällungen, die Entscheidung über den Kraftwerksbau wird vertagt – auf den Sankt Nimmerleinstag, wie die Auschützer hoffen. Sie haben ihr Ziel, vorerst wenigstens, erreicht. Für Freda Meissner-Blau, eine der Schlüsselfiguren in diesem Kräftemessen, sieht die Bilanz weniger positiv aus.

Zwar hat der Landesrat sie nicht verklagt, wie sie erwartet hatte, aber sie hat noch am Tag ihrer ›Majestätsbeleidigung‹ den Moderatorinnenjob beim ORF verloren. Arbeitslos ist sie deshalb nicht geworden: Sie kann jetzt für das Engagement in der Umweltbewegung ihre ganze Kraft einsetzen – eine Jeanne d'Arc im österreichischen Forst.

Jeanne d'Arc der Grünen

An der Aktion Hainburg wollte Freda Meissner-Blau sich eigentlich nicht beteiligen. Sie hatte sich seit langem in der Antiatombewegung engagiert, hatte gegen Atomstrom und für Wasserkraftwerke plädiert, sie konnte realistischerweise nicht beides ablehnen und für Österreich das vorindustrielle Zeitalter zurückwünschen. Irgendwoher muß der Strom ja kommen – war da Hainburg nicht das kleinere Übel?

So dachte sie, bis sie die Donau-Auen kennenlernte, zu Fuß die Wälder durchstreifte, diese fast unberührte Flußlandschaft mit den Graureiherkolonien, den Regenpfeifern und Säbelschnäblern, den Wasserlilien im Uferschlick und einem furchtlos äsenden Hirsch auf der Lichtung. Sie fühlte sich zurückversetzt in die böhmischen Wälder ihrer Kindheit. Sollten ihre Enkel solch ein Paradies nicht mehr erleben dürfen? – Vernunftgründe hin oder her: Dieses letzte Stück unverbauter Donaulandschaft mußte vor den Baggern gerettet werden.

Sie macht mit. Ihr Organisationstalent, ihr diplomatisches Geschick, ihre Presseerfahrung sind gefragt, ihr Optimismus wirkt ansteckend, ihr gepflegt bürgerliches Aussehen weckt Vertrauen auch bei Naturliebhabern, die den Grün-Alternativen fernstehen. Der ›Au-Krieg‹ eint politisch gegensätzliche Fronten, und Freda Meissner-Blau hat zu dieser Einigung maßgeblich beigetragen.

Den Titel ›Jeanne d'Arc der Grünen‹ hat ihr nicht Hainburg, sondern – schon viel früher – ihr Einsatz für die Antiatombewegung eingebracht. Sie gehört zu den Mitbegründerinnen einer Gruppe *Mütter gegen Atomenergie*. Aber sie hat eine schlechtere Position als die historische Jeanne d'Arc, die Gott auf ihrer Seite wußte und die feindlichen Heere ganz real vor Augen hatte. Die Gefahr, die von der Atomkraft ausgeht, bleibt – außer bei Katastrophen – unsichtbar. Hiroshima liegt weit zurück und ein Tschernobyl ist noch nicht denkbar. Wie können Menschen sensibilisiert werden für eine Bedrohung, die sie gar nicht als solche empfinden? Eine Frage, die sich Freda Meissner-Blau damals stärker stellt als heute im Nach-Tschernobyl-Zeitalter.

Ihr Engagement gegen Atomkraft und Atomrüstung beruht nicht auf ideologischer Besessenheit, vielmehr auf Erfahrungen, die sie während ihrer mehrjährigen Tätigkeit für die UNESCO in Paris gesammelt hat. Damals in den Sechzigerjahren hatte sie Atomkraftwerksangebote ins Deutsche zu übersetzen. Eine Aufgabe, die genaue Kenntnis der Materie erforderte. Und je mehr sie sich mit der Sache befaßte, um so skeptischer wurden ihre Fragen: Wird die Strahlengefahr, die man seit den Erkrankungen Röntgens und Madame Curies kennt, nicht absichtlich verharmlost? Wie kann sich die Menschheit vor denkbaren Katastrophen schützen? Was geschieht mit den radioaktiven Abfällen? Wohin verschwinden sie? – Fragen, auf die sie keine Antwort bekam, über die sie nur mit ihrem späteren Mann sprechen konnte. Paul Blau war bei der Internationalen Atomenergie-Organisation tätig und Autor eines Buches über Strahlengefahr und Strahlenschutz.

Die 68er Studentenrevolte erlebt sie in Paris. Die ursprünglich Unpolitische macht dabei die Erfahrung, daß politische und gesellschaftliche Veränderungen möglich sind, auch wo man sie nicht für möglich gehalten hätte. Bei ihrer Rückkehr nach Wien im Jahre 1972 zieht sie die Konsequenzen aus dieser Erkenntnis und engagiert sich – zuerst in der noch jungen österreichischen Frauenbewegung, dann in der Friedensbewegung und bei Amnesty International. Als Bildungsreferentin versucht sie, Frauen aus Arbeiterkreisen das Rückgrat zu stärken in Fortbildungsseminaren, die unter dem Motto stehen: »Selbstbewußtsein kann man lernen.«

Selbstbewußtsein ist, neben Ausdauer, unabdingbar, wenn Frauen politische Forderungen durchsetzen wollen, das weiß Freda Meissner-Blau aus Erfahrung. Immer wieder muß sie erleben, daß Frauen als Bitt- und Antragstellerinnen nicht ernstgenommen werden von Männern, die an den Schalthebeln sitzen. So hat sie es auch beim Kampf gegen das unmittelbar vor den Toren Wiens liegende, schon fast fertiggestellte Atomkraftwerk Zwentendorf erlebt. Rückblickend beschreibt sie ihren damaligen Einsatz: »Wir besuchten den Bundeskanzler und erkannten an seiner Herablassung, daß die oft beschworene Gleichberechtigung der Frauen bloßer Lippendienst ist... Gemeinsam suchten wir die Abgeordneten im Parlament auf, um ihnen die biologischen und gesundheitlichen Folgen der Kernenergie darzulegen... Zunehmend betrachteten wir unsere Aktivität als ›Training in direkter Demokratie‹. Denn die Atomenergie und die Menschen, die sie vorantrieben, machten uns klar, daß die Demokratie von einer Expertokratie und Oligarchie mißbraucht wird: Eine kleine Clique sogenannter Fachleute maßt sich die Entscheidung über Leben und Tod unserer Gesellschaft an...«

Harte Worte, denen damals harte Diskussionen vorausgingen, flankiert von Flugblattaktionen und Gesprächen mit der Bevölkerung. Frauen aller Gesellschaftsschichten und Altersgruppen ließen sich mobilisieren – diese Antiatomlobby der Frauen war es wahrscheinlich, die bei der Volksabstimmung im Herbst 1978 den Ausschlag gab und in Österreich zu einem gesetzlichen Verbot der Atomenergie führte. Das Ergebnis ist äußerst knapp: 50,5 Prozent gegen, 49,5 Prozent für Atomenergie, aber es hat zur Folge, daß das Atomkraftwerk Zwentendorf nicht ans Netz gehen darf. Freda Meissner-Blau hat sich damit mächtige Feinde geschaffen – aber auch begeisterte Anhänger, die in ihr eine geeignete Kandidatin für das Bundespräsidentenamt sehen.

Freda for President

»Nie«, sagt sie überzeugt, und bei diesem Nein bleibt es erst einmal. Sie strebt nicht nach politischen Ämtern, sieht realistisch, daß sie zwischen den Kandidaten der beiden großen Volksparteien aufgerieben würde. Die Grünen, die sie als Kandidatin aufstellen wollen, haben noch kein politisch gefestigtes Profil in Österreich. Das ändert sich erst nach dem ermutigenden und von Freda Meissner-Blau mitgetragenen Volksbegehren gegen das Kraftwerk Hainburg allmählich. Daß die ›Jeanne d'Arc der Grünen‹ nach ihrer Rückkehr von einem Greenpeace-Hearing in Neuseeland doch ihre Einwilligung zur Kandidatur gibt, hängt mit einem plötzlich auftauchenden Rechtsaußen-Kandidaten zusammen, der Protestwählerstimmen auf sich vereinen und womöglich die Fünfprozenthürde überspringen könnte. Um dies zu verhindern, steigt Freda schließlich klopfenden Herzens in den Ring – festgehalten in einer pfiffigen Wahlkampfkarikatur: Die beiden Kandidaten der großen Parteien liegen sich, träge schachspielend, im Boxring gegenüber. ÖVP-Waldheim in schwarzen, SPÖ-Umweltminister Steyrer in roten Boxhandschuhen. Klein und drahtig hechtet als Dritte kampfbereit Freda Meissner-Blau mit gewaltigen grünen Fäustlingen über das Seil, den Mißmut der beiden Matadore herausfordernd…

Sie kann bei der Wahl im Mai 1986 5,5 Prozent der Stimmen auf sich vereinen und damit den Rechtsaußen-Mann unter ein Prozent zurückdrängen und im ersten Wahlgang eine absolute Mehrheit für Waldheim verhindern. Das beachtliche Resultat steigert ihre Popularität über das alternative Lager hinaus. Bei den Nationalratswahlen im Herbst 1986 steht sie an der Spitze der grün-alternativen Liste und zieht mit sieben männlichen Parteigenossen ins Parlament ein – ein Erfolg für die grüne Bewegung, aber eine herbe Enttäuschung für sie: Durch geschickte ›Männertaktik‹ in den eigenen Reihen ist die vollmundig angekündigte Geschlechterparität auf der Strecke geblieben. Die ›Klubobfrau‹ fühlt sich als Galionsfigur fehl am Platz. Sie ist überzeugt, daß nur eine viel stärkere Frauenpräsenz eingefahrene Machogewohnheiten aufbrechen kann. Trotz der internen Parteiquerelen nutzt sie ihre Chancen im Parlament. Gleich in der Antrittsrede und später immer wieder nimmt sie leidenschaftlich Stellung zu sozialen und umweltpolitischen Fragen: zum mangelnden Umdenken nach Tschernobyl, zur Ressourcenverschwendung unserer Industriegesellschaft, zur Vernichtung der Regenwälder. Wir alle müßten begreifen, »daß auch Europa am Amazonas zu sterben beginnt«.

Ihre Schärfe in der sachlichen Argumentation artet nie in persönliche Angriffe und Beleidigungen politischer Kontrahenten aus. Auch Gegner schätzen ihren fairen Stil, ihre beispielgebende ›Streitkultur‹, und bedauern ihr Ausscheiden aus dem Parlament nach zwei Jahren. Die eigene Fraktion ist gespalten, nicht alle haben ihre ›Mutterrolle‹ akzeptiert. Sie selbst faßt ihre parlamentarischen Erfahrungen für eine amerikanische Studie in wenigen

Sätzen zusammen, die nicht nur für die Politik Gültigkeit haben dürften:

»Frauen werden in der Politik viel häufiger als Person (nicht der Sache wegen) angegriffen als Männer. Männer sind untereinander toleranter als gegenüber Frauen. Wenn sich Frauen als ›nicht männer-angepaßt‹ entpuppen, sondern ihre eigene Meinung vertreten, verweigern die Männer die Zusammenarbeit in der Gruppe. Von Frauen wird erwartet, daß sie alle Nebenarbeiten ihrer Aufgabe selbst erledigen, während die Männer Hilfe von Typistinnen, Sekretärinnen und Experten fordern. Ebenso wird von Frauen erwartet, daß sie ihre politische Arbeit männlichen Kriterien anpassen.«

Ein Behinderungskatalog, der Frauen resignieren lassen könnte. Nicht Freda Meissner-Blau. Sie ist zwar aus der parlamentarischen Arbeit ausgestiegen, aber ihr politisches Engagement bleibt unverändert: »Man kann resignieren, oder man kann sich engagieren. Ich wählte das Engagieren, im persönlichen Leben und für große öffentliche Anliegen, die mich bewegen...«

Privatleben ist nicht nur Privatleben

Daß politische Auseinandersetzungen nicht selten mit Mitteln persönlicher Diffamierung ausgetragen werden, ist eine der schmerzlichsten Erfahrungen, die Freda Meissner-Blau in ihrer politischen Karriere gemacht hat. »Vielleicht sind Frauen da dünnhäutiger als Männer«, räumt sie ein. Während sie über Sachargumente mit Lust streiten kann, machen sie persönliche Angriffe wehrlos. Auch wenn diese völlig aus der Luft gegriffen sind, wie das besonders perfide Gerücht, sie sei eine nach Österreich eingeschleuste DDR-Agentin, wobei man geschickt ihren Geburtsort Dresden ins Spiel bringt. Daß sie dort zwar am 11. März 1927 geboren ist, das Land aber lange vor Gründung der DDR verlassen hat, interessiert nicht. Auch nicht, daß ihr Vater, Dr. Ferdinand von Meissner, der aus einer altösterreichischen Offiziersfamilie stammt, später als ›Staatsfeind‹ auf der Gestapoliste stand und nach England emigrieren mußte. Der Stempel ›Dresden‹ genügt zur Diffamierung.

Freda Meissner-Blaus ganzes Leben ist mit der Politik verwoben, auch da, wo es sich scheinbar privat im Familienrahmen abspielt. Ihre Schlüsselerlebnisse hängen alle mit politischen Daten zusammen, und aus allen hat sie ihre politischen Lehren gezogen: Einmarsch der Hitlerarmee in Linz an ihrem elften Geburtstag, Ernüchterung über »das Marionettenmännchen auf dem Rathausbalkon«, dem die Bevölkerung zujubelte. Übersiedlung der Vierzehnjährigen mit der Mutter und den Geschwistern zu den Großeltern nach Reichenberg in Böhmen, Erfahrung des ›Vertriebenseins‹ aus der gewohnten Umgebung. Entschluß der Siebzehnjährigen, allein Richtung Westen zu flüchten. Zeugin des Dresdner Infernos, als alliierte Bomber im Februar 1945 in wenigen Stunden die Stadt zerstörten. Sich durchschlagen in der amerikanischen Besatzungszone, von der Tellerwäscherin zwar nicht zur Dollarmillionärin, aber doch zur Dolmetscherin.

Dann die Wiederbegegnung mit dem Vater 1947 in England. Das Medizinstudium als Werkstudentin im Nachkriegs-Frankfurt. Die Heirat mit George Pawloff, einem russischstämmigen Chemiestudenten mit französischem Paß. Die gemeinsame Arbeit für ein deutsches und belgisches Industrieunternehmen in Leopoldville, dem heutigen Kinshasa in Zaire. Das Unbehagen an der Privilegierung der Weißen und das aufwühlende Erlebnis der Revolution in Zaire, dazwischen die Geburt des ersten Sohnes. Die UNESCO-Arbeit in Paris. 1962 die Berufung als Generalsekretärin ans neugegründete Ford-Institut nach Wien. Nebenher ein Psychologie- und Soziologiestudium an der Wiener Universität und die Geburt eines Zwillingspärchens.

Das Miterleben der 68er Studentenbewegung in Paris, nicht mehr als ungebundene Studentin, sondern als Mutter von drei kleinen Kindern. Das ›politische Aufwachen‹ und die Trennung von George Pawloff. 1970 die Heirat mit dem an der österreichischen Botschaft in Paris tätigen Paul Blau, der ihre politischen Interessen voll unterstützt. Zwei Jahre später Rückkehr nach Wien und Einstieg in die Bildungsarbeit, die fast zwangsläufig in die politische Arbeit einmündet, obwohl sie, wie sie schreibt, »mit einem tiefwurzelnden Mangel an Selbstvertrauen, dem so vielen Frauen bekannten Gefühl, ›nicht gut genug‹ zu sein«, zu kämpfen hat. Aber sie setzt sich durch, sucht ihre eigene Linie – nach ihrem inneren Kompaß, nicht nach Parteivorgaben. Das macht sie für enge Parteistrategen unbequem, für Außenstehende um so glaubhafter.

Und wie steht es mit ihrem Einfluß in der eigenen Familie, bei den Kindern? Da kann Freda Meissner-Blau nur weise lächeln. Einer ihrer Söhne, ehemaliger Revoluzzer, ist heute Banker, verdient viel Geld und hat Spaß an großen Wagen – vielleicht werden die drei Enkel, so hofft sie, aufs Fahrrad oder Ökoauto umsteigen. Die beiden anderen Kinder sind mehr in die Familienart geschlagen: Die Tochter ist Fotografin und macht Dritte-Welt-Reportagen, der zweite Sohn, »Lebensphilosoph«, unterrichtet an einer Rudolf-Steiner-Schule in England und befaßt sich mit der Heilkraft des Wassers. Mit ihrem Ehemann, Professor Paul Blau, langjähriger Direktor des Instituts für Gesellschaftspolitik und Ehrenpräsident des Wiener Naturschutzbundes, ergeben sich immer wieder fruchtbare Arbeitszusammenhänge. Beide wurden sie mit dem Österreichischen Naturschutzpreis ausgezeichnet, er

1975, sie zehn Jahre später, nach Hainburg. 1989 erhielt sie den Österreichischen Staatspreis für außerordentliche Verdienste um den Umweltschutz. Jede öffentliche Anerkennung von Umweltengagement kommt nicht nur dem Preisträger, sondern auch der Sache zugute. Freda Meissner-Blau hält notwendige Kurskorrekturen im ökologischen Bereich nur für möglich, wenn sie nicht einfach verordnet, sondern der Bevölkerung einsichtig gemacht werden.

Eine bewohnbare Welt für die Enkel?

Wenn Freda Meissner-Blau die Bilanz ihres bisherigen Lebens zieht, sieht sie einige Entwicklungen mit Genugtuung: den Ausstieg Österreichs aus der Kernenergie, die Rettung der Donau-Auen und die Planung eines künftigen länderübergreifenden Nationalparks, den Einzug der Grünen und damit einer stärker ökologisch ausgerichteten Politik ins österreichische Parlament – und nicht zuletzt die Erfahrung, daß Frauen über Partei- und sonstige Grenzen hinweg solidarisch handeln können.

Dieser Positivbilanz und ihrem jahrzehntelangen Optimismus stehen Zukunftsbefürchtungen gegenüber, die sie in einem Brief äußert. Es gehe nicht allein um die Eindämmung unseres Energieverbrauchs, schreibt sie, sondern um einen grundlegenden Wechsel unserer Lebensweise: »Mit der derzeitigen Industriegesellschaft, die auf ständigem Wachstum aufgebaut ist, ja von diesem zu ihrem Funktionieren abhängt, können weder die vorhandenen Ressourcen auch nur annähernd gerecht verteilt werden, noch so weit geschont werden, daß auch künftige Generationen ihre Bedürfnisse aus ihnen decken können. Die Kluft zwischen den ›Haves‹ und den ›Have-nots‹ wird – übrigens schon jetzt – dauernd größer, was kurz- bis mittelfristig zu großen sozialen Spannungen führen muß, nicht nur zwischen Nord und Süd, sondern innerhalb unserer noch immer reichen Länder.«

Der Psychoanalytiker Wolfgang Schmidbauer sieht in unserem Konsumverhalten eine von der Werbung gesteuerte destruktive Regression, bei der dauernd Bedürfnisse geweckt und ihre Erfüllung mit Glücksversprechen verbunden würden. »Die Konsumgesellschaft ist das erste Experiment der Geschichte, in dem jedem Individuum versprochen wird, es habe das Recht, über seine Verhältnisse zu leben«, schreibt er und sieht einen Ausweg nur, wie Freda Meissner-Blau, in der Umstellung unserer Lebensweise: bewußt mit weniger auskommen und sich damit unabhängiger fühlen. Allerdings sind seine Vorschläge so radikal, daß sie sich kaum in die Praxis umsetzen lassen: Jeder darf nur so viel Energie verbrauchen, wie er selbst mit umweltverträglichen Mitteln produziert. Wenn sein Stromanteil aus der kommunalen Solaranlage erschöpft ist, muß er aufs Fahrrad mit Dynamo steigen und so lange strampeln, bis der Speicher wieder aufgefüllt ist...

Daß sich die Energieprobleme nicht mit dem Fahrrad lösen lassen, ist Freda Meissner-Blau und sicher auch Autor Schmidbauer klar. Aber wo beginnen die wirksamen Veränderungen? Das große Erbe der griechischen Weisheit, das Maßhalten, sei uns verlorengegangen, beklagt der Zivilisationskritiker Erwin Chargaff. Wie weit läßt sich der Mensch, läßt sich die Industriegesellschaft noch zu einem verantwortungsbewußten Umgang mit der Umwelt erziehen? »Nach Rio und nach Berlin (Klimakonferenz) ist meine Hoffnung sehr geschrumpft, daß ohne schwere Zusammenbrüche die notwendigen Maßnahmen ergriffen werden«, schreibt Freda Meissner-Blau – ganz gegen ihre Gewohnheit – pessimistisch. 1992 wurde in Rio de Janeiro eine UN-Konvention zum Schutz der biologischen Vielfalt von 170 Staaten unterzeichnet – eine Reaktion auf den weltweiten Schwund an Tier- und Pflanzenarten. Der Erhalt der Donau-Auen ist global gesehen nur ein Tropfen auf den heißen Stein. Im neuesten Umweltprogramm der Vereinten Nationen lesen wir, daß durch Zerstörung und Übernutzung von Lebensräumen in den nächsten Jahrhunderten über die Hälfte der Säugetiere, Vögel und Reptilien verschwinden werden, wenn die Entwicklung weitergeht wie bisher.

Auch wenn auf österreichischer Seite die Auen-Landschaft an der Donau zu einem Tier- und Pflanzenreservat wird, ist die Gefahr für das gesamte Donaugebiet noch längst nicht gebannt. Nach dem Baustop von Hainburg und einer ähnlich erfolgreichen Aktion gegen ein ungarisches Kraftwerk wagten auch die slowakischen Umweltschützer den Widerstand gegen das geplante Riesenkraftwerk Gabcikovo.

Die Bürgerinitiative *Eurochain* rief im Frühjahr 1990 zu einer Menschenkette auf, um gegen das Jahrhundertprojekt aus kommunistischen Zeiten, das nun weitergebaut werden sollte, zu protestieren. »Der reale Kapitalismus beschloß das Zerstörungswerk des realen Kommunismus fortzusetzen«, schreibt Freda Meissner-Blau und schildert, wie österreichische und ungarische Umweltschützer den Slowaken zu Hilfe eilen: »Über 60 000 Menschen aus den drei Ländern bildeten schließlich eine schier endlose lebende Kette, die von Österreich über die Slowakei bis nach Ungarn reichte, im Widerstand gegen blindwütiges, muttermörderisches Ersticken von Leben unter tonnenschweren Betondecken.«

Die Naturschützer haben den Baubeginn nicht verhindern können, aber sie haben trotzdem viel erreicht mit ihrem Protest gegen Gabcikovo. »Gegen diesen Alptraum sind wir ausgezogen«, schreibt Freda Meissner-Blau, »in

Österreich, in der Slowakei, in Ungarn, um Bäume und Demokratie zu beschützen. Holten uns Frostbeulen dabei, Prügel und blaue Flecken, erlebten die Kraft der Gewaltlosigkeit, die Freude und die Unbeugsamkeit der Gemeinsamkeit. Wir bekamen Lust auf mehr Demokratie.« – Das war 1991. Inzwischen schlägt Freda Meissner-Blau gedämpftere Töne an, die Euphorie ist Zweifeln an der menschlichen Vernunft gewichen: »wir sägen uns blindlings den Ast ab, auf dem wir hocken«, schreibt sie und fragt: »Wieviel Jahre das noch dauern kann? Die Schätzungen schwanken zwischen 20 und 50 Jahren (Meadows, World Watch Institute und andere).«

Aber immerhin: Auch die Regierungen sind inzwischen wach geworden – nicht zuletzt aufgescheucht durch wählerwirksame Bürgerinitiativen. Das deutsche Umweltbundesamt arbeitet an einem Zukunftsentwurf. Ein Signal ist gesetzt: Der Schnelle Brüter in Kalkar am Niederrhein wird zu einem Freizeitpark umgestaltet. In Österreich wurde ein *Nationaler Umweltplan* von der Bundesregierung verabschiedet. Daß jedoch die gängigen Mittel der Politik nicht ausreichen und durch unkonventionelle Denkansätze ergänzt werden müssen, macht eine Studie des Wuppertaler Instituts für Klima, Umwelt, Energie deutlich, die vom BUND für Umwelt und Naturschutz und dem katholischen Hilfswerk MISEREOR gemeinsam in Auftrag gegeben wurde. Darin entwickelt Reinhard Loske qualitative Leitbilder für die Gestaltung der Zukunft. Eine lernfähige Infrastruktur fordert er, eine Ergänzung politischer Institutionen durch mehr Bürgerpartizipation ›von unten‹ und durch einen ökologischen Rat ›von oben‹. Wir müßten lernen, »gut zu leben, statt viel zu haben« – das geht nicht ohne Verzicht, auch wenn die Parteien dies ihren Wählern nur ungern offen sagen. Es fehle an charismatischen Führungspersönlichkeiten, die den ökologischen Umbau der Bevölkerung einsichtig machen könnten, beklagt Loske.

Könnte nicht Freda Meissner-Blau eine solche Führungspersönlichkeit für das nächste Jahrzehnt sein? Die Frau, die in der Diele ihrer Wohnung – Bräunerstraße im Zentrum Wiens – an einem riesigen, von Papieren überquellenden Arbeitstisch sitzt, voller Elan und Ideen? Nackenschläge haben sie nicht geduckt, nur nüchterner gemacht. Sie sehe heute ihre Aufgabe darin, schreibt sie, »quer durch die Parteien, Weltanschauungen, Konfessionen und Institutionen Sensible und Verantwortungsbewußte zu finden, um mit ihnen gemeinsam das notwendige Um-Denken, Um-Fühlen, Um-Handeln der vielen zu bewirken«.

Sie strahlt, trotz ihrer pessimistischen Prognosen, Vertrauen aus. Vertrauen in die Zukunft. Die Fotos ihrer vier Enkel im Blick, kann sie die Hände nicht in den Schoß legen. Diesen Enkeln sollen die Donau-Auen erhalten bleiben und eine Welt, die bewohnbar ist.

Was sie in der Anthologie *Healing The World* 1991 geschrieben hat, gilt noch immer: »Nicht die Frauen waren es, die die Bomben warfen, die Flüsse verschmutzten, Luft und Boden vergifteten. Aber viel geschah in der Vergangenheit mit unserer schweigenden Zustimmung. Nun, da das Leben selbst auf dem Spiel steht, haben wir uns einzumischen, leidenschaftlich und kraftvoll …«

Das Burgtheater ist nicht die Welt
Die Schauspielerin und Autorin
Erika Pluhar
*1939

Ein weiter, weißer Raum, sparsam und erlesen möbliert. Hohe Fenster, efeuumrankt, zwischen Baumkronen ein Stück blasser Märzhimmel. Der Kamin aus grüngemasertem Marmor, die Sitzgruppe, der Biedermeierschreibtisch mit der Messinglampe und dem altmodischen Telefon, alles strahlt Ruhe aus. Ruhe und Strenge. Schwarz die bis zur Decke reichende Bücherwand, schwarz der mächtige Flügel, der den Raum beherrscht. Die ländliche Stille nur vom Kreischen eines Papageis unterbrochen. Eine Frau mittleren Alters, schlicht schwarz gekleidet, Haare im Nacken zusammengebunden, gießt Tee in rustikale Steingutschalen. Tschechow-Atmosphäre.

Nein, kein Ausschnitt aus einem Tschechow-Stück. Eine reale Kulisse: So wohnt Erika Pluhar. Draußen in Grinzing, fast am Ende der Straßenbahnlinie, in einem verwunschenen alten Landhaus mit ausgetretenen Stufen und einem wildwuchernden Garten. Die Burgschauspielerin lebt seit über dreißig Jahren in diesem Haus, erst zur Miete, dann als Eigentümerin. Ein Refugium, in das sie sich nach anstrengenden Proben und Gastspielreisen, aber auch nach Gesprächen mit Menschen, die ihr nahestehen und die sie doch nicht ständig um sich haben möchte, zurückziehen kann. Dieses Bedürfnis nach Abstand zu Dingen und Menschen, nach Abwerfen von Ballast, nach Konzentration auf das ihr Wesentliche wird mit den Jahren immer stärker. Sie ist nun 57, hat die Lebensmitte überschritten und möchte das kostbare Gut Zeit nicht für Rollen verschwenden, die zwar Prestige bringen, aber sie nicht befriedigen.

Sie kann es sich leisten, ihr Leben so zu gestalten, wie es ihr entspricht, und sie empfindet dies als ein nicht selbstverständliches Privileg, das sie sich erarbeitet hat. Nach wie vor gehört sie – und das seit 37 Jahren – zum festen Ensemble des Wiener Burgtheaters. Eine der traditionsreichsten Bühnen Europas, 1776 von Kaiser Joseph II. zum Nationaltheater erhoben. Grillparzers und Hebbels Stücke wurden hier uraufgeführt, Schauspielerinnen wie Sophie Schröder, Charlotte Wolter, Paula Wessely verkörpern die Tradition des Hauses, für dessen legendären Ruf heute Claus Peymann steht.

Erika Pluhar, am 28. Februar 1939 in Wien geboren, stammt nicht, wie in Theaterkreisen häufig – etwa bei den Thimigs oder den Hörbigers – aus einer alten Schauspielerfamilie. Um so erstaunlicher ihre frühe Gewißheit, Schauspielerin und nichts anderes zu werden. Für die im Wiener Arbeiterbezirk Floridsdorf aufgewachsene Tochter eines Ingenieurs ein recht ausgefallenes Berufsziel, an dem sie unbeirrt während der ganzen Gymnasialzeit festhält. Mit achtzehn macht sie Abitur und hat das Glück, gleich danach in die Wiener Akademie für Musik und Darstellende Kunst aufgenommen zu werden – das berühmte Max-Reinhardt-Seminar.

Zwei Jahre lang wird ihr hier neben Theatertheorie eine solide handwerkliche Ausbildung vermittelt: »Kopfwerk, Augenwerk, Mundwerk, Fußwerk, das Werk des ganzen Körpers«, wie es Max Reinhardt forderte, dessen Berliner Seminar auch für Wien richtungweisend wurde. Der Abschluß ›mit Auszeichnung‹ im Hauptfach Schauspiel öffnet der Elevin die Pforten des Burgtheaters – und damit Möglichkeiten der Entfaltung, wie sie längst nicht jeder jungen Schauspielerin geboten werden.

Was gäben viele Theaterleute darum, auf Dauer zu diesem erlesenen Ensemble zu gehören. Und Erika Pluhar? Sie ist in den letzten Jahren nur noch selten auf dem Spielplan zu finden. Anfang der Sechzigerjahre, zu Beginn ihrer Laufbahn, spielte sie ein Dutzend Rollen in einer Saison, quer durch das Repertoire, von Shakespeare bis Giraudoux, von Kleist bis Camus.

»Genau das möchte ich nicht mehr«, sagt sie bestimmt. Sie ist nicht die Komödiantin, der es Spaß macht, in immer neue Rollen zu schlüpfen, sich ständig zu verwandeln. Sie muß in eine Figur hineintreten, sich mit ihr identifizieren können. »Ich habe Schwierigkeiten mit übergestülpten Rollen«, gesteht sie. »Wenn ich mich ganz schonungslos betrachte, dann möchte ich eigentlich auf Erden nichts anderes verwirklichen außer mich selbst«, hat sie schon früher geschrieben. Rollen, die ihr auf den Leib geschrieben sind, die sie wie eine zweite Haut überziehen kann, sind nicht allzu häufig, aber es gibt sie.

Maria Stuart zum Beispiel. Diese stolze Königin, deren innere Freiheit mit jeder Demütigung, die ihr die Kontrahentin Elisabeth zufügt, wächst. Die Pluhar vermerkt im Tagebuch: »Ich spiele für ein anonymes Publikum wie immer. Und für *mich*, weil es mir Spaß macht, durch die Gestalt der Stuart durchzugehen, durch Stolz, Hochmut, Angst, Hoffnung, Wut, Verzweiflung, bis in den Tod.« – Mit derselben Unbedingtheit spielt sie Paraderollen wie die *Ismene* in Sellners *Antigone*-Aufführung oder die *Ruth* in Harold Pinters *Heimkehr*. Da ist sie eins mit ihrem Beruf, den sie in seltenen Augenblicken, wenn Rolle und Regie zusammenschwingen, als Berufung empfindet. Nach einer aufregenden, sie tief berührenden Probe beschreibt sie, wie Pinter Schauspieler und Zuschauer zwingt, aus ihren Sicherheiten herauszutreten, und wie der Regisseur Peter Palitzsch den Schauspielern auf eine sehr behutsame und doch leidenschaftliche Weise die Wege dazu freimacht: »Es ist, als lernten wir alle Seiltanzen.«

Solche Herausforderungen durch den Text und durch den Regisseur liebt sie. Auch in Ibsens *Hedda Gabler*, wo sie, wieder unter Palitzsch, die Titelrolle spielt: »Ich lief die ganze Premiere wie auf zwei Spuren, sie und ich, manchmal eine Überschneidung, ein totales Einssein, wie ein Traum das Ganze.« Und etwas später im Tagebuch: »Sehr viel Hedda geprobt, gespielt, im Funk aufgenommen. ›Hedda‹ ist für mich ein Stück meines Lebens...« – Wieder die absolute Identifikation mit der dargestellten Figur. Das Glücksgefühl, sich selbst ausspielen, ausweiten zu können: »ich habe mich und sie in einer unglaublichen neuen Einheit und Selbstverständlichkeit erlebt. Diese seltenen, durchscheinenden, bis ins Letzte konzentrierten Stunden...«

Theater als Selbsterfahrung – aber auch als Erlebnis von Gemeinschaft. Ganz besonders auf Tourneen. Und ganz besonders in der damaligen DDR, wo Künstler aus dem Westen, aus dem neutralen Österreich, wie seltene Paradiesvögel bestaunt und gehegt wurden. Über einen Auftritt mit Attila Hörbiger und Paula Wessely notiert sie im Oktober 1979 im Berliner Interhotel am Alexanderplatz: »Dieser Abend gestern! Die Lesung im Deutschen Theater – eine Welle von Verstehen und Liebe und zärtlichster Aufmerksamkeit aus dem Publikum. Stürme der Begeisterung, als Attila das Kometenlied singt – dieser alte Mann mit dem schönen Gesicht, von einer unsagbaren Schönheit des Alters... Anschließend in der Kantine des Berliner Ensembles ein Fest für das Burgtheater. Plötzlich ahne ich etwas vom Sinn und der Kraft des Theaters, wie hier Barrieren in Staub zerfallen, wie Schauspieler in der Eintráchtigkeit ihrer Welt die Welt, die zerbrochene, zusammenleimen.«

Eine der Sternstunden, von denen sie sagt: »Es gibt Abende und Tage, an denen ich Flügel bekomme.« Es gibt auch andere, da steht sie auf der Bühne und kein Funke springt über, da fühlt sie Unverständnis und haßt dieses Publikum, das sie nicht mitzureißen vermag. Bis in die Träume hinein verfolgen sie solche Niederlagen – manchmal werden Alpträume daraus: »In einem großen grauen Gebäude bricht eine ganze Theaterkonstruktion samt den Zuschauern und Mitwirkenden zusammen... Ich spüre nichts als Erleichterung... Kein Wunsch zu helfen.«

Das Unverständnis des Publikums ist das eine, worunter sie leidet, der Zwang, jederzeit auf Abruf ›funktionieren‹ zu müssen, das andere. Sie beschreibt diesen allabendlichen nervenaufreibenden Zwang, das Warten hinter den schwarzen Vorhängen, den Einsatz auf Stichwort: »Wie man trotz aller Nervosität in den Lauf einer Vorstellung hineingeschleust wird, sie unabhängig von der eigenen Bereitschaft absolvieren *muß* – fremde Kräfte, die einen in das Licht der Scheinwerfer hinausspucken und wieder zurücksaugen – und der Gehorsam funktioniert... eine monströse Dressur.«

Diese Sätze wurden vor zwanzig Jahren geschrieben. Seither hat Erika Pluhar immer wieder – mit mehr oder weniger Erfolg – den Ausbruch aus den Zwängen des Spielplans und vor allem aus dem Medienrummel versucht. Eine Gratwanderung. Jeder, der sich auf eine Bühnenlaufbahn einläßt, weiß, daß er Öffentlichkeit, Presseecho braucht, um ›im Geschäft‹ zu bleiben. In wenig anderen Berufen ist die Versuchung so groß, um einer einträglichen oder spektakulären Rolle willen seine Seele zu verkaufen. Das Neinsagen muß erst gelernt werden. Erika Pluhar hat Lehrgeld bezahlt. Hat sich über Jahre in Fernsehrollen verschleißen lassen, die ihr nicht entsprachen, wurde zur ›Femme fatale‹ abgestempelt, war Beuteobjekt in Talkshows. Über die Dreharbeiten zu einer Krimiserie schreibt sie im Dezember 1978 ins Tagebuch: »Niederdrückendes Drehen für den ›*Alten*‹. Nur vier Tage, aber vier Tage Würdelosigkeit.«

Erst allmählich fällt ihr das Neinsagen leichter – das ist nicht nur eine Frage der Souveränität, sondern auch der finanziellen Absicherung. Ein Angebot von BBC, in einem Alec-Guinness-Film mitzuspielen, lehnt sie ab, weil ihr die Rolle einer ehemaligen Prostituierten, die nun zufriedene Ehefrau eines Nachtklubbesitzers ist, nicht behagt. – Immer wieder die Befürchtung, eine Rolle könne auf ihr Leben, ihr Bild in der Öffentlichkeit abfärben. Sie verspürt nicht die Lust, abstruse, hinterlistige Gestalten zu verkörpern, wie wir das etwa von der Giehse kennen. Eine häßliche, mittelmäßige, biedere Frau zu spielen, kostet sie Überwindung. Als Kompensation zu faden Durchschnittsrollen verschaffen ihr nächtliche Träume Auftritte, in denen sie sich entfalten kann.

Erika Pluhar ist eine intensive Träumerin und auch Traumausdeuterin. Sie geht mit sich selbst, ihren geheimen Wünschen und Sehnsüchten, die sich im Traum offenbaren, schonungslos um. Während sie sich auf der Bühne, auf dem Bildschirm oder auch im Umgang mit Menschen möglichst ›stimmig‹ präsentieren möchte, scheut sie sich nicht, in ihren – veröffentlichten – Aufzeichnungen innere Zerrissenheit, Ängste, Verletzungen bloßzulegen. Da zeigt sich die ›wahre‹ Pluhar, die von sich schreibt: »Leuten, die mich nicht gut kennen, kann ich all das vorspielen, was ich nicht bin, positiv, energisch, selbstsicher, ausgeglichen.« Und an anderer Stelle: »Ich schmuggle mich durch mein eigenes Leben, als dürfe man mich nicht entdecken. Ich spiele einen Seiltänzer, der es *kann*. Aber die Nächte zeigen mir die Abstürze.«

Rollen, die Erika Pluhar die Möglichkeit geben, durch die vordergründige Person hindurch in die Tiefe zu spielen, Schichten freizulegen, die sonst im Verborgenen, Unbewußten bleiben, gibt es nicht häufig. Die *Regine* in Musils Ideendrama *Die Schwärmer* ist eine solche Herausforderung. Das Tagebuch der Pluhar dokumentiert das schwierige, allmähliche Hineinfinden in diese chaotische Frauengestalt, die Musil ›tückischer Zaubervogel‹ nennt: »Bin auf der Suche nach meiner ›Regine‹. Heute, durch eine plötzliche Wendung in Nervosität und geballte Unruhe, einen Schritt weiter. Ich möchte dieser Figur so viele Schichten geben, und das ist so schwer. Sie müßte vibrieren, wund sein, armselig, stolz und ein Kobold.« Eine Frau, die all das in ihrer Person vereint, was auch Erika Pluhar in sich spürt, aber nicht ausleben kann, weil ihre disziplinierte Grundhaltung dem entgegensteht. Ihr bürgerlich ordentliches Leben braucht als Gegenpol das Chaos. Es sind chaotische Menschen, die sie anziehen und faszinieren, deren Lebenszuschnitt aber doch nicht der ihre ist.

Wenn es für sie mehr Rollen gäbe wie die der *Regine*, hätte Erika Pluhar sich von der Bühne wohl nicht so konsequent zurückgezogen. Frauen, die ihr Leben reflektieren, weder jugendlich unbekümmert noch altersweise, kommen selten auf der Bühne vor – vielleicht müßten sich mehr weibliche Theaterautoren dieses Lebensabschnitts annehmen. Selbst bei den russischen Stücken sind fast alle Hauptrollen für Frauen unter dreißig geschrieben und werden bei uns mit zu alten Schauspielerinnen besetzt. ›Jungspielen‹ möchte sich die Pluhar nicht mehr, unangemessen findet sie die mittelalterlichen Gretchen, für die großen Altersrollen jedoch fühlt sie sich noch zu jung.

Das Theater ist ihr gemäßer als Film und Fernsehen, obwohl sie ihren internationalen Durchbruch dem Film zu verdanken hat: Helmut Käutners Maupassant-Verfilmung *Bel Ami* aus dem Jahre 1968. Seit der Zeit ist sie ›die Pluhar‹. Das Publikum kennt ihre verhaltenen und doch energiegeladenen Gesichtszüge, ihre leise, dunkle Stimme, ihre präzisen und gleichzeitig sanften Bewegungen. Auch in neueren Fernsehfilmen gelingen ihr eindrückliche Rollengestaltungen. Unvergeßlich die Darstellung der alternden Psychoanalytikerin in Nicholas Wrights Psychostudie *Mrs. Klein* aus dem Jahre 1994: dieses behutsame Aufspüren der Gründe, die zum Tod eines jungen Mannes geführt haben – ein Kammerspiel der leisen Art, wie Erika Pluhar es liebt.

Dem Schauspielerberuf bleibt sie in einer Art Haßliebe verbunden: »Er ist mein Rattenfänger, dem ich folgen muß. Aber mein Glück ist er nicht...« Sie sehnt sich nach Privatsphäre, nach einem Leben in Anonymität, und fürchtet sich gleichzeitig davor: »Was bin ich denn, wenn ich nun beginne, aus dem reinen Schauspielerdasein auszusteigen? Wie und als was werde ich benötigt? Ich fühle mich einen Weg einschlagen, aber mit noch verbundenen Augen... das, was von mir übrigbleibt, wenn ich nicht ›die Pluhar‹ bin, *das bin ich*, voll Sehnsucht nach ein bißchen Lebensglück...« – Dieses Lebensglück sucht sie abseits der Bühne und gerät doch immer wieder in deren Sog – und in den Sog der Medien. Ihr Leben spielt sich, ob sie will oder nicht, auf öffentlicher Bühne ab. Sie selbst sieht sich rückblickend in einem immerwährenden, mehr oder weniger improvisierten Rollenspiel, dessen Regie sie nur bedingt beeinflussen kann.

Das Theaterstück, das ›Mein Leben‹ heißt

Da ist ihre Ehe mit dem Designer Serge Kirchhofer, mit bürgerlichem Namen Udo Proksch. Eine schillernde Persönlichkeit und eine Ehe, in die sie mit einundzwanzig »hineingerutscht« ist, wie sie sagt. Er ist der Vater ihrer Tochter Anna, deshalb hat sie eine lose Verbindung mit ihm nach der Scheidung aufrechterhalten.

Dann, 1970, die Ehe mit dem Imaginationskünstler André Heller. Ein privat inszeniertes Feuerwerk mit unvergeßlichen Höhepunkten und leisem Verglühen. Mit gemeinsamer Arbeit und Weitung des Horizonts, aber auch mit Verwundungen, wie sie nicht ausbleiben, wenn zwei Hochsensible aufeinander zugehen. Heller – Liedermacher, Schriftsteller und großes Showtalent – ist sieben Jahre jünger als die Pluhar. Sieben entscheidende Jahre, die sie jünger machen und sie gleichzeitig ihr Alter fühlen lassen. Er ist nicht nur ihr Geliebter, er ist ihr Lehrmeister in Lebenskunst und ihr verletzliches Kind, für das sie mütterliche Gefühle hegt.

Immer stärker wird ihr bewußt, wie die Gewichte ihrer Beziehung sich verlagern, vom Partner zum Beherrscher, und wie sie ihr Eigenleben zu verlieren droht: »Mein Mann ist im Laufe unserer zweijährigen Ehe aus einem Liebenden zu einem Geschöpf des Ehrgeizes und der Genialität geworden, alle Begabungen, die ich in ihm vermutet habe, blühen auf und streben mit Macht nach Macht.« Sie sieht ihn in seiner Gespaltenheit und kann die Gegensätze nicht zusammenfügen: Genial und oberflächlich, herzlos und feinfühlig, wahrhaft und verlogen kommt er ihr vor.

Wie sollte sie sich in diesen Spannungsbogen einfügen? Als Antwort auf einen seiner Briefe schreibt sie: »Du wirst meine krampfhafte Sehnsucht nach Eigenem, Unbetretbarem, nach einem nur von mir geformten engeren Lebensbereich *nie* verstehen. Du wirst es immer mit Besitzgier verwechseln. Du weißt nicht, wie sehr ich eine vollständige äußere Selbständigkeit brauche, eine mir gemäße

Ordnung, um zu überleben. Das Schlimmste, was Du meiner Liebe zu Dir angetan hast, war, daß Du Dich meiner *bemächtigen* wolltest. Ich *weiß*, daß ich Dich liebe. Aber ich *spüre* es selten. Alles ist überlagert und nahezu verschüttet von Angst, Verteidigungsbarrikaden, Mißtrauen, Enttäuschung.«

Wie kann sie jemandem klarmachen, daß sie sich eingeengt fühlt in ihrem geräumigen Haus, daß sie mit zwei Koffern unterwegs in Hotelzimmern mehr Ruhe und Freiheit findet als in Wien, dieser Stadt, aus deren Bindungen sie sich lösen möchte, die ihr so bedrückend menschenleer vorkommt, auch wenn sie unter zu großer Nähe von Menschen mehr leidet als unter der Einsamkeit? – Trotzdem hofft sie auf ein weiteres Zusammenleben mit Heller: »Ich wünschte, wir könnten einen Weg finden, auf dem ich mich frei und neben Dir fühle, und auf dem Du Dich frei und neben mir fühlst. Einen gemeinsamen Weg ohne Quälereien.« – Das alte Dilemma zwischen Freiheit und Bindung, an dem sie zu zerbrechen droht. Sie schreibt später an Heller: »Ich wurde unter Deinen Händen und Worten ein Ding, mit dem man beliebig umgehen kann.« Und sie prägt für ihre Beziehung ein eindrückliches Bild: »wie ein Schaf, dem der Eigentümer sein Zeichen ins Fell gebrannt hat.«

Der Versuch der Selbstbehauptung neben diesem sprühend extrovertierten Partner kostet sie viel Kraft, entfremdet sie auch von ihm: »Ich habe diese Kraft gebraucht, um die ich jetzt für Dich fremder und unverständlicher geworden bin. Ich mußte mir selbst so viele Beweise erbringen – und ich habe gehofft, daß diese Beweise mir ermöglichen würden, schöner und neuerlich in unsere Liebe zurückzugehen«, schreibt sie im September 1972. Die Partnerschaft auf gleicher Ebene bleibt ein Traum. 1973 trennt sich das Paar. Erika Pluhar ist sich bewußt, was sie dieser Schritt kostet: »Ich weiß, daß diese Freiheit, die ich so hoch schätze, mir ein hohes Maß an Einsamkeit einbringt, die ich schwer ertrage.«

Die Arbeitszusammenhänge allerdings bleiben bestehen. Heller ist es, der die Bühnenmüde 1974 zu einem gewagten Experiment ermuntert: zu Soloauftritten mit Liedern, deren Text er geschrieben hat. Sie zögert. Diese Rolle hat sie nie gelernt. Sie behauptet, keine Noten lesen zu können, fürchtet, ihre Stimme würde nicht tragen. Aber es klappt. Sie bekommt gute Kritiken, die sie ermuntern, ihr Repertoire zu erweitern. So ungewöhnlich ist diese Entwicklung zur Chanteuse nicht. Elfriede Ott, die ein gutes Jahrzehnt vor der Pluhar ebenfalls an der Burg debütierte, hat in Zusammenarbeit mit dem Partner Hans Weigel das Genre der Wiener ›Singschauspielerin‹ zum Begriff gemacht. Auch Erika Pluhar hat eine Ader und das richtige Stimmtimbre für Wienerisches. Bald wagt sie sich an eigene Texte, immer noch im Zweifel, ob sie sich damit auf der Bühne behaupten kann. Optimistisch macht sie sich selber Mut: »Da mich alle für stark halten, versuche ich es auch zu sein.«

Den Optimismus hat sie nötig in der folgenden Zeit. Sie merkt, was für ein Unterschied es ist, mit dem Ensemble eines berühmten Hauses auf der Bühne zu stehen oder als Einzelkämpferin und Alleinverantwortliche für das Gelingen eines Abends. Sie könnte es leichter haben. Aber sie ist nie den Weg des geringsten Widerstands gegangen. Sie ist eigensinnig – was sie sich in den Kopf gesetzt hat, gibt sie ungern auf.

Sie ist nun ihre eigene Managerin mit all den Belastungen, die ein solches Unternehmen mit sich bringt. Dazu kommt das Bewußtsein des Älterwerdens, das Schauspielerinnen härter trifft als ihre männlichen Kollegen: »Ich bin eine Frau an der Schwelle zum Altwerden. Die vielen Stunden, die ich gerade jetzt gezwungen bin, vor Spiegeln zu sitzen, mich schminken und frisieren zu lassen, zeigen es mir. Ein Gesicht, in das das Leben recht unbarmherzig Linien gezogen hat... aber ich hasse mich deshalb nicht... ich möchte auch diesen Prozeß als ›Erlebnis‹ sehen.«

Die ›Frau an der Schwelle zum Altwerden‹ hat gerade ihren 37. Geburtstag gefeiert – in anderen Berufen noch nicht einmal Halbzeit und kein Grund zur Panik. Die Depressionen, die sie gelegentlich heimsuchen, haben ihren Grund denn auch mehr im privaten Leben. Ihr neuer Partner, der Schauspieler Peter Vogel, ein arbeitsbesessener und gleichzeitig labiler Mensch, kommt von seiner Alkoholabhängigkeit nicht los. Sie fühlt sich für ihn verantwortlich und versucht, das Zusammenleben in dem großen Haus so konfliktfrei wie möglich zu gestalten: »Ich werde ihn *lassen* und zu ihm halten...«

Aber das Zu-ihm-Halten erweist sich als zunehmende Belastung. Sie muß mit ansehen, wie er sich zugrunde richtet. »Meine Hoffnung, die Abkehr von der Sucht könnte uns helfen, hat sich so ziemlich zerschlagen. Was er bräuchte, wäre ein sehr krankenschwesterlich gesinnter Mensch an seiner Seite, aber der kann und will ich nicht für ihn sein.« Ihm ist auch in einer Klinik nicht mehr zu helfen. Erika Pluhar notiert am 18. September 1978 verzweifelt: »P. wieder in Kalksberg. Unfaßbar, die Hilflosigkeit angesichts dieses Zugrundegehens...« Und am 28. September: »Wenn ich am Morgen erwache, fällt etwas langsam und schwer in mein Bewußtsein, bis ich es wieder weiß: Peter ist tot. Und es scheint mir unmöglich, aufzustehen und weiterzuleben, obwohl ich es dann tue, folgsam wie eine Maschine.«

Sie muß mit dem Tod des Gefährten fertig werden – und mit den aufdringlichen Medien, der Boulevardpresse, den Reportern, die sie verfolgen und bedrängen. Der über Österreich hinaus bekannte Schauspieler wird nicht in

Wien, sondern auf dem Bogenhausener Friedhof in München neben der Urne seines Vaters beigesetzt. An seinem Grab läßt Erika Pluhar die vergangenen fünf Jahre ihres gemeinsamen, immer von seiner Sucht überschatteten Lebens noch einmal an sich vorüberziehen: Hätte sie mehr tun können für ihn? Hätte er sich überhaupt von jemandem helfen lassen? Selbstvorwürfe quälen sie, Leere tut sich vor ihr auf.

Sie betäubt ihren Schmerz in der Arbeit, schreibt eigene, von Erfahrungen der Trauer und des Abschieds geprägte Liedtexte, läßt sich beeindrucken von einem Joan-Baez-Konzert, singt Lieder von Wolf Biermann, in denen sie ihre Gedanken und Gefühle wiederfindet. Im November 1979 wagt sie sich zum ersten Mal mit einem eigenen Liedprogramm auf Tournee. Die routinierte Schauspielerin hat Lampenfieber – aber sie spürt, daß ihr dieser unmittelbare Kontakt mit dem Publikum liegt. Sie steht nicht in einer einstudierten Rolle auf der Bühne, sondern als Erika Pluhar, Aug in Aug mit den Menschen, die ihre Lieder mögen und das Gespräch mit ihr suchen. Diese Menschen stellt sie sich auch vor, wenn in abgeschirmter, steriler Studioatmosphäre Programme für Schallplatten und CDs, für Funk und Fernsehen aufgezeichnet werden.

Als Glücksfall erweist sich für sie die Zusammenarbeit mit zwei Musikern, mit denen sie für ein Jahrzehnt ein festes Trio bilden wird: Der portugiesische Komponist und Pianist Antonio Victorino D'Almeida vertont ihre Texte und begleitet sie am Klavier, der in Wien lebende bulgarische Gitarrist Peter Marinoff übernimmt den Gitarrenpart. Gemeinsam werden Text und Instrumentierung erarbeitet, Erika Pluhar ist, was sie in früheren Projekten stets vermißt hat: gleichberechtigte Partnerin. Das Trio unternimmt erfolgreiche Tourneen durch Österreich, beide Teile Deutschlands (besonders enthusiastisch gefeiert im Osten), Holland, Portugal und die Schweiz. Hauptsächlich Frauen fühlen sich von den Liedern angesprochen, es sind ihre Erfahrungen, die sich in den Texten widerspiegeln. »Ich schwimme zwischen den Inseln/ auf keiner bin ich zu Haus« beginnt ein Lied, *Narben* heißt ein anderes. Verluste werden thematisiert, aber auch Hoffnungen, Sehnsüchte: »Steht es denn dafür/ die alte Haut zu strecken,/ das schlafende Tier/ und junge Wünsche aufzuwecken?« fragt in *Mazurka* eine alternde Frau, und das Lied *Mehr denn je* gibt eine trotzige Antwort:

»Mein Haar wird langsam grau
doch weht der Wind mir ins Gesicht wie eh und je
und all das, was ein reifer Mensch
nicht mehr zu denken hat
dran denk ich mehr denn je -«

An die dreihundert Auftritte gestalten die ganz aufeinander eingestimmten und doch sehr eigenwilligen Interpreten gemeinsam. Eine CD mit *Wiener Liedern* entsteht, dann eine Sammlung von *Liedern aus zehn Jahren* – ihre letzte gemeinschaftliche Aufnahme. Der Gitarrist und Freund Peter Marinoff stirbt im Juni 1991. Auch wenn Erika Pluhar mit Antonio D'Almeida weiterarbeitet – die Lücke, die Marinoff hinterlassen hat, schließt sich nicht. Im Gedenken an ihn steht das Duo Pluhar/D'Almeida weiter auf der Bühne.

Und André Heller? Der Animateur und Zauberkünstler, der mit dem Circus Roncalli und dem Varieté Flic Flac, mit Pyroskulpturen und Berliner Nachdenkmälern von sich reden macht? Er hat Erika Pluhar überhaupt auf die musikalische Fährte gelockt. Hätte sie nicht Lust verspürt, in seiner großen Burg-Inszenierung *Sein und Schein* mitzuwirken? »Nein«, sagt sie, »das ist nicht meine Welt. Wir haben uns diametral entwickelt, er zu Großprojekten hin, ich zur kleinen Form.« Sie bevorzugt das Kammerspiel – auf der Bühne wie im Leben, wobei die Bühne mehr und mehr zurücktritt, die Arbeit am Schreibtisch immer wichtiger wird.

Zum Schreiben ermuntert hat sie eine Frau, die Lektorin Angela Praesent. Tagebuch geschrieben hat Erika Pluhar seit langem, aber aus diesen persönlichen Notizen Teile freizugeben für ein anonymes Lesepublikum, ist ein zweiter Schritt, der Überwindung kostet. Sie wagt ihn und hat auf Anhieb Erfolg. Ihre Aufzeichnungen *Aus Tagebüchern* – 1981 erschienen – werden immer wieder neu aufgelegt und von jung und alt gelesen. 1991 folgt ein Band mit Liedern, Lyrik und kleiner Prosa: *Zwischen die Horizonte geschrieben*, im selben Jahr die Geschichte *Als gehörte eins zum andern*, autobiographisch, wechselnd zwischen Ich und Erzählperson, zwischen Innen- und Außenansicht einer Frau, die sich allmählich vom Schauspielerberuf und von einer Liebe löst. – Bewältigungsversuch einer komplizierten Verstrickung von Spiel und Leben, von Bindung und Freiheit.

Das Schreiben wird mehr und mehr zur zentralen Lebensachse. Es ist das Medium, in dem sich Erika Pluhar am unmittelbarsten ausdrücken kann, ohne die ›Fremdsteuerung‹ durch einen Regisseur, immer in eigenen, nur von ihr ausgestalteten Rollen – was nicht unbedingt autobiographisches Schreiben bedeutet. Beim ORF wurde ihr Drehbuch *Rosalinas Haus* realisiert, weitere Drehbuchpläne nehmen Gestalt an. Ihre Erinnerungen an die Freundschaft mit der Filmschauspielerin Marisa Mell hat sie in dem 1996 erschienenen Band *Marisa. Rückblenden auf eine Freundschaft* aufgezeichnet – wieder ein sehr persönliches Dokument, die Schilderung des allmählichen Verfalls einer hochbegabten, aber labilen Frau.

Es ist dämmrig geworden draußen, Eisregen prickelt an die Scheiben – erstaunlich im März. Der Raum verliert seine klaren Konturen, wird zum gemütlichen Gehäuse. Erika Pluhar macht kein Licht, sie liebt dieses allmähliche Versinken der Dinge, das ruhige Verharren, die langen Pausen zwischen den Sätzen, den Nachklang der Worte. Diese Stille hat sie sich mit hektischen, rastlosen Jahren erkauft. Nun genießt sie das Privileg, über ihre Zeit zu verfügen, niemandem Rechenschaft über ihren Tag schuldig zu sein. »Ich versuche, keine Wünsche zu haben, die nicht zu verwirklichen sind, das erspart Enttäuschungen«, sagt sie.

Tochter Anna huscht herein, beinahe ein Schatten nur. Mutter und Tochter verstehen sich gut, erziehen gemeinsam den dunkelhäutigen Adoptivsohn Ignaz, dessen Foto auf dem Schreibtisch steht. Für Ignaz nimmt sich Erika Pluhar viel Zeit, mehr als sie damals ihrer Tochter widmen konnte, die Jahre in einem Internat am Genfer See verbracht hat. Vier Generationen lebten lange unter dem Dach dieses weitläufigen Hauses in der Huschkagasse: der alte Vater, der vor kurzem gestorben ist, Erika Pluhar, Tochter Anna und der zehnjährige Ignaz. Dazu ständig Gäste und ein Butler, der in der großen Wohngemeinschaft unauffällig für eine milde Form von Ordnung sorgt.

Eine ›Volksphilosophin‹ hat ein Wiener Schriftsteller die Pluhar genannt. Eine Volksphilosophin mit dem Bedürfnis, die Welt zu deuten, ohne den Schlüssel zu besitzen. – Aber wer besitzt den schon? Vielleicht ist die Gelassenheit, mit der Erika Pluhar in die Zukunft sieht, das Alter auf sich zukommen läßt, dieser Schlüssel? »Ich strebe kein Ziel an«, sagt sie, »der Weg ist das Ziel.« Und in ihrem Lied *Altern* besingt sie »die Schönheit des Bergabgehens / wenn die höchste Steigung überwunden ist …«.

Literaturhinweise

Maria Theresia und Marie Christine

Briefe der Kaiserin Maria Theresia an ihre Kinder und Freunde. Hrsg. von A. von Arneth. 4 Bde. Wien 1881, Nachdruck Osnabrück 1978

Kaiserin Maria Theresias Politisches Testament. Hrsg. von J. Kallbrunner. München 1952

Friedrich der Große und Maria Theresia in Augenzeugenberichten. Hrsg. von Hans Jessen. Düsseldorf 1965

Peter Berglar: Maria Theresia in Selbstzeugnissen und Bilddokumenten. Reinbek 1980

Franz Herre: Maria Theresia. Die große Habsburgerin. Köln 1994

Ad. Wolf: Marie Christine, Erzherzogin von Österreich. 2 Bde. Wien 1863

Albert von Sachsen-Teschen, 1738–1822. Katalog Graphische Sammlung Albertina. Wien 1988

Charlotte Pangels: Die Kinder Maria Theresias. Leben und Schicksal in kaiserlichem Glanz. München 1980

Monika J. Knofler: Das Theresianische Wien. Wien 1979

Hellmut Andics: Die Frauen der Habsburger. Wien 1969

Maria Theresia Paradis

Hermann Ullrich: Beiträge in der Österreichischen Musikzeitschrift, Jg. 15/Heft 10, Jg. 17/Heft 1, Jg. 18/Heft 10

Johann Ch. W. Kuehnau: Die blinden Tonkünstler. Berlin 1811

Karoline Pichler: Denkwürdigkeiten. Wien 1914

Stefan Zweig: Die Heilung durch den Geist. Leipzig 1931

Große Frauen – berühmte Männer. Serie ORF I von und mit Rosario Marciano. Wien 1984

Ida Pfeiffer

Ida Pfeiffer: Reise einer Wienerin in das Heilige Land. Wien 1844, Reprint Frankfurt a. M. 1980

Ida Pfeiffer: Eine Frauenfahrt um die Welt. 3 Bände, Wien 1850. Gekürzte Fassung: Eine Frau fährt um die Welt. Hrsg. v. Brigitte Fürle. Wien 1989

Ida Pfeiffer: Reise nach Madagascar. Nebst einer Biographie der Verfasserin nach ihren eigenen Aufzeichnungen. Wien 1861

Hiltgund Jehle: Ida Pfeiffer, Weltreisende im 19. Jahrhundert. Münster/New York 1989

Susanne Härtel/Magdalena Köster (Hrsg.): Die Reisen der Frauen. Lebensgeschichten von Frauen aus drei Jahrhunderten. Weinheim/ Basel 1994

Bertha von Suttner/Adelheid Popp

*Bertha von Suttner:*Die Waffen nieder! Roman. Dresden/Leipzig 1889. Neuhrsg. v. Sigrid und Helmut Bock. Berlin 1990

Bertha von Suttner: Memoiren. Stuttgart/Leipzig 1909. Neuhrsg. mit Einleitung von Fritz Böttger: Lebenserinnerungen. Berlin 1968

Brigitte Hamann: Bertha von Suttner. Ein Leben für den Frieden. München 1986

Kenne Fant: Alfred Nobel. Idealist zwischen Wissenschaft und Wirtschaft. Aus dem Schwedischen von Wolfgang Butt. Basel/Boston/Berlin 1995

Adelheid Popp: Die Jugendgeschichte einer Arbeiterin. Anonym hrsg. Geleitwort August Bebel. Neuhrsg. v. Hans J. Schütz: Jugend einer Arbeiterin. Berlin/Bonn-Bad Godesberg 1980

Adelheid Popp: Erinnerungen. Aus meinen Kindheits- und Mädchenjahren. Aus der Agitation und anderes. Stuttgart 1915. Wiederabdruck in: Jugend einer Arbeiterin, a. a. O.

Adelheid Popp: Der Weg zur Höhe. Die sozialdemokratische Frauenbewegung Österreichs, ihr Aufbau, ihre Entwicklung und ihr Aufstieg. Wien 1929

Cäcilia Friedrich: Aus dem Schaffen früher sozialistischer Schriftstellerinnen. Berlin 1966

Rosa Mayreder

Rosa Mayreder: Das Haus in der Landskrongasse. Jugenderinnerungen. Hrsg. von Käthe Braun-Prager. Wien 1948
Rosa Mayreder: Zur Kritik der Weiblichkeit. Essays. Jena/Leipzig 1905. Neuhrsg. von Hanna Schnedl-Bubeniček, München 1982 (Auszüge)
Rosa Mayreder: Geschlecht und Kultur. Essays. Jena 1923
Der Aufstieg der Frau. Zu Rosa Mayreders 70. Geburtstag. Festschrift. Jena 1928
Rosa Mayreder: Tagebücher 1873 – 1937. Hrsg. von Harriet Anderson. Frankfurt a. M. 1988
Aufbruch in das Jahrhundert der Frau? Rosa Mayreder und der Feminismus in Wien um 1900. Sonderausstellung Historisches Museum der Stadt Wien. Wien 1989
Otto Weininger: Geschlecht und Charakter. Wien 1932, Erstauflage 1903

Emilie Flöge

Wolfgang Georg Fischer: Gustav Klimt und Emilie Flöge. Genie und Talent, Freundschaft und Besessenheit. Wien 1987
Wolfgang Georg Fischer: Paul Poiret à Vienne, Emilie Flöge à Paris, in: Vienne 1880–1938, L'Apocalypse joyeuse. Katalog Centre Pompidou, Paris 1986
Christian Nebehay: Gustav Klimt: Sein Leben nach zeitgenössischen Berichten und Quellen. München 1979
Angela Völker: Wiener Mode und Modephotographie. Die Modeabteilung der Wiener Werkstätte 1911–1932. München/Paris 1984
Hanel Koeck: Mode und Gesellschaft um 1900. Zur Modeszene in Wien, in: Wien um 1900, Kunst und Kultur. Wien/München 1985

Alma Mahler-Werfel

Alma Mahler-Werfel: Mein Leben. Frankfurt a. M. 1960, TB 1963
Alma Mahler-Werfel: Erinnerungen an Gustav Mahler/ Gustav Mahler, Briefe an Alma Mahler. Frankfurt a. M. 1971
Henry-Louis de La Grange/Günther Weiß (Hrsg.): Ein Glück ohne Ruh. Die Briefe Gustav Mahlers an Alma. Berlin 1995

Friedrich Torberg: Liebste Freundin und Alma. Briefwechsel mit Alma Mahler-Werfel. München/Wien 1987
Theodor W. Adorno: Gustav Mahler. Frankfurt a. M. 1960
Hans Bisanz: Oskar Kokoschka, die frühen Jahre. Ausstellungskatalog Historisches Museum der Stadt Wien. Wien 1983
Peter Stephan Jungk: Franz Werfel. Eine Lebensgeschichte. Frankfurt a. M. 1987
Milan Dubrovic: Veruntreute Geschichte. Die Wiener Salons und Literatencafés. Wien/Hamburg 1985

Lina Loos

Lina Loos: Das Buch ohne Titel. Erlebte Geschichten. Hrsg. von Adolf Opel und Herbert Schimek.Wien/Köln/Graz 1986
Franz Theodor Csokor (Hrsg.)/ Leopoldine Rüther: Du Silberne Dame Du. Briefe von und an Lina Loos. Wien 1966
Lisa Fischer: Lina Loos oder Wenn die Muse sich selbst küßt. Eine Biographie. Wien/Köln/Graz 1994
Burkhardt Rukschcio und Roland L. Schachel: Adolf Loos: Leben und Werk. Salzburg 1982
Lucian O. Meysels: In meinem Salon ist Österreich. Berta Zuckerkandl und ihre Zeit. Wien/München 1984
Arthur Schnitzler: Das Wort. Tragikomödie. Frankfurt a. M. 1966
Egon Friedell: Ecce Poeta. Berlin 1912

Anna Freud

Anna Freud: Die Schriften der Anna Freud. Band I – X. München 1980
Anna Freud: Briefe an Eva Rosenfeld. Hrsg. von Peter Heller. Basel 1994
Elisabeth Young-Bruehl: Anna Freud. Eine Biographie. 1. Teil: Die Wiener Jahre. Aus dem Amerikanischen von Maria E. Clay-Jorde. Wien 1995
Wilhelm Salber: Anna Freud. Reinbek 1985
Sigmund Freud: Briefe 1873–1939. Frankfurt a. M. 1968
Lisa Appignanesi/John Forrester: Die Frauen Sigmund Freuds. Aus dem Englischen von B. Rapp und U. Szyszkowitz. München/Leipzig 1994

Hilde Spiel

Hilde Spiel: Fanny von Arnstein oder Die Emanzipation. Ein Frauenleben an der Zeitenwende 1758–1818. Frankfurt a. M. 1962, TB 1978

Hilde Spiel: Rückkehr nach Wien. Ein Tagebuch. München 1968, TB Frankfurt a.M./Berlin 1991

Hilde Spiel: Die hellen und die finsteren Zeiten. Erinnerungen 1911–1946. München 1989

Hilde Spiel: Welche Welt ist meine Welt? Erinnerungen 1946–1989. München 1990

Hilde Spiel: Briefwechsel. Hrsg. von Hans A. Neunzig. München/Leipzig 1995

Ausstellungskatalog des Österreichischen Literaturarchivs der Österreichischen Nationalbibliothek: Hilde Spiel – Briefwechsel. Redaktion Ingrid Schramm/Monika Griensteidl. Wien 1995

Marcel Reich-Ranicki: Reden auf Hilde Spiel. München 1991

Friederike Mayröcker

Friederike Mayröcker: Ausgewählte Gedichte 1944–1978. Frankfurt a. M. 1979, TB 1986

Friederike Mayröcker: Gesammelte Prosa 1949–1975. Frankfurt a. M. 1989

Friederike Mayröcker: Magische Blätter I–IV. Frankfurt a. M. 1983/1987/1991/1995

Friederike Mayröcker: Lection. Frankfurt a. M. 1994

Richard Reichensperger (Hrsg.): Vorfreude Wien. Literarische Warnungen 1945–1995. Frankfurt a. M. 1995

Ernst Jandl: Gesammelte Werke. Gedichte, Stücke, Prosa. Hrsg. von K. Siblewski. Frankfurt a. M. 1990

Gerda Marko: Schreibende Paare: Liebe, Freundschaft, Konkurrenz. Zürich/Düsseldorf 1995

Friederike Mayröcker/Ernst Jandl – An den Rändern der Sprache. Zeitschrift du 5/1995

Freda Meissner-Blau

Günther Nenning/Andreas Huber (Hrsg.): Die Schlacht der Bäume – Hainburg 1984. Wien 1985

Freda Meissner-Blau: Hat Hainburg die Republik verändert? in: Ingrid Monjens/Herbert Rainer (Hrsg.): Hainburg 5 Jahre danach. Wien 1989
Christine von Weizsäcker/Elisabeth Bücking(Hrsg.): Mit Wissen, Widerstand und Witz. Frauen für die Umwelt (mit Beiträgen von Freda Meissner-Blau und Paul F. Blau). Freiburg/Basel/Wien 1992
Wolfgang Schmidbauer: Jetzt haben, später zahlen. Die seelischen Folgen der Konsumgesellschaft. Reinbek 1995
BUND/Misereor (Hrsg.): Zukunftsfähiges Deutschland. Basel/Berlin 1996

Erika Pluhar

Erika Pluhar: Aus Tagebüchern. Ausgewählt von Angela Praesent und Erika Pluhar. Reinbek 1981
Erika Pluhar: Lieder. Mit Fotos von Christine de Grancy. Reinbek 1986
Erika Pluhar: Als gehörte eins zum andern. Eine Geschichte. Wien 1991
Erika Pluhar: Zwischen die Horizonte geschrieben. Lieder, Lyrik, kleine Prosa. Wien 1991
Erika Pluhar: Marisa. Rückblenden auf eine Freundschaft. Hamburg 1996
Achim Benning u. a.: Burgtheater Wien 1776–1986. Ebenbild und Widerspruch. Wien/München 1986

Bildnachweis:

Archiv für Kunst und Geschichte, Berlin: S. 10, 12, 44, 82, 134, 180
Bildarchiv der Österreichischen Nationalbibliothek, Wien: S. 58, 84, 120, 160
Bilderdienst Süddeutscher Verlag, München: S. 232, 248
Eugen Diederichs Verlag, München: S. 106
Isolde Ohlbaum, München: S. 214
Sabina Samitz, Wien: S. 198

Pressestimmen zu Irma Hildebrandt

Zwischen Suppenküche und Salon

Achtzehn Berlinerinnen

»Selten wurde ein Buch über Frauen so sachlich und engagiert, so instruktiv und kurzweilig, so gründlich recherchiert […] und bis in die unmittelbare Gegenwart hinein aktuell geschrieben.«

TAGESSPIEGEL, BERLIN

»Vorrangig aber interessieren die Kurzportraits als informative, kompetent präsentierte Zeugnisse gelebter Frauenemanzipation, einschließlich des Kampfs um politische Rechte […] Eindringlich schildert Irma Hildebrandt vielfältige Frauenstärke, liebevoll, aber ohne Verklärung. Schwächen und Kanten feilt sie nicht weg.«

NEUE ZÜRCHER ZEITUNG

Eugen Diederichs Verlag

Bin halt ein zähes Luder
15 Münchener Frauenporträts

»Irma Hildebrandt [...] hat sich immer die Nein-Sagerinnen zum Thema gemacht, die Anders-Denkenden, Anders-Lebenden, die Wegbereiterinnen. Frauen mit Mut, Frauen mit Kraft. Was sollen die bekannten Namen, werden Sie jetzt vielleicht sagen, sind doch alle schon abgehakt und irgendwo beschrieben! Kennen wir nicht, eben nicht so, wie Irma Hildebrandt sie uns zeichnet, mit kräftigen und intensiven Strichen. Wir haben das Gefühl, ihnen ein paar Augenblicke zu begegnen.«

Bayerischer Rundfunk

Die Frauenzimmer kommen
15 Zürcher Portraits

»Im Zusammenklang von Wort und Bild, von zuverlässiger Dokumentation und moderater Interpretation, wirkt das Werk wie ein lebendiges, farbiges Kulturgemälde.«

Solothurner Zeitung